王晓焰 / 主编

高校历史学
师范专业课程与教学改革

GAOXIAO LISHIXUE
SHIFAN ZHUANYE KECHENG YU JIAOXUE GAIGE

四川大学出版社
SICHUAN UNIVERSITY PRESS

项目策划：高庆梅
责任编辑：高庆梅
责任校对：张　露
封面设计：墨创文化
责任印制：王　炜

图书在版编目（CIP）数据

高校历史学师范专业课程与教学改革 / 王晓焰主编. — 成都：四川大学出版社，2021.2
ISBN 978-7-5690-4478-2

Ⅰ．①高… Ⅱ．①王… Ⅲ．①历史教学－教学研究－高等学校 Ⅳ．①K0-42

中国版本图书馆CIP数据核字（2021）第 014504 号

书名	高校历史学师范专业课程与教学改革
主　　编	王晓焰
出　　版	四川大学出版社
地　　址	成都市一环路南一段 24 号（610065）
发　　行	四川大学出版社
书　　号	ISBN 978-7-5690-4478-2
印前制作	四川胜翔数码印务设计有限公司
印　　刷	成都金龙印务有限责任公司
成品尺寸	170mm×240mm
印　　张	18
字　　数	404 千字
版　　次	2021 年 6 月第 1 版
印　　次	2021 年 6 月第 1 次印刷
定　　价	55.00 元

版权所有 ◆ 侵权必究

◆ 读者邮购本书，请与本社发行科联系。
　电话：（028）85408408/（028）85401670/（028）86408023　邮政编码：610065
◆ 本社图书如有印装质量问题，请寄回出版社调换。
◆ 网址：http://press.scu.edu.cn

四川大学出版社
微信公众号

序 言

2019年，四川师范大学历史文化与旅游学院世界史教学团队申报了"人类命运共同体视域下高师院校世界史教学改革研究"，获批四川省教育厅"2018—2020年度高等教育人才培养质量和教学改革"项目。借此机会，学院可展示历史学专业开展的教学改革研究，以形成可供国内其他高等师范院校教学复制、借鉴、推广的教学成果。

人类命运共同体这一全球价值观包含相互依存的国际权力观、共同利益观、可持续发展观和全球治理观，世界历史的形成和发展历程印证了"人类命运共同体"价值观的历史科学性和实践的现实价值。世界史教学改革的创新之处在教学内容上体现为：充分诠释上述四大价值观在世界历史上演绎的历程，深入探讨作为人类社会演变基本动力的生产和交往的相互关系，通过多重的地理空间和社会网络研究人类各个群体之间的相互交流，在全球范围内分析人类文明的产生和人类社会生活的发展，以此把握在全球化时代人类社会生活及其演变的性质和特点。

在"人类命运共同体"的视域下，从全球的意义上理解千姿百态世界文化与社会历史现象，我们希望实现文明互敬与共存、交流互鉴的世界历史教学，树立高等师范院校师范生"人类命运共同体"的意识，并进一步推进科研促教学，实现教学科研的互动转化，不断提高历史学专业师范生培养质量。

历史文化与旅游学院是四川师范大学重点教学单位之一。历史学是四川师范大学1946年建校时就成立的五个系科之一，前身为私立川北大学哲史系和私立川北文学院历史系。1952年院系调整，建立四川师范学院历史系。1956年，历史系本科随学校迁成都。1964年，历史系三分之二的教师和未毕业学生并入南充师范学院历史系，部分留在四川师范学院的教师则被划入政教系成立历史教研室。1979年，在政教系属下恢复历史专业招生，1981年正式恢复历史系，1985年更名为四川师范大学历史系，2000年成为省级历史学本科人才培养基地。旅游系于1995年依托历史系创办，是四川省开办最早的旅游专

业本科，2001年扩建为历史系、旅游学院，同年成为省级旅游管理本科人才培养基地。2007年更名为历史文化与旅游学院。

学院现有"中国史""世界史"两个一级学科硕士学位授权点，设有中国近现代史、中国古代史、世界历史、专门史、史学理论与史学史、旅游管理、课程与教学论（历史）等学术型硕士学位点和教育硕士（Ed.M）、学科教学（历史）、职业技术教育（旅游）专业学位授权点。依托教育学一级学科授权点，招收"课程与教学论"（历史学科课程与教学论）方向的博士研究生。目前在读硕士研究生达200余人。四川师范大学历史学专业为国家特色专业，"中国近现代史"为省级重点学科重点建设项目。2019年，历史学专业获批国家级一流本科专业建设点。

学院现有教职工70余人，具有正高级职称的教师19人，副高级职称24人，中级职称25人，初级职称2人；有博士36人、硕士26人。其中，世界史专业共有专任教师15人，包括教授4人，副教授4人，讲师7人；具有博士学位12人，占比80%；主要毕业于北京大学、中山大学、南开大学、东北师范大学、武汉大学、四川大学、天津师范大学、首都师范大学等高校。

学院教师先后承担国家级科研课题40余项，省部级科研课题50余项，出版学术专著60余部，其中，世界史专业近5年主持国家社科基金项目、省哲社项目、省教育厅项目20余项。学院教师在《历史研究》《民族研究》《哲学研究》《中国边疆史地研究》《新华文摘》《中国社会科学文摘》等学术刊物发表学术论文600余篇，获省（部）级科研成果奖近40项。其中世界史专业发表学术论文50余篇，出版学术著作多部。学院获得国家级教学成果奖二等奖1项，省级科研和教学成果奖二等奖11项、三等奖1项。中国史、世界史专业在学科评估及国内多种学科排名中均名列全国省属高校前列。

历史文化与旅游学院几代人秉承"重德、博学、务实、尚美"的校训，弘扬"求真循理，慎思知明"的学风，形成了"温故求新，笃行致远"的院训与精诚实干、求真务实的院系文化。在新的历史时期，全院师生将攻坚克难，共谋发展，力争在四川省中学历史教学人才和西部地区旅游人才培养领域发挥核心作用，创建教学质量一流、科学研究有特色且在国内省属师范院校领先的教学研究型院系。

本书以获批的国家级一流本科专业建设点为支撑，以历史学国家级师范专业认证的建设为平台，在梳理总结十余年历史学专业建设的经验与成果的基础上，就近年来高校历史学（师范）专业课程建设与教学改革进行了探索与实践。全书分为课程内容研究、课程教学改革、特色专业建设三个板块，主要内容包括高校历史课程设置、历史课程内容变革、历史课程教学改革等。其中，"课程内容研究"部分，是高校历史学专业师范生的课后答疑相关内容的深化与拓展；"课程教学改革"部分，是高校历史学师范专业培养方案中有关课程的教学实践改革。

本书采用了高校历史学（师范）专业课程建设与教学改革实践中生动、鲜活的案例，为高师院校历史学一流专业建设和开展师范专业认证提供了借鉴，可作为高校历史教师教学的参考用书。

王晓焰

2021年1月

目 录

课程内容研究

如何理解历史也是现实的存在……………………………………（ 3 ）
中世纪后期欧洲科学的发展及其再评价…………………………（23）
如何理解中美洲古代印第安人的农业……………………………（39）
如何看待埃及古王国时期国库的职能……………………………（51）
如何理解赫拉克勒斯崇拜…………………………………………（62）
如何看待基督教与中世纪西欧大学的兴起………………………（72）
如何理解近代早期英国的胡格诺移民……………………………（81）
如何厘清英国18—19世纪议会圈地运动的阶段特征……………（92）
如何认识美国从"邦联制"到"联邦制"政体的转变……………（103）
如何认识与冷战起源相关的两个问题……………………………（112）
如何看待肯尼迪政府时期的美国与刚果危机……………………（122）
如何看待抗战岁月中东北大学的教学及其影响…………………（132）
如何从世界史角度研究甲午平壤战役……………………………（140）

课程教学改革

中国古代史课程教学中有关藏族起源问题………………………（155）
中国史学史课程的教学改革………………………………………（163）
中国文化史课程教学改革…………………………………………（169）
外国经济史课程的教学改革………………………………………（177）
从英国工业革命看世界妇女史课程教学…………………………（185）
比较近代日本和西方的两次交流…………………………………（200）

如何从英国档案看《田中奏折》及其影响……………………………………(209)
从女权运动看西方女性内衣的变革………………………………………(216)
从高中历史课程改革谈世界史课程教学改革……………………………(230)
中学历史课程标准与教材研究……………………………………………(247)
世界近代史课程教材的参考文献刍议——以"新贵族"概念为个案……(255)
中国历史文选课程图像资料库的创建及其使用…………………………(264)

特色专业建设

高校历史学专业卓越教师培养的探索与思考……………………………(271)
后　记…………………………………………………………………………(277)

课程内容研究
KECHENG NEIRONG YANJIU

如何理解历史也是现实的存在

在街头巷尾或公共汽车上，有时我们会听到有人议论：那些搞历史的人"是讲故事的"，"大学历史系专门教学生讲故事"。人们不太了解历史和史学的真正面目与它们的社会作用，而吸引人的往往是历史中的"故事"——给听众与读者以生动印象的人与事，启蒙教育中尤其如此。我们应离开这些议论，仔细思考，探讨历史的内涵。笔者自20世纪50年代初进入南京大学历史系学习，接着留学列宁格勒大学，一直研习历史学，这里试图结合自己多年习史的感悟，谈谈"历史是什么"及史学的特质和功用。

（一）历史是什么

历史（past）是时空中一种曾经的具体的社会存在，是人类现今社会的前身。那时，人类的日常生活有着丰富内容，她与我们现今的社会始终保持着密切的联系。她的复杂性、连续性与严肃性，可能出乎我们的预料。历史学是对已经消失但又现实存在过的历史进行还原。我们谈论的历史，通常是历史学记述的"过去"。

1. 已经消失

历史是无法返回的岁月，历史人物不会重现，不能与研究者一同议论时政、辩驳文章。路易十四的宫廷、法国大革命、拿破仑帝国、戴高乐领导的共和政府都已经烟消云散。由马匹牵引在铁轨上"快速"行走的火车，早已驶入了历史的深处……这些就是往日的历史。笔者在德国讲学时，见到明斯特尔市内一教堂，其塔楼上悬挂着一个铁笼，1525年"再浸礼教派起义"失败，领导人被处决后其尸体曾放在笼里示众。这些曾经的人与事记载在案，然而如今尸体不见，起义场景亦不能再现了。

也有过去的人与事消失得不明不白，多少年来无法弄清真相。这是因为不具备解开谜团的条件，如痕迹销毁、档案失散、证人死亡等。瑞典国王查理十二世（1682—1718）曾挥戈鏖战于欧洲东部，创造了瑞典的"英雄时代"。1700—1709年他率军侵入俄罗斯，但在波尔塔瓦战败，落荒逃离。后来，当他进攻挪威的要塞弗雷德里克斯滕（Frederikssten）时，突然被人在近距离射中太阳穴而丧命。① 谁是凶手？至今无法查明。

1851年，法国总统拿破仑·波拿巴举行政变，获取了共和国的全部权力。当时，他的绝密文件夹封面上写着"卢比孔"（Rubicone），内有政变的具体安排，如调动军队、占领要冲等。② 政变开始行动前，参与指挥的数人皆曾见到它放在总统的办公桌上。政变胜利了，"卢比孔"却不翼而飞。160余年过去了，研究者们在国家档案、私人档案、回忆录、私人书信中，任何地方都找不到"卢比孔"。③ 另外，还有"铁面人"（Masque de fer），他闻名世界，但此人究竟是谁，至今未见定论。1923年莫里斯·罗斯唐出版小说《铁面人》，后来有人又拍了电影，但它们只是采取某种说法的文艺作品。

历史蕴藏着魅力，吸引着研究者与读者，然而她毕竟是已经消失的社会实况。

2. 能够预见

这种说法看似与前一说法矛盾，然而事实却为此提供了佐证。近代法国，人们不止一次地预见未来，即尚未出现但将会来临的社会冲突。他们看清了局势，且估计其符合当时社会演变的趋势。

19世纪前期，法国政局多变，40年代社会安危的"能见度"可为典型。当时法国不同职业的若干人士善于观察社会动态，预言政局突变正在临近。1840年，内尔蒙（Nermon）在里昂等地从事工人教育时，致函一位战友说：我看到革命距离我们这样近了。我想为了她，我们必须采取所有可能的办法进行合作。④ 八年之后，法国发生革命。1843年，诗人拉马丁（Lamartine）发出警告：我们法兰西，五年以后将发生革命。我对此深信不疑。他准确估计了

---

① （瑞典）安德生著：《瑞典史》，苏公隽译，北京：商务印书馆，1963年，第361页。
② 古罗马时，恺撒率军渡过卢比孔河，前往罗马争权。渡过卢比孔，意为做出决策。
③ Paul Gueriot, *Napoleon Ⅲ*., Paris: Payot, 1980, p. 162; William H. C. Smith, *Napoleon Ⅲ*, Paris: Hachette et Cie, 1982, p. 148; Robert Christophe, *Napoleon Ⅲ au Tribunal de l'histoire*, Paris: Editions France-Empire, 1971, pp. 213, 218.
④ Armand Cuvillier, *Un Journal D'Ouvriers: L'Atelier（1840-1850）*, Paris: Les Editions Ouvrieres, 1950, pp. 200, 119, 19.

时间，1848年法国爆发了革命，拉马丁成为新政府的实际负责人。此外，乌托邦社会主义者孔西得朗（Considérant）于1847年8月宣称"一场革命已迫在眉睫"，"一场浩劫很快就要来临"。①

1848年1月29日，托克维尔在议会讲台上预告："人们说，革命离我们为时尚远。先生们，你们弄错了！"② 2月15日，作家巴尔扎克从乌克兰回到巴黎，他在信中告诉恋人韩斯卡："今日，在巴黎，我们坐在火山上。"③ 2月22日，路易-菲利普表示"人们不会在冬天闹革命"，但是当天巴黎爆发了革命。同年2月24日第二共和国成立，随后政治矛盾在新的情况下逐渐激化。巴尔扎克对女友预言：共和国维持不了多久，顶多三年。④ 果然，1851年12月2日总统波拿巴举行政变，一年后建立第二帝国。

第二帝国的后期，也曾出现预见。1869年9月，"第一国际"在瑞士巴塞尔举行代表大会，会上讨论下一届大会将于何处举办时，法国代表团建议于1870年9月5日（该月第一个星期日）在巴黎召开，他们的根据为"一年之后，第二帝国将灭亡"⑤。1870年9月4日巴黎民众起义，第二帝国垮台。那时，已于7月被判处监禁的第一国际法国组织的领导者们获释出狱。

这些人看清了法国政局正在走向激烈冲突，不论数年、数月、数日的预告，都是重要事件的提前说明。他们不是社会治安的负责人，却一语道破危机的来临，政治巨变果然发生。这些并非凭空臆造，而是认真了解与透彻分析后的结果。

我们还应看到，乌托邦共产主义社会主义者们的设想中，有不少预见的内容已为后人实现了。如德萨米（Dezamy）主张的"宽阔方便的人行道""规定靠右或靠左走"，等等。⑥

3. 可以虚拟

然而，有时历史中的"某人某事"，实际却查无此人此事，但由于口头或

---

① 孙娴：《法兰西第二共和国史》，北京：社会科学文献出版社，1995年，第17页。

② A. Tocqueville, *Oeuvres Complètes Tome XII：Souvenir*, t. 12, Paris：Editions Gallimard, 1964, pp. 37-38, 5.

③ Ignes Murat, *La IIe République*, Paris：Fayard, 1987, p. 76.

④ （法）安德烈·莫洛阿著：《一个女人的追求：乔治·桑传》，郎维忠等译，长沙：湖南文艺出版社，1992年，第472页。

⑤ Jean Bruhat, *La Commune de 1871*, Paris：Editions Sociales, 1970, p. 51.

⑥ （法）泰·德萨米著：《公有法典》，黄建华、姜亚洲译，北京：商务印书馆，1982年，第188～189、255页。

文字讲述时间过长、重复次数甚多，有关"人与事"逐渐演化成为仿佛曾经出现的真人真事。"沙文"与"退尔"便是典型的例子。

关于尼古拉·沙文（Nicolas Chauvin）的传说产生于法国民间，大约于19世纪二三十年代到处传播。随着时间的推移，仿佛越传越可信。国际上，若干辞书中出现了"沙文"与"沙文主义"的条目，说明"尼古拉·沙文是拿破仑一世的一个士兵"。"社会沙文主义是以这位沙文先生命名的一种民族主义"①。于是借助传说与辞书，虚构竟然变成了真实：沙文是拿破仑的士兵，一个活人，他忠心耿耿追随皇帝东征西战，多次负伤曾获奖励……法国西南部的罗什弗尔城竟然正式宣布当地为这位沙文先生的故乡，曾举行仪式，命名街道作为纪念。

众所周知，第一帝国结束于1815年。然而1889年1月，沙文116岁时，还在为拿破仑的事业而"积极参加"巴黎的示威游行。事实如何呢？巴黎警察局的调查结果："查无此人！"法国国家档案馆、军事档案馆、巴黎警察局档案馆、罗什弗尔城及该地区涉及民事与军事的文档，皆找不到这位尼古拉·沙文。近年，瑞士一学者的博士论文中，结论也是"查无此人"。虚构之人，转化为似有此人，幻变成士兵的民间传说，制造了一位民族英雄。他激励法国人热爱祖国。请听1827年诗人沙尔勒（Chatlet）的诗句："我们全体法国人，如果大家都是沙文，任何事情难不倒我们！"②

瑞士的威廉·退尔（Weihelm Tell）又是一例。③ 传说此人曾经一箭射中放在儿子头上的苹果，从而迫使奥地利人履行诺言撤走军队。他因传说成为瑞士的民族英雄，早已载入文学艺术作品。1793年8月2日，法国国民公会命令各市政府组织演出歌颂自由与革命的戏剧，其中包括关于威廉·退尔的戏剧。又如意大利作曲家罗西尼于1829年创作歌剧《威廉·退尔》，内容根据德国达人席勒写的剧本。后来人们终于查清楚，这仅为一个传说。当今多种西方辞书指出，这是约在1300年开始的瑞士传说中的民族英雄。长期的传说，是社会的需要。尽管那里山川交错、语言多种、居民并非单一、地区各自强调特性，人们还是需要维持一个国家，进而需要一个英雄的神话。

---

① *Dictionnaire Larousse*，Paris：Larousse，1930，p. 185.
② Gerard de Puymege，*Chauvin，le Soldat-Laboureur*，Paris：Editions Gallimard，1993，pp. 24-25.
③ （瑞士）法尔尼著：《瑞士简史》，刘文立译，武汉：华中师范大学出版社，1988年，第13页。

费弗尔曾说：神话就是神话，如果愿意，也可以将它视同幻影。① 的确如此，但是在将传说认定为神话之前，人们视他们如同真实存在并受此鼓舞。罗什弗尔侯爵（Rochefort，1831—1913）的举动体现了法兰西文化巧妙的尖刻性，他以独特的方式谴责第二帝国制度。众所周知，他是共和派记者，然而他公开声明："我是一个波拿巴主义者，我喜欢拿破仑二世的统治，多好的朝代，没有关税，没有皇帝独享的年俸。"② 1815 年拿破仑战败，让位给儿子，6 月 23 日和 7 月 1 日议会的"代表院"两次承认他为法国皇帝"拿破仑二世"。③ 这位新皇帝此时身在维也纳，"软禁"于外公奥地利皇帝的宫中，未曾返回法国即位执政，更无征税可言。罗什弗尔意在言外！可见，虚拟的拿破仑二世的统治、征税、年俸、罗什弗尔属于波拿巴派等皆非真实，却都成了真实的武器，攻击真实的存在——当时的第二帝国与拿破仑三世。

幻影的作用、虚拟历史的实际价值难于否定。历史，已经消失，然而除能够预见和虚拟之外，她还可以是一种现实的存在。

（二）历史的传承与经受检验

回想从前，我们有时将问题简单化：历史完全等于消失。过去的，就是陈旧、腐朽，甚至反动，历史与现状互不相容。然而，历史的确又是一种现实的存在、消失了的社会的实际延伸。我们不可避免地面对着如下现象：历史也是世代相传的、物质尚存的、头脑中储藏的、经受当代检验的，以及后人能够描绘的。

1. 世代相传

国家、民族、阶级、群体、家族、家庭皆有自己的经历，无论成败良莠都是无法拒绝的遗产和必须接受的传统。家庭出身、父母职业、生活水平、亲友关系、种族特征，甚至突发事件等，哪些能够逃离历史？例如近代，法国西部的若干贵族，住在自己的土地上，他们多为无爵位的绅士，除去打仗与战时的

---

① （法）吕西安·费弗尔著：《莱茵河：历史、神话和现实》，许明龙译，北京：商务印书馆，2010 年，第 93 页。

② Georges Pradalie, *Le Second Empire*, Paris: PUF, 1998, p. 43; Desert, *La France de Napoleon III*, Paris: PUF, 1970, p. 224.

③ 郭华榕：《法国政治制度史》，北京：人民出版社，2015 年，第 222 页。

军官职务外，官方不给他们提供固定的谋生手段。有些孩子虽然出身贵族家庭，生活却很贫苦，有时与穷人相去无几。① 即使人们不满足于自己出身的家庭状况和社会条件，甚至为了更换门庭而断然离去，但仍旧必须先接受再求改变，同时保留着它们的遗痕及影响。

一份私人文件说明了一类问题：里昂附近的 J. B. A. 先生的家庭档案记录了 1815 年奥地利军队侵入法国占领当地后，从他的农庄掠走约 1000 件农具、车辆、家用物品、衣服（包括妇幼的衣物），使这个家庭遭受严重损失。② 1815 年的记录，完好地传承至今。

还有一个世代相传的例子：法国著名总理克雷孟梭（Clemenceau，1841—1929）是"倒阁能手"，绰号"老虎"。他完全是旺代人的血统，祖先不曾与外省人联姻，但是他有蒙古人的脸型、黄色皮肤、带着蒙古褶的眼睛和高高的颧骨、黑色的大眼睛、浓密的黑胡子。他为何长成这般容貌？他的姐姐表示：自己家族的祖先是哥特人或某个亚洲部落的后代，他们可能在 5 世纪蛮族入侵高卢时定居于旺代地区。③ 克雷孟梭在政坛发挥巨大的能量，但是不论愿意与否，他改变不了祖传下来的相貌特征，这是世代传承的历史赐予。久远岁月的余痕无法消除，从人种学的角度来看，他是古代东西方交流的"结晶"。

此外，技术也在世代相传。中医和民间文化中的瓷器、刺绣、酿造、曲艺、刀具等的制造技术，已经传承了数千年。第二次世界大战时的密码机加密技术，现在已经用来开发下一代超级安全的银行卡。

2. 物质尚存

各种档案馆、博物馆、图书馆、书店以及私人的收藏中，文物、文献、族谱、祖宗牌位、契约、遗嘱、照片以及坟茔等皆是历史的痕迹，是未曾相见的故人留下的纪念。④

梵蒂冈秘密档案馆建立于 1611 年，每年接纳约 2000 人。梵蒂冈圣廷枢机会议档案馆，每年仅接纳约 200 个研究者。这两个馆内，有不少堪称世界级的收藏品。⑤ 法国国家档案馆建立于 1794 年，其保存的最早的文献为墨洛温王

---

① （法）瑟诺博斯著：《法国史》，沈炼之译，张艺联校，北京：商务印书馆，1964 年，第 227~228 页。

② 衷心感谢向笔者提供家庭档案的 J. B. A. 先生。

③ （法）埃尔朗热著：《克雷孟梭传》，周以光译，北京：商务印书馆，1990 年，第 7、69、353、378、402 页。

④ 法国国家图书馆收藏着第二次鸦片战争时中国军队拼死守卫大沽口炮台的一批照片。

⑤ *Archivio Segreto Vaticano*，Citta del Vaticano，1978，p. 10.

朝(428—751)时期的莎草纸文件与修道院的账目,全馆档案架长达400公里。这里绝大部分是公共档案,另存若干私人档案,如拿破仑三世一家、莫尔尼、巴赞等的私人档案。此外,还有法国外交部档案馆与意大利佛罗伦萨国家档案馆等。这些都是世界级的档案馆,它们对笔者的学术探讨提供了很大的帮助。

如果到了佛罗伦萨,笔者建议访问平蒂街,在那里可以见到活着的历史!从15世纪至今它少有改变,在那里能够体验当年日常生活中的浪漫。街道两旁的楼房近在咫尺,很容易想象一侧弹琴,另一侧唱着小夜曲的情景。石板铺成的"大道"通向远方。

1581年,法国出现了一份《反暴君宣言》(Vindiciae contra tyrannos)[①],它提出问题:应该服从违反上帝法律的国王吗?反抗废除上帝法律或踩踏教会的国王合法吗?国王"实行压迫或摧毁国家"时,合法反抗的"限度"何在?以什么权利反抗?作者仿照古罗马的布鲁都斯(Marcus Junius Brutus),化名"布鲁图斯"(Stephanus Junius Brutus)。这一篇檄文,至今人们不曾将它遗忘。巴黎"巴斯底广场"是攻打巴士底狱、大革命开始的纪念地。《拿破仑皇帝的加冕礼》这一名画由画家大卫创作,它至今还在展出,虽然这个皇帝及其加冕礼早已是陈年旧事。巴黎残疾军人院内,安放着拿破仑一世及其儿子二世的遗骸。如果访问巴黎,请去参观"拉舍兹神甫公墓"里面东南角的"公社战士墙"(Mur des fédérés),它记载了百多年前巴黎民众的斗争,也是当代人们为纪念往昔与畅想未来而集会的地点。[②]

俄国彼得一世早已辞世,他的一双大鞋在圣彼得堡郊区的博物馆展出,他两米有余的身高令人感叹。1917年俄国十月革命时,"阿芙洛尔"巡洋舰的炮声是革命者攻打冬宫的信号。该舰曾参加日俄战争、第一次世界大战,于1945年停泊在涅瓦河边的永久锚地,1956年成为博物馆。2014年它驶离此处去维修,2016年7月修复完毕驶回永久锚地。近百年过去了,钢铁战舰依然浮在水中。

历史通过物质继续存在于人世间,不论陆地、河里与海底,都可能找到历史的遗留。

---

① 1648年出英译本,书名为 *A Defence of Liberty against Tyrants*。(美)乔治·霍兰·萨拜因著:《政治学说史》,下册,刘山等译,北京:商务印书馆,1986年,第433页脚注2。

② 另有误认为的"公社战士墙",它在该墓园之外的甘必大林萌大道的南侧,实为一浮雕《博爱万岁!》请见郭华榕:《拉雪兹神甫公墓与巴黎公社》,《历史教学问题》,1993年第3期,第9~10页。

3. 头脑中储藏

即使在缺乏文字与影视的情况下，人们也能够回忆自己的童年时光，记住前辈口述的家庭与亲友的旧日情景和社会的重大事件。例如，人们不会忘记日本人屠杀中国同胞的罪行。

法国历史有实例可寻，能够说明历史在后人头脑里是长期存在的。18世纪末，波拿巴将军夺得国家政权，后来建立帝国。他实行反对封建的政策，抵御欧洲君主们的侵犯，捍卫了大革命中出现的农民的小土地所有权。从第一帝国垮台至第三共和国初年，政治局势如同走马灯晃来晃去，然而在此数十年间，农民们不曾忘记过去。多少次公民投票、议会选举和地方选举，他们都拥护心中的恩人及其派别。只是到了1879年1月议会的参议院部分改选时，农民们才放弃习惯性的投票，改而赞成共和派候选人。共和派在参议院占了绝对多数。因为农民们经历了80年的生活，又从第二帝国及其对外战争的失败中看到了共和制的优越性；从共和政府对巴黎公社的镇压中，看到了私有财产获得可靠的保护。①

1870年以后，法国未曾产生君主制（包括君主立宪制）。然而，有关君主制的思想仍然存在。1944年，第二次世界大战结束之际，面对法国的政治混乱，戴高乐表示"一种君主制的形式是必要的"。他对亨利说："可以建立一个有实无名的君主制。"后来，戴高乐改变意见，肯定了共和制。

对于拿破仑的眷恋，关于君主制的记忆，尽管时过境迁，仍然储存在人们的头脑中，并且随机显露出来。

4. 经受当代检验

对于历史上的人与事，学术界争论不休，或歪曲贬损，或颂扬神化。但是经过时间的考验、文献资料的公布、研究人员的辨别，可能恢复其本来面目。下述两个事例提供了教训。通常人们强调：路易十四曾说："朕即国家！"（L'Etat, c'est moi!）这无疑是一位实行封建专制的国王，他坦然宣布："我不要首相！"始终亲理朝政。然而，上述这句话，却并非出自他口。据法国有关教授介绍，大约是史学家马德兰（Madelin，1876—1956，另译马德楞）替

---

① François Furet, *Penser la Revolution Francaise*, Paris: Gallimard, 1978, p. 21; Mayeur, *Les Debuts de la llle Republique*, Paris: Seuil, 1973. p. 47.

路易十四"发明了""朕即国家"这句话。① 至少,近百年前法国的一些学术著作已经明确表示,实在无法证明此话为路易十四所讲。例如1924年出版的班维尔(Jacques Bainville,1879—1936)的《法国史》已指出:"路易十四不曾说'朕即国家'。"②

法国大革命中的重大冤案是吉伦特派领导人被杀害一案。1793年6月24日国民公会通过、7—8月获得公民投票绝对多数赞成票的新宪法,竟然于10月10日停止实行。此前6月10日吉伦特派议员中的29人已被软禁在家中。10月3日他们受到审讯,31日布里索等21名吉伦特派精英死于断头台,罪名为"反对革命""联邦主义""联邦主义暴动"。11月8日,"吉伦特派的灵魂"罗兰夫人也遭处决。罗兰先生得知消息,便在外省逃亡地的郊野自杀。后来国际史学中,许多研究者将吉伦特派视作反革命。然而,实情如何?须知1792年9月中旬,丹东特地访问布里索,表示他和罗伯斯庇尔"都怕布里索与吉伦特派主张建立联邦共和国"。布里索坦然"保证"并无建立联邦的想法。③ 1793年2月15—16日,孔多塞报告以他为主起草的1793年新宪法草案,它的第一条是"法兰西共和国统一与不可分割"。该条于5月10日获得国民公会通过。吉伦特派从来不曾主张"联邦主义",仅比佐一人在被捕后撰写的《回忆录》中提及倾向"一种联邦式政权"。他于1794年6月18日自杀,该书迟至1866年才出版。"亲山岳派史学"过度美化罗伯斯庇尔与山岳派专政(雅各宾专政),"认定"吉伦特派为敌人,应该予以消灭。此种说法传播甚广。

百余年来,事实已经清楚,吉伦特派虽然比山岳派温和,却真是一些激进的共和主义者(从欧洲角度看来更是如此)。1792年3—6月、1792年8月—1793年6月,该派人士曾不同程度地在革命政府中掌权,实行激进政策。他们与山岳派各有自己的缺点,但却不是敌人。1989年大革命200周年之际,索布尔主编的《法国大革命历史词典》出版,它指出:吉伦特派不希望建立"一个联邦国家",也不害怕"一个强大的中央权力",他们只担心"出现一个中央权力,它将过多地受到巴黎民众的直接影响,进而反对自由主义的经济与社会纲领的实现"④。当然,吉伦特派反对极左政治。山岳派专政消灭身边的战友,目的在于清除争夺权力的对手。法国历史表明:遭受冤屈相当容易,伸张正义则十分艰难。趋炎附势者易找,打抱不平者罕见!

---

① 马德兰的主要著作有《大革命》(1911)、《丹东》(1914)、《执政府》(1937、1957)等。
② Jacques Bainville, *Histoire de la France*, Paris, 1924, p. 217.
③ Albert Mathiez, *La Revolution Francaise*, II, Paris: Colin, 1924, p. 86.
④ *Dictionnaire Historique de la Revolution Francaise*, Paris: PUF, 1989, pp. 437-438.

法国历史上，反对巴黎极端作用的远不止吉伦特派。"路易十四不喜欢巴黎"，因而在凡尔赛建造王宫。孟德斯鸠表示："法兰西只有巴黎与疏远的外省，因为巴黎还没有时间来折磨她们。"卢梭认为："竟然无人能够看出，如果将巴黎这个城市毁掉，法国将比现在强盛很多。"① 直至今日，法国人仍然不断重复："巴黎，这不是法兰西！"

路易十四的一句名言与吉伦特派的死罪都遭到了否定。盖棺也难于定论，查明真相胜过断头处死！拿破仑三世曾说："在法兰西，没有什么是永久的。"② 大约二十年前，葡萄牙历史学家费雷拉对《鲁滨逊漂流记》（1720年出版）提出质疑，认为它是"剽窃自葡萄牙的旅行文学"。真相如何，有待新的研究成果。

5. 后人能够描绘

历史可以通过著述传送给后代。公元9世纪30年代，查理曼的朋友艾因哈德（Eginhard）撰写《查理大帝传》（*Vita Caroli Magni*，另译为《伟大卡尔的一生》）。100多年前，法国史学家科善（Cochin，1876—1916）在世界大战中数次受伤，殒命沙场。他对大革命持批判态度，其著作在其死后数年才出版，包括《思想会社与民主》③《大革命与自由思想》④ 和《思想协会与布列塔尼的大革命》⑤ 等。他主要研究大革命的思想根源，尤其关注"思想会社"。他批评当时有权力与权力之人：一个徒有虚名，为国民公会；一个实际拥有一切，这是救国委员会，确切地说是它的"执行局"⑥。斯人已去，但是著作尚存。

研究者与出版者去世之后，他们的作品继续存在。历史，从某个角度来看也是个人的，研究者在所接触、描绘与企望重现的有关历史中，通常留下个人的印痕。问题在于人是社会的人，会受到本人的生活状况、学术水平与接触史料等条件的限制，以及政治文化宗教的影响，还有个人的性格经历与利益权势的约束。这些是影响研究者的论述可信与否、描绘是否接近真实的重要因素。

---

① （法）卢梭著：《爱弥儿》，李平沤译，北京：商务印书馆，1978年，第721页。

② Paul Gueriot, *Napoleon III*, Paris：Payot, p. 106.

③ Augustin Cochin, *Les sosietes de pensee et la democratie*, Paris：Copernic, 1921. 1979年再版称 L'Esprit du jacobinisme.

④ Augustin Cochin, *La Revolution et la libre-penses*, Paris：Copernic, 1924 (1979).

⑤ Augustin Cochin, *Les societes de pensee et la Revolution en Bretagne*, Paris：Copernic, 1926.

⑥ Augustin Cochin, *L'Esprit du jacobinisme*, Paris：Copernic, 1979, pp. 7-9；Augustin Cochin, *La Revolution et la libre-pensee*, Paris：Copernic, 1924, p. 234.

研究者通常不是当事人，他的著述不可能完全复原过去的人与事，其著作表明他关于研究对象的认识与自己企望的描绘。史学家马蒂叶兹的例子引起了人们的思考。

马蒂叶兹（Mathiez，1874—1932，另译马迪厄）不论政治或学术皆持相当激进的观点。他曾同情苏俄，1920年出版小册子《布尔什维主义与雅各宾主义》（*Le bolchevisme et le jacobinisme*），指出当时的布尔什维克专政与山岳派专政"有某种亲戚关系"，"俄国革命为法国大革命之女"，列宁是"一个成功了的罗伯斯庇尔"。他曾为法国共产党的《人道报》撰稿，并加入法国共产党，后于1923年退出。他"批评斯大林主义，维护被关入集中营的塔尔列"。马蒂叶兹颂扬罗伯斯庇尔，认为此人具有"完美的威望"，称他掌权"开辟了一个新纪元"，应获"特别高的评价"。马蒂叶兹"过分醉心于罗伯斯庇尔"，进而以某人是否为"罗伯斯庇尔的敌人"为界线。他否定丹东派与吉伦特派等革命阵营中的领导人，认为布里索"不过是表面的革命者"，甚至赞同对于无辜者的杀害。由于如此观点，他与恩师奥拉尔（Aulard，1849—1928）断交。

《法国大革命》字里行间都透露出马蒂叶兹浓厚的个人意气。属于吉伦特派内政部长的罗兰主张自由经济，但是马蒂叶兹竟然毫无根据地宣布："罗兰的整个社会政策是用刺刀去对付挨饿的民众。"① 他对巴雷尔（Barère）的介绍也不符合实际，说巴雷尔要求杀人并反对及时实行宽容。米涅等学者指出巴雷尔为人胆小、顺从，他在1792年11月促使国民公会通过决议：人们对于"特别法庭"的判决，可以提出上诉。巴雷尔度过了热月政变的日子，活到1841年。②

还有另类情况。多年来欧洲学术与出版界出现一类现象：某些拥有权势的文人将自己超大量的"说明"放在巴贝夫等历史人物文集的前面，喧宾夺主地利用历史推销自己的产品。这是历史遭受现实侵害的标本。

后人描绘的历史，不等于历史，而研究历史的著作也只是个人心得的集中陈述。历史，这是曾经的社会现实。个别人物仅仅在群体性活动中进行积极活动，历史本质上是群体性的活动。

---

① Albert Mathiez, *La Revolution Francaise*, II, Paris: Colin, 1924, p. 114; Lefebvre, *La Revolution Francaise*, 7ed., Paris: PUF, 1989, pp. 218, 238. （"吉伦特派政府是一个含糊的概念，他们指挥不了这个政府。"丹东"将罗兰完全架空了。"）戛克佐特（Gaxotte）认为"罗兰的'自由放任'政策带来自由批评的曙光"。

② Albert Mathiez, *La Revolution Francaise*, III, pp. 363, 367; II, pp. 115, 122. Sous la Direction de Soboul, *Dictionnaire Historique de la Revolution Française*, Paris: Pho'oeil, 1989, p. 76.

上述文字介绍了历史在日常生活里的几种状况,我们应看到历史不只是现实地存在着,她能够对当今的社会发挥显著的作用。

(三) 历史发挥现实的作用

我们现在看不见活生生的波蒂叶(一译鲍狄埃),却能听见由他作词的《国际歌》。如今在俄罗斯草原上,找不到将要冻死的马车夫,却能借助"草原望无边,路途遥又远"等歌词,了解俄国农民曾经的苦难。历史的现实作用表现在下述几方面:说明国际关系、吸取旧日教训、防止政治痼疾、解读新事物的难产以及进行文化教育,等等。

1. 说明国际关系

巴黎与佛罗伦萨为世人所熟知,在它们的街头随意踱步时,可以尽情领略欧洲文化的气息,但是现代人了解她们拥有久远的友谊吗?请看法兰西第二帝国与托斯卡纳大公国秘密交往的档案文件。① 这些外交文件涉及公私两种事务:大公国购买武器;民间女寻找亲夫。

1870年以前,意大利尚处于分裂状态。1854年,托斯卡纳大公国驻巴黎公使发出公函,请求法国政府"出让"一批"最新型号的米尼叶式卡宾枪"。不久,有关军事部门回复"法国不存在称作米尼叶式的卡宾枪","法军步兵现在使用杆式卡宾枪","请务必告知我们更加完整的有关信息"②。法方决定满足对方购买武器的要求,秘密售与对方新式武器,充分说明两国的密切关系,也暴露了佛罗伦萨情报工作的不足。

1852年,佛罗伦萨的卡里太太请求帮助寻找住在巴黎的丈夫。巴黎警察局不久回答:"菲利普·卡里先生,音乐家……未曾死亡。他已瘫痪数年,双目失明。住在比法街24号……绝大部分时间躺卧在床上。他从(法国)音乐学院的基金中获得1200法郎的津贴。"③

巴黎与佛罗伦萨相距不远,她们今日的交往有着悠久的历史积淀。

---

① 当地人不用 Florence,而是称自己的城市为 Firenze,中译"翡冷翠"。
② Italia, *Segreteria e Ministero degli Affari Esteri*, Archivio di Stado di Firenze, No. 2431 (1969), 1854 (3).
③ Italia, *Segreteria e Ministero degli Affari Esteri*, Archivio di Stado di Firenze, No. 2341 (1969), 1852 (1, 2). 当时法国普通官员的年俸为1350法郎。

2. 吸取旧日教训

自从工业发展以后,人们享受工业革命的硕果,同时对于它所造成的恶果认识不足,或因为利益而对其负面影响视而不见。工业革命的成绩从英国的下述情况可见一斑。根据调查,1631年1000人当中无人穿袜子,1831年1000人中无人不穿袜子。工业品的普及、民众生活水平的提高,以及交通的改善等不言而喻。与此同时,发展还带来另一方面:污染!英国城镇的污染日益严重,1833年与1834年,大马哈鱼与海豹不再游入泰晤士河。经过长久的治理后,1982、1984年大马哈鱼和海豹才重新进入泰晤士河。如此教训是150年的历史给予英国与人类的。

2015年12月27日,法国政府正式宣布"维希时期"的档案"几近全部开放",有关"法奸"的历史不再是禁忌。法国政治历史的研究添加了沉重的新课题,历史的作用或许又将搅扰社会生活。30多年前竞选总统时,密特朗"曾因在维希政府中的角色而受到争议"[①]。尽管第二次世界大战时期的"活动家们"已经去世,维希档案的开放可能使某些法国人脸上无光。厘清故人责任、研究法奸罪行,这也是历史现实作用的一种。

3. 防止政治痼疾

近代后期与现代,法国长时间的内斗引人注目,大小党派不停地互相撞击,这是政治激情的恶性流泻。[②] 它不断产生坏的影响,导致国家力量的内耗。这种痼疾的根源在于只顾权益的维护与获取,或明或暗地进行国家权力的争夺。

第三共和国时期确立了共和制度,随后议会机制在运行中出现严重病症:议会过度内斗与内阁频繁垮台。议会内外党派相争达到白热化,大革命时期派别相斗横加罪名乱杀无辜,当代则借机寻衅推翻内阁。激进派议员克雷孟梭于1917年出任总理,某日他竟然对议员们说:"只有两个器官是无用的:前列腺与总统。"(prostate与président的发音近似)

内斗曾激发流血事件:1914年3月16日《费加罗报》社长卡尔梅特(Calmette)被杀。卡尔梅特"在布里昂(Briand,1913年1—3月任总理,另

---

① (法)克洛德·芒塞隆等著:《密特朗传》,任正德等译,重庆:新华出版社,1984年,第17~19页。

② 约1900年以前,法国"政党"的概念较含糊宽泛,不包括任何关于纪律或过分强调统一的思想。

译白里安）细心指挥下，至少是在普安卡雷（总统）的许可下，威胁将公布卡约妻子的一批私人信函"。这些"信函将揭露她的私生活"，如此做法"令人难以忍受"。这实际上是对激进党领导人卡约的恶性攻击，那时卡约（Caillaux）担任杜梅内阁的财政部长。卡约夫人主动约请社长在他的办公室会晤。两人见面时，卡约夫人用手枪将社长杀死。夫人被捕，卡约辞职，围绕案件展开了党派斗争。7月31日，重罪法庭宣布卡约夫人无罪（参见1881年的《出版自由法》第29条，凡侮辱言论与无端谩骂，则构成"侮辱罪"）。① 尽管如此，卡约后来在政治上长期处于劣势，而党派斗争则时强时弱地一直继续。

这种党派斗争导致内阁短命，引发法国的政治危机。据统计，1870年至1940年，法国经历了104届内阁，平均每一届内阁仅存在七个多月，其中最长者不足三年，17届内阁仅维持约一个月。1914、1924、1935年皆曾出现1至4日便夭折的内阁。第四共和国继承了第三共和国的恶习。1947—1958年，存在24届内阁，平均任期不足六个月，其中8届只维持约一个月。1955年与1957年，出现了一日内阁，1950年的一届内阁存在了两天……

第三、第四共和国时期，议会舌战不休，内阁频繁垮台，这都表明法国当时的议会体制及其运转规则有严重问题。许多人内斗猖狂，外斗迷茫。他们为了本派与个人的权力和利益，不惜损害国家民族的利益。第三共和国战败投降，第四共和国并未吸取惨痛的教训。尽管第五共和国不无缺点，但共和制度得到巩固与延续。

4. 解读新事物的难产

自然界与人类社会的生命力具有若干共同象征，如新与旧的交替。人们本应对此习以为常、坦然接受，然而社会生活中经常出现相反的情况。欧洲历史上凡重要的新事物刚出现时，几乎都遭遇过挫折。法国在工业与军事方面有令人深思的实例，帕潘、沙斯波、贝当与戴高乐因为创新经受了重重困难。在瓦特于1769年发明蒸汽机以前，帕潘（Papin，1647—1714）于1687年首次提出由气缸与活塞组成蒸汽机的设想，却受到"巴黎科学院的无理对待"。该机构十分保守，欠缺责任心，学术水平低下。此外，1685年路易十四公布"枫丹白露敕令"，撤销1598年的"南特敕令"，即取消宗教信仰的自由。帕潘因

---

① Eric Cahm, *Politique et Societe La France de 1814 a nos Jours*, Paris, 1977, p. 98; Pierard, *Dictionnalrellle Republique*, Paris: Seuil, 1968, pp. 50-51; M. Roberioux, *La Republique Radicale?* Paris: Seuil, 1975, p. 229.

信仰新教，被迫流亡英国。

1855年，军械师沙斯波（Chassepot，1833—1905）发明先进的后膛步枪，法国"炮兵技术委员会"（原文如此）竟然认定它"完全不适用于战场的需要"。直至1866年秋，根据拿破仑三世的命令，沙斯波步枪才开始投产。[①] 然而为时晚矣，1870—1871年法国在对德战争中的失败便与沙斯波步枪受到歧视有关。

1900年，贝当（Pétain，1856—1951）上校提出应以强大的火力战胜敌人，即"开火杀人"（le feu tue）。此种军事理论否定久已惯用的"刺刀冲锋"，贝当主张攻防皆应依靠炮火，步兵则实行占领。官员们墨守成规，贝当受到了总参谋部很大的压力。1933—1940年，戴高乐（de Gaulle，1890—1970）要求建立"职业军队"（Armée de métier），准备进行坦克集群战争："坦克集群拂晓拔营，傍晚已飞奔至200公里以外。"数年内，他遭到一批军政界掌权者的多次打压，而后者关于"马其诺防线万无一失"等的判断，是导致法国战败的重要原因。

权势的掌握与学术的探讨，原本是社会进步不可缺少又颇不相同的要素，由于前者的负面作用，产生了"异性相斥"的结果。为什么？关键取决于权力和利益。人们担心接纳新事物将给自己的权益以及声望带来损失。无疑，新事物出现时，还有一个认识过程。对于上述摧残新事物事件的研究，便可看到一种严重的社会政治行为，最大的受害者是国家民族。掌权者弹冠相庆时，保护了既得利益和权力，实际也将自己置入将来的社会危机中。1789年以后，否定创新者的合法权利，这明显违背作为法兰西文明的三个原则之一的平等原则。近现代反对创新者依靠权力滥施威严，破坏了文明的基石，因此这些人成为当时法兰西国家的掘墓人。

5. 进行文化教育

印象画派、《马赛曲》与勇敢口号等事例生动地表明，历史对于加强文化教育具有不可忽视的现实意义。

印象画派的产生曾经震动法国社会，尤其是法国画坛。我们看到，古典画派的作品透露着庄重与安详，如安格尔的《泉》。浪漫画派给人以热烈与奔放的感受，如德拉克洛瓦的《自由领导人民前进》。印象画派则以所见的印象，甚至瞬间的印象为依据，着重描绘出印象的实景，莫奈的《印象·日出》即为

---

① Georges Pradalie, *Le Second Empire*, Paris: PUF, 2009, p. 119; Louis Girard, *Le Second Empire*, Paris: PUF, 1954, p. 311.

传世佳作。然而，在19世纪中后期，印象画派出现时，却遭到迎头痛击。法国画坛那些"传统的固守者"乐于以蠡测海，将印象画派的作品视同信手的涂鸦而加以排斥。当时在巴黎出现一幅漫画：在印象画派画展的门前，一位孕妇正要入内参观，而门卫对她好言相劝：夫人，请考虑您后代的健康吧！不少人深怀成见，呼吁拒绝印象画派。后来，印象画派的社会价值终究无法被否认，在画坛站稳了脚跟。这样的历史教育人们，对于新生的文化创造不可肤浅揣度，印象画派和抨击者拥有同样的艺术探讨权利，新事物的出现是社会发展的自然状态，给人以启迪！

《马赛曲》嘹亮的声音早已传出了法兰西和欧洲。世界上，正在奋斗的弱者中能唱它的副歌者甚众："武装起来，公民们！建立你们的战斗营！前进，前进！"某些国家曾尝试仿照马赛曲谱写自己的国歌。1842年，德国诗人海涅在诗中号召：用《马赛曲》的曲调，鼓舞我们投入战斗。① 200余年前的一首战歌，在现代仍发挥着广泛的激励作用，实属罕见。

关于勇敢的口号又是一例。1792年4—7月，法国与奥普两国开始了战争。奥普联军入侵法国，法国立法议会宣布："祖国在危急中！"9月2日，丹东走上议会讲台大声疾呼：为了战胜敌人，先生们，我们必须勇敢勇敢再勇敢，这样法兰西就能得救！② 1792年距今颇为久远，但是"勇敢勇敢再勇敢"成了世界名言，将永久鼓舞"被欺凌者与被侮辱者"奋起斗争。

上文数例可以说明历史在现实生活中的确能够发挥较好的作用，无疑还可以产生另类效果。法国大革命是比较彻底的革命，她诉诸政治和法律，然而罗伯斯庇尔利用宗教在历史上的显著作用，推出"最高主宰"新宗教，"大家知道，罗伯斯庇尔在这方面曾经遭受怎样的失败"③。困惑于披上新外衣的旧传统、旧心态，为了巩固自己的政治权力而设立所谓新的宗教，造成了利用历史为现实服务的败绩。

当我们简单介绍了历史的现实作用之后，还须探讨历史与情感、历史与反思之间的必然联系。

---

① （德）海涅著：《海涅抒情诗选集》，钱春绮等译，南京：江苏人民出版社，1984年，第262页。

② 罗伯斯庇尔等演说时皆有讲稿。"丹东发言从来不写讲稿，全凭当时的灵感。"Alphone Aulard, *Etudes et Lecons sur la Revolution Francaise*, Paris：Alcon, 1907, pp. 267-268.

③ 恩格斯：《路德维希·费尔巴哈和德国古典哲学的终结》，《马克思恩格斯选集》（第4卷），北京：人民出版社，1972年，第231页。

(四) 历史情感与历史反思

历史与人们的身心关系密切,她影响后人的情感,引起后人的反思,这些在现实生活中都给人以深刻的印象。

1. 历史与情感

历史对于情感的作用涉及今世与往昔的关系。人,作为个体自然地陆续消失,但人类代代相传。在社会不停的运动中,新与旧的事物有时难于断然分开,情感也是如此。旧的曾是昨日之新,新的将为明日之旧。就情感而言,在新的生活条件下,人们习惯于弃旧图新。须知,认识新与旧的关系需要辩证地思考。通常,权势利益决定人们的取舍,带着感情制造舆论,实际是为了改变困境或维护优势。否定中世纪便是其中一例。

近代欧洲的政治界与文化界曾流行一种观点,谴责"万恶的中世纪",美化自己所处的时代。米什莱曾说,中世纪是"荒芜时期,人类毫无进步的一千年"。"中世纪只是一个伪善",当时是"没有星光的黑夜"。① 但是,恩格斯指出:"中世纪被看做是由千年来普遍野蛮状态所引起的历史的简单中断;中世纪的巨大进步——欧洲文化领域的扩大,在那里一个挨一个形成的富有生命力的大民族,以及十四和十五世纪的巨大的技术进步,这一切都没有被人看到。这样一来,对伟大历史联系的合理看法就不可能产生,而历史至多不过是一部供哲学家使用的例证和插图的汇集罢了。"② 对于中世纪巨大成绩的否定,必然衍生出对它的厌恶。

人们生活在社会上,每个人的情况各不相同,关于过往的人与事的看法也是如此,有时产生争论,甚至诱发冲突。这些都是过去的实况在现今的实际中色彩斑斓的复活或变异。关于拿破仑一世的争论,在法国等学术界时断时续地出现。拿破仑一世成为"匪徒""吃人恶魔"与"低能儿",或者"最卓越的奇才""战争之神"。评论者尽情倾吐,各尽所能、各取所需。然而,索布尔教授的下述话语值得听取:"不管辩护也好,辱骂也好,都是向个人崇拜低头。用

---

① (美) 汤普森:《历史著作史》(下卷),北京:商务印书馆,1996 年,第 191、320、327 页。
② 恩格斯:《路德维希·费尔巴哈和德国古典哲学的终结》,《马克思恩格斯选集》(第 4 卷),北京:人民出版社,1972 年,第 225 页。

这种方法来对待问题是错误的，因为这种方式硬是将这位伟大人物放在历史之外。而不是将他同历史融为一体，以便更好地去了解他。"关于拿破仑，"无疑，他是伟大的"①。历史不依赖后人，后人却离不开历史，并受到她的约束。历史是客观存在，应该努力了解她，控制自己的情感。

许多年来，法兰西的日常生活证实了一个真谛：历史一直深深地介入、干预当代人的情感。请看生动的场景：丹东如何引起马蒂叶兹与索布尔两人的不同关注。巴黎市中心的街头，奥德翁地铁站的一个出口处，至今矗立着一座丹东的塑像，附近有丹东街。如果乘地铁去巴黎大学讲课，由此站口出地铁最为便捷。当年，马蒂叶兹教授由于贬损丹东，始终不肯从该处出来去巴黎大学讲课。索布尔教授则不同，他亲口向笔者介绍上述旧事。而且他乘地铁去巴黎大学讲课时，笔者经常伴随他在该处出地铁站。每次走上街口时，他都脱口而出："你好，丹东先生！"活的丹东曾经先主张恐怖，后来请求宽容。雕塑的丹东表情不变，但是能够拨动过往路人的心弦，延续到今日，乃至将来！正是此事引发了笔者思考历史是现实的存在，她能够左右后来人的情感。历史也是情感的历史，因为历史而暴露的情感有充足的力量超越友情，包括师生之谊。

2. 历史与反思

法国人常说："Que c'est que l'histoire? C'est une colle." 译成中文为："什么是历史？这是一个难题！"这就是历史的活跃的生命力，这种活跃的、顽强的生命力表现于各个方面、层次，以及变异方式、适应的对策和进行反思的能力。人们回顾往事，有时包括对人与事进行重新思考与评判。反思的历史显然不同于坊间书刊中的人造故事及其正反面的绝对化，后者"只是点缀历史的挂毯，而不是历史建筑的部分"②。反思，可以发挥人们的活力与展示人们的智慧。

恩格斯不止一次进行反思。他在1879年出版的《反杜林论》一书中认为："科学社会主义本质上是德国的产物，而且也只能产生于古典哲学还生气勃勃地保存着自觉的辩证法传统的国家，即产生于德国。"1880年，他将《反杜林论》的第三章改写为《社会主义从空想到科学的发展》一书，并出版。1883年，该书德文版问世时，恩格斯加了一个注释："于德国"是笔误，应该说

---

① 王养冲编：《阿·索布尔法国大革命史论选》，上海：华东师范大学出版社，1984年，第131页。

② （英）赫·乔·韦尔斯著：《世界史纲》，吴文藻等译，北京：人民出版社，1982年，第827页。

"于德国人中间"。因为科学社会主义的产生，一方面必须有德国的辩证法，但是同时也必须有英国与法国发展了的经济关系和政治关系。德国的落后经济与政治条件——40年代初比现在还落后得多——最多只能产生社会主义的讽刺画。"科学社会主义并不是专属于德国的产物，而同样是国际的产物。"① 显然，这是其对著作中的不足，事后加以勘误。

1890年9月，恩格斯在一封信中表示"如果有人在这里加以歪曲，说经济因素是唯一决定性的因素"，这将是"荒诞无稽的空话"。经济状况是基础，除此之处还有上层建筑的各种因素。它们对历史斗争的进程发生影响，并在许多情况下主要决定着这一斗争的形式。如"阶级斗争的政治形式"与成果、获胜后的宪法等。恩格斯说，青年们有时过分看重经济方面，这有一部分是马克思和我应当负责的。我们在反驳我们的论敌时，常常不得不强调被他们否认的主要原则，并且不是始终都有时间、地点和机会来给其他参与交互作用的因素以应有的重视。②

1893年7月，恩格斯在致梅林的信中说明："还有一点，在马克思和我的著作中通常也强调得不够。"当时在以"经济事实为基础"探讨政治观念、法权观念与其他思想观念及行动时，"为了内容而忽略了形式方面，即这些观念是由什么样的方式和方法产生的。这就给了敌人以称心的理由来进行曲解与歪曲"③。恩格斯的晚年多次反思，坦然面对自己以往活动中的问题，并尽力予以纠正和承担责任。

另有使人感动的记录："单孔目动物有整整一个亚纲是卵生的哺乳动物，——1843年，我在曼彻斯特看见过鸭嘴兽的蛋，并且傲慢无知地嘲笑过哺乳动物会下蛋这种愚蠢之见，而现在这被证实了！因此，但愿您对价值概念不要做我事后不得不请求鸭嘴兽原谅的那种事情吧。"④ 1843年恩格斯年仅23岁，1895年书写上述文字时他已75岁，即他逝世前的四个多月。个人认识史上的错误，在新的条件下将被真理所取代。反思历史乃是历史现实作用的一种特殊的方式。对于历史认真反思的积极意义，有时远远超过关于历史的正面叙

---

① 恩格斯：《社会主义从空想到科学的发展》，《马克思恩格斯选集》（第3卷），北京：人民出版社，1972年，第624、377~378页。
② 恩格斯：《恩格斯致约·布洛赫》，《马克思恩格斯选集》（第4卷），北京：人民出版社，1972年，第477、479页。
③ 恩格斯：《恩格斯致弗·梅林》，《马克思恩格斯选集》（第4卷），北京：人民出版社，1972年，第500~501页。
④ 恩格斯：《恩格斯致弗·梅林》，《马克思恩格斯选集》（第4卷），北京：人民出版社，1972年，第518页。

述!符合实际的反思将有利于文明的进步。

前文提到的法国大革命中的巴雷尔曾入选救国委员会,在讨论恐怖政策时,他简单地表示:只有死者不会卷土重来!果真这么简单吗?"人们自己创造自己的历史……是在直接碰到的、既定的、从过去继承下来的条件之下创造。一切已死的先辈们的传统,象梦魇一样纠缠着活人的头脑。"① "人来源于动物界这一事实已经决定人永远不能完全摆脱兽性,所以问题永远只能在于摆脱得多些或少些,在于兽性或人性的程度上的差异。"② 历史虽然已经过去,但是她也活动于现在,还要潜入将来。对于历史也是现实存在,以及对历史价值的探讨,有利于跳出历史仅为往昔的旧框架,认识她在现实生活中的巨大作用,总结经验教训,去谋求未来生活的更好发展。

(作者:郭华榕,北京大学历史系教授、博士生导师,本文曾发表于《世界历史评论 历史学的国际化》2018年第9辑,收入本书时标题和内容均有修改,下同)

---

① 马克思:《路易·波拿巴的雾月十八》,《马克思恩格斯选集》(第1卷),北京:人民出版社,1972年,第603页。

② 恩格斯:《反杜林论》,《马克思恩格斯选集》(第3卷),北京:人民出版社,1972年,第140页。

中世纪后期欧洲科学的发展及其再评价

研究中世纪欧洲科学的发展是一个很有趣味的课题,因为它使我们从一个侧面了解近代科学在欧洲首先出现的背景。欧洲中世纪科学的地位和意义几乎在科学史成为独立学科时就引起争议。起初,许多学者相信中世纪基本是一个科学发展史上的贫瘠地带或停滞时期。开普勒评论说"罗马沦陷后,世界沉睡了一千年"。达兰贝尔把经院哲学称为"无知世纪的所谓科学"。布克哈特也批评说"敬畏自然,沉溺于书卷和传统窒息了中世纪科学"①。威廉·惠维尔也声称,虽然中世纪建筑对 17 世纪力学的发展有重要影响,但中世纪仍是以"思想绝育,神学观念主宰和哲学思辨过度为特征"②。事实上,这些评论并不十分恰当,中世纪后期由于亚里斯多德为代表的古典哲学思想的传入和大学的建立,科学和知识探讨活动出现了引人注目的变化。③

12 世纪下半叶到 14 世纪,欧洲知识探讨活动和学术成果被冠以"经院哲学"的称号,虽然其主要特征是以思辨理性对基督教思想和亚里斯多德知识体系进行综合,然而它在调和关于世界的先验的神学学说和古代以及阿拉伯文本的具有唯心主义特征的思想活动中却发展了哲学思维和对自然的兴趣。在亚里斯多德逻辑的影响下,中世纪知识形态从依赖象征与附会来说明事物转变到借助思辨逻辑来说明世界。科学研究的方法论和科学理论的性质等问题也被提了

---

① George Basalla, ed., *The Rise of Modern Science: Internal or External Factors*, London: Raytheon Education Company, 1968, pp. VII, VIII, XV.

② George Basalla, ed., *The Rise of Modern Science: Internal or External Factors*, London: Raytheon Education Company, 1968, p. XV.

③ 法国学者皮埃尔·杜赫(Pierre Duhem)在对大量从中世纪晚期以来就无人问津的经院哲学论文和亚里斯多德式的"科学"评论文章的研究中,发现了科学在中世纪有令人惊奇的发展。参见 James M. Powell, *Medieval Studies, An Introduction*, New York: Syracuse University Press, 1995, pp. 353-354. L. 尚戴克、乔治·萨顿、查尔斯·哈斯肯和 A. 克罗比等学者也注意到了光学、运动力学和数学在中世纪的进展。参见 George Basalla, ed., *The Rise of Modern Science: Internal or External Factors*, London: Raytheon Education Company, 1968, pp. VIII-IX.

出来，这些进展为向文艺复兴和近代知识的转变打下基础。本文主要探讨亚里斯多德和阿拉伯哲学的传入和大学的建立对中世纪后期欧洲知识探讨的体制和知识领域的划分及知识的创造带来的影响。

（一）中世纪后期知识的扩张和学术领域的重新划分

从很多方面来讲，12世纪是欧洲学术和思想史的重要转折时期，其中两个有标志意义的事件是知识的扩张和对神学以外的知识领域的探索。为什么在基督教神学体系一统天下的情况下会发生这种变化呢？最重要的原因是古代希腊和阿拉伯知识的传入。中世纪早中期西欧人对古典希腊科学成就的了解仅来自比德（Venerable Bede）、博修斯（Boethiws）、伊塞多（Isidore of Seville）、卡尔塞丢斯（Chalcidius）、曼克罗比斯（Macrobius）、马协鲁斯（Martianns Capella）和卡西多诺斯（Cassiodoru）等人所编写的手册和类似于百科全书性质的文献中关于古希腊科学文献的提要和注释。其中所包含的"科学"知识，由于编写者的一知半解，故而相当肤浅、不准确，甚至矛盾。对天文学、光学和力学研究必不可少的欧几里德的《几何学》（Elements）似乎失传了。柏拉图的 Timaeus 仅翻译了部分，其中虽包含宇宙论，但无法提供一个建立在物理学和形而上学原则基础上的详细自然哲学。①

12世纪后半叶的"大翻译"运动使古希腊科学成就为西欧所知。12世纪开始，西欧拉丁语区域出现智识探讨意识的觉醒，学者们意识到古代希腊和阿拉伯科学成就的重要性，便四处搜寻和翻译古典文献。西班牙、西西里和意大利北部的翻译家们在大约130年的时间里把希腊和阿拉伯科学文献中的大部分翻译成拉丁语。这些重要文献包括欧几里德的《几何学》、托勒密的《至大论》（Almagest）、埃尔哈真（Alhazen）的《光学》、阿尔－卡瓦瑞日米（al-Khwarizmi）的《算术》、盖论（Galen）、希波克拉底（Hippocrates）和阿维森纳（Avicenna）的医学著作，以及极为重要的亚里斯多德的著作和阿维罗依斯（Averroes）的评论。13世纪六七十年代，莫尔贝克的威廉姆把大约50本希腊著作译成拉丁语，包括阿基米德和亚里斯多德的几乎所有的著作和希腊学者的注解。这些著作构成欧洲中世纪后期大学教育的基础文本。其中的亚里斯

---

① Edward Grant, "Medieval Science and Natural Philosophy", in James Powell, ed., *Medieval Studies, An Introduction*, New York: Syracuse University Press, 1992, p. 355.

多德自然哲学，统治了其后四百年的思想界，使13世纪到17世纪欧洲科学的发展具有连续性。①

希腊—阿拉伯学术成就的传入使欧洲知识急剧扩张，而且由于这些典籍包含许多人文自然知识，因此引起神学以外的知识探究领域的扩张，结果使原有学科的知识内容增加，也促使一些新的学科领域被创造出来。早期的大学学习内容分为"七艺"（七门人文学科），指语法、修辞、辩证法或逻辑学前"三艺"以及算术、几何、天文学和音乐后"四艺"。这种科目的设计受到圣奥古斯丁的《论基督教义》的启发，奥古斯丁认为如果审慎地学习异教学说和传统"七艺"，会对理解《圣经》的神圣智慧有帮助。

在欧几里德的《几何学》全文于12世纪后半叶被译成拉丁文之前，后"四艺"之一的几何学仅包含欧几里德《几何学》的前六章和一些讨论量度各种物体的尺度和不同形状物体的面积和体积的算法等等"实践几何学"论文。② 托勒密的《至大论》和阿拉伯天文学著作在12世纪被翻译介绍进西欧前，天文学几乎等同于占星术。天文学是有关天体的亮度、位置和运动的学问，占星术则是有关天体的力量和影响人间的方式的神秘说法，但这两个词却经常被混同使用。早在1140年，多明各·冈底萨尔沃（Domingo Gundisalo）在《哲学领域的划分》（De divisione philosophiae）中就开始区分二者。他认为占星术解释是研究星体的位置、运动原因、大小、同其他星体和人间的关系的科学，而天文学则是"描述星体的位置和轨迹，以判定时间的学问"③。1260年到1280年在巴黎出版的《关于星体的理论》（Theorica planetarum）已经以托勒密的天文学概念，即偏心圆和本轮来描述天体的运行，并解释各种天文学术语。这本书同萨柯罗博斯科的约翰（John of Sacrobosc）的《天体论》（On the Sphere）很快成为当时的大学教科书。

七艺之外，当时的大学还设立了三门更高的哲学学科，即自然哲学、形而上学和道德哲学。知识领域的重组为自然科学研究打开了道路。自然哲学和形而上学加上数学成为最高理论知识领域。④ 其中的自然哲学涵盖亚里斯多德的

---

① Edward Grant, "Medieval Science and Natural Philosophy", in James Powell, ed., *Medieval Studies, An Introduction*, New York: Syracuse University Press, 1992, p. 356.

② Edward Grant, ed., *A Source Book in Medieval Science*, Cambridge, Mass.: Harvard University Press, 1974, pp. 180-187.

③ Edward Grant, ed., *A Source Book in Medieval Science*, Cambridge, Mass.: Harvard University Press, 1974, pp. 74-75.

④ David L. Wagner, ed., *The Seven Liberal Arts in the Middle Ages*, Bloomington: Indiana University Press, 1983, pp. 250-253.

《物理学》《论天体》《论灵魂》《气象学》《论动物》等著作所述自然知识，是探讨物体及其运动、静止和变化的哲学，又被称为"自然科学"。自然哲学中涉及运用数学的内容被称为"中等科学"，包括天文学、光学、透视学、静力学、声学和工程学。工程学被认为是"关于机械装置的科学"①。数学从抽象意义上研究物体的轮廓：线条、面积、体积及其变化等等。形而上学被称为"第一哲学"或"神圣科学"，主要讨论与物质相分离的，不变的非物质领域的事物。涉及自然哲学和科学探究的这三门学科在大学里都设有相应的教学课程。形而上学在自然哲学中讲授，甚至许多获得文学硕士学位的学者也在自然哲学和形而上学两个领域内从事教学研究。②

1250年以后，许多大学人文课程的核心已经是亚里斯多德的著作及其知识体系。在这个知识体系内自然哲学探讨宇宙论、物质构成的理论、感官学、广义的关于物体的质量变化以及位移的物理学、有生命的物体，如动植物的知识。自然哲学显然已成为一门研究物质世界所有生物和无机物的物理结构及其变化原理的学问。这种知识领域的新划分和建构，为后来17世纪的科学革命打下了基础，因为正是从那以后好几个世纪在这些学科领域的探究为17世纪科学革命积累了经验和成果。

（二）大学对中世纪后期知识探讨活动的影响

12世纪以后，作为专门进行高深学术探究和培养下一代学者的机构，大学的建立对中世纪科学发展产生了重大影响。因为大学为科学探讨活动提供了社会平台和学术氛围。大学出现之前，欧洲的教育机构主要是修道院学校和大教堂学校③，其教学内容基本是七艺、《圣经》以及教父的著作。12世纪中叶，首批大学在意大利逐渐形成，许多大学以专科学校为基础。当时意大利由于城

---

① Edward Grant, *Physics in the Middle Ages*, Cambridge: Cambridge University Press, 1971, pp. 63-64.

② Siraiss Nancy, *Arts an Sciences at Padua: The "Studium" of Padua Before 1350*, Toronto: Pontifical Institute of Medieval Studies, 1973, p. 134.

③ 12世纪，教会学校培养出的一批学者，像巴斯的安德纳（Adelard of Bath）、伯纳德·塞文斯特（Bernard Silvster）、查尔特的梯也里（Thierry of Chartres）和康切斯的威廉姆斯等已经开始以一种客观的和批判性的眼光来解释自然现象。如果没有后来的古希腊和阿拉伯的科学典籍的传入，这些在旧学问框架内的智识探讨活动极可能会独立地产生某种理性主义倾向的科学。参见 Tina Stiefel, *The Intellectual Revolution in the Twelfth Century Europe*, New York: St. Martins Press, 1985.

市兴起，对各类专业人才，尤其是律师、行政管理人员、医生和会计有大量需求，私立的法学和医学学校纷纷成立。① 1137年成立的意大利萨勒诺医科大学就是在原医科学校的基础上扩建而成。1158年，意大利博洛尼亚城市学习法学的学生组成的联合公会"universitas"（即行会）获皇帝弗里德里克·巴巴罗莎的特许状批准而正式确立。巴黎大学是由圣母院主教学校外办补习班的领有执照的教师筹组，其行会性质的组织于1200年获法国国王菲利浦·奥古斯都承认。牛津大学于1208年建立，剑桥大学于次年建立。

大学分为地区性大学（学院）和跨区域的综合性大学"Studium generale"，前者多招收本地学生，毕业生为硕士（Master of Arts），只能在本地授课；后者则能招收外地甚至全欧范围内的学生，毕业生有在地区以外的大学讲课的资格。到1291年，欧洲已有博洛尼亚大学（意大利）、巴黎大学、蒙彼利埃大学（法国）、牛津大学、维琴察（意大利）和萨莱诺大学（意大利）等多所综合性大学。当时，巴黎大学师生已有六千至七千人，牛津大学约有一千五百到三千人。巴黎大学由于有像彼得·阿伯纳（Peter Abelard）和阿伯图斯·马格纳斯（Albertus Magnus）这样的名师，故而吸引了来自全欧洲的学生。到中世纪末期，欧洲共有约80所大学，它对欧洲科学发展有巨大意义。大学的起源使其非常注重实际技艺的教学，尤其是在古典希腊和阿拉伯学术传入后，"七艺"在大学的课程中受到前所未有的重视。大学教育对大多数学生来说虽然仍旧是其在教会谋职的预备阶段，但大学学习的课程却已经主要是数学、拉丁文、天文学、医学和法律等非神学领域。

新型大学的教学不仅在以神学为主体的中世纪知识体系中打开了探究自然科学知识的缺口，而且使学术探讨和知识的传授更加制度化。在剑桥大学，本科第一年学习亚里斯多德的《范畴篇》《解释篇》和《论题篇》，即所谓"旧逻辑"，并兼读波菲利（Porphyry）的《范畴篇导论》、波黑的吉尔伯特（Gilbert de la Porree）的《六原则》和波修斯（Boethius）的《种属篇》。第一学年的学习重在培养学生概念分类能力。第二学年以亚里斯多德的《辩谬篇》和《前后分析篇》等所谓"新逻辑"为内容，进一步培养学生的逻辑思辨能力。② 第三、四学年学习亚里斯多德的《物理学》《形而上学》或亚里斯多德的另外一些自然哲学著作如《论生成》《动物志》《天论》或《天象学》，也

---

① George Holmes, ed., *The Oxford Illustrated History of Medieval Europe*, Oxford: Oxford University Press, 1990, p. 287.

② （英）伊丽莎白·里德姆－格林著：《剑桥大学简史》，李白修译，济南：山东画报出版社，2007年，第16～18页。

可选修他的《伦理学》。可以看出通过这些科目的学习，学生不仅进一步了解亚里斯多德所总结的古希腊自然和人类社会各种知识①，而且在思维的理性化和"科学化"上受到系统培训。

研究生的教育也特别值得注意，其课程的设置使研究生在毕业后成为几乎可以直接从事自然科学的理论性研究的人才。以剑桥大学为例，文学硕士研究生的课程，首先要求深入研读亚里斯多德的《物理学》《后分析篇》《伦理学》和《形而上学》；此外，还要学习欧几里德的《几何学》原本以及其他数学和天文学著作，如约翰尼斯·德·萨克罗伯斯科（Johannes de Sacrobosco）的《算术学》《历法学》和《天体论》。这种学习课程的安排使我们理解了为什么像汤若望和利玛窦这样的传教士到中国后会展现出类似科学家般多方面的才能。利玛窦曾在意大利的耶稣会学校学习，耶稣会学校在创办之初，创始人罗耀拉就坚持以综合基督教观念和亚里斯多德学说的托马斯·阿奎那体系为基础。

在欧洲两所最重要的大学——巴黎大学和牛津大学中，文学院是最大的学院。学生经过两年的学习获得学位，然后可以进入更高级的神学院、医学院和法学院。② 有些大学仅在神学和法学学科中授予博士学位。到14世纪中叶，巴黎、罗马、牛津和剑桥大学都可以授予神学博士学位。在剑桥大学，从大学本科到完成硕士学位学习需要七年，获得博士学位大约还要经过十年的学习。值得注意的是，对神学专门而深入的研究是在系统学习逻辑学（辩证法）和人文、自然科学知识以后才进行的，这种设置有利于中世纪后期的学术研究向非神学化方向转变。学者们虽获得的是神学或哲学博士，但他们已经几乎掌握了当时全部的科学知识。

大学作为传承和发展学术的机构，对中世纪学术的进步产生了重大影响，它哺育出大量学者，大学也越来越成为知识探讨活动的中心。中世纪后期，欧洲的思想就这样从倾注于神学，到开始关注自然哲学。

---

① 在剑桥大学，以讲授和辩论为主要方式的讲授课有三类：（1）"初读课"（awsory），由获得学士学位的助教朗读课文，并作少量初步的解释与评论；（2）"普通"（ordinary）讲授课，由讲师对课文进行解读并主持讨论；（3）"特殊"（extraordinary）讲座，题目和内容多与课程大纲无多大关系。

② Edward Grant, "Medieval Science and Natural Philosophy", in James Powell, ed., *Medieval Studies, An Introduction*, New York: Syracuse University Press, 1992, p. 356.

（三）中世纪后期知识探讨范式的变化

对中世纪后期欧洲科学发展影响至深的是亚里斯多德体系。这位集希腊学术之大成的巨人，其著作的传播带来震撼性的影响。亚里斯多德著作表现出的"理智的优异及论证的力量"①，"使此后好几代里，标准的科学论文都采取评论亚里斯多德的相关研究的形式"②。亚里斯多德对中世纪欧洲学术的影响还超出了他的哲学本体论、自然观、伦理学和政治观念，从而到达了他所使用的形式逻辑和辩证法。在后者的影响下，形成了一种探讨问题的新的论辩方式。这种方式注重陈述的逻辑性，要求考察肯定与否定两种意见以及一种观点的另一面③，并且批判性地评价各种不同论点，在摒除不合理观点的过程中获得真理。这种论辩方法也鼓励人们提出自己的看法，或者在几种流行的看法中选择一种，通过辨别微小差异，然后经过发挥，达到对一个问题的新看法，而不是盲从已有见解。④

以自然哲学的教学为例，通常，老师先解读亚里斯多德文本中的一个章节，然后就该章节以及其他学者的评论提出问题，并做出回答及展开诠释。在长期的教学过程中，逐渐形成了对亚里斯多德论著每一章节的诸多问题。后来，教学的重点不再是逐章评论，而是就每部分所提炼的那些最重要的问题逐次展开讨论。这些抽象出的成百上千的问题构成大学"哲学"探讨的基础，其内容涵盖中世纪视野中的天上和人间事物的几乎每一个重要方面及其变化。经院哲学式的探讨意味着去评析这些问题，并最终达到思维上合理的结论。这样

---

① （英）约翰·马仁邦主编：《劳特利奇哲学史：中世纪哲学》（第3卷），孙毅、查常平等译，北京：中国人民大学出版社，2009年，第212页。

② John Losee, *A Historical Introduction to the Philosophy of Science*, Oxford: Oxford University Press, 2001, p. 27.

③ 问题通常以"……是……，还是不是……？"的形式提出。例如，地球是圆的，还是不是圆的？地球是在运动还是不运动？然后是肯定或否定的回答。如果开初的回答是肯定的，那么，最后的结论就会是否定的，反之则相反。最初的观点被称为"首要的论点"（Principal arguments）。首要的论点提出后，解答者阐释问题，澄清或定义问题中的某些术语，然后开始较详尽地陈述自己的看法。为了替后来所要采取的否定或肯定首要论点的立场埋下伏笔，他接着对自己的论点提出质疑，然后再来解答它。解答结束时，对问题的最初回答或观点会在详尽讨论中得到澄清。学者们就这样被训练得彼此持不同意见，并展开争论。

④ Edward Grant, "Medieval Science and Natural Philosophy", in James Powell, ed., *Medieval Studies, An Introduction*, New York: Syracuse University Press, 1992, p. 360.

一种探讨范式训练了自然哲学思维,而且提出了许多自然哲学的理论性问题。通过后来若干世纪对亚里斯多德文本及评论呈现的问题的批判性解析,以及对亚里斯多德自然观念的修正,最终使关于物理世界的观念得以发展。①

很重要的是,这样一种看似思辨的问答形式实际上包含了一种发展知识的形式逻辑方法。中世纪大学中的少数杰出学者在这种氛围中继续前进,开始独具匠心地直接研究自然物理现象,他们的研究成果,我们还能在保存至今的论文中看到。这些杰出的学者包括13世纪牛津大学的校长格罗塞特斯特(Robert Grosseteste)、牛津大学默顿学院的罗吉尔·培根(Roger Bacon)、威廉·奥卡姆、弗莱堡的迪奇希(Dietriche Freiberg)等等。他们研究世纪星体、彩虹、比例和透视等现象以及科学研究的方法。格罗塞特斯特探讨归纳和演绎法以及科学证伪。罗吉尔·培根②还试图使实验成为科学研究不可缺少的基础。③ 威廉·奥卡姆还就科学概念和科学理论的形成方法提出著名的精简性原则,认为不论是概念还是理论都应当简单,这为摒除神学观念和运用数学打开了道路。14世纪以后,运用数学或以数学的思维方式去探究物理现象逐渐流行。④ 这种"量度语言"进入中世纪末期的科学话语中标志着欧洲学术从希腊亚里斯多德科学观念出发又前进了一步。亚里斯多德曾非常落后地认为数学不太适宜运用于探究自然现象。

然而,像奥卡姆和培根这样提出离经叛道说法和从事标新立异活动的学者受到了教会的批判甚至监禁。中世纪后期的自然科学探讨仍是一种唯理论的思辨性活动,感性经验并未能成为研究的出发点和检验结论的标准,对某种物理场景进行想象,并停留在思辨中,是这种从哲学角度探讨自然奥秘活动中常见的形式。这种经院哲学探讨问题的方式直到文艺复兴时期才被工程师/艺术家群体的实践所打破。

亚里斯多德所代表的自然哲学观念在13世纪受到宗教观念的压制,与宗

---

① Edward Grant, "Medieval Science and Natural Philosophy", in James Powell, ed., *Medieval Studies, An Introduction*, New York: Syracuse University Press, 1992, p. 361.

② 罗吉尔·培根在他的论光学著作中设想发明一种仪器能使眼睛"辨认出远距离的最小文字"。培根蔑视经院哲学,批判教士的道德败坏,后因此而冒犯教廷,遭到监禁。在牛津的牢中,他还呼吁建立"实验科学"。(美)弗·卡约里著:《物理学史》,戴念祖译,范岱年校,桂林:广西师范大学出版社,2002年,第23页。

③ N. Fisher, Sabetai Unguru, "Experimental Science and Mathematics in Roger Bacon's Thought", *Tradition*, 28, 1971, pp. 353-378.

④ David Lindbery, "On the Applicability of Mathematics to Nature: Roger Bacon and His Predecessors", *British Journal for the History of Science*, No. 15, 1982, pp. 3-25.

教信仰的冲突在 1277 年达到高潮，巴黎大主教斯蒂芬·唐比埃领导下的一个十六人委员会发布公告，谴责巴黎大学人文学院讲授异教哲学理论，并威胁要惩罚任何敢继续讲授所列的 219 个"错误"命题的学者。这些命题基本涵盖了人文学院所讲授的亚里斯多德和阿拉伯哲学的新观念，包括质疑上帝创世和灵魂不朽的说法以及亚里斯多德关于世界永恒的观点。① 1277 年，在牛津大学，综合亚里斯多德哲学和神学教条的托马斯·阿奎那学说也遭到谴责。② 1277 年以后相当长的时间内，上帝具有超自然权力的观念被用来修正亚里斯多德自然哲学理论。经院哲学家们花大量的时间来讨论在上帝的干预下形成的非自然的场景，例如在上帝削除了世界中某些物体后形成的真空中物体的行为。中世纪自然哲学的"思想实验"很多都是探究这些假想的场景。

（四）科技的进步

在古代希腊和阿拉伯科学技术成就的基础上，中世纪后期的科学技术有了重要进展，尤其在医学和天文学，以及与日常生活相关的机械如大钟、风车和水磨房等方面。大学为学者提供了一个不同于教堂的社会环境和机构。虽然经院哲学的教学传统使师生们在数世纪不变的那个思辨问题的旧框架内思考，但每位学者对问题的解答也会不同，学者在一定程度上也有选择探讨问题的空间。在人文学院中，来自不同社会背景的学生（农民、贵族、市民）形成一个主要探讨非神学题材的学术团体，医师构成一个从事多少带有经验科学性质的职业阶层。

1. 医学的进展

中世纪科学中受到文明衰退打击最小的学科是医学。这不仅是因为希波克拉底医学著作的拉丁文译本和加伦的著作广为人知。公元 8 世纪，卡西洛山的康斯坦丁的医学书出版后，医生们开始关注疾病的症状和原因；9 世纪，拉丁学者也写了不少医学论文，讨论疾病的诊断和治疗；10 世纪，意大利萨勒洛（Salerno）建立了医学学校；13 世纪 30 年代到 40 年代，浸透着亚里斯多德和

---

① （英）约翰·马仁邦主编：《劳特利奇哲学史：中世纪哲学》（第 3 卷），孙毅、查常平等译，北京：中国人民大学出版社，2009 年，第 300～301 页。

② 直到 1323 年，托马斯·阿奎那才被教会接受，并被追谥为圣徒。

阿拉伯学者思维方式的医学著作为人所知后，医学被看作是一门科学，而不是技术。医学问题的讨论开始运用亚里斯多德形而上学和自然哲学。医学逐渐成为高级学院独立的研修学科。巴黎大学、波罗尼亚大学、蒙彼利埃大学和帕多瓦大学也都建立了独立的医学院。从事医学研究和医疗实践便成为一门受到社会尊重的职业。①

医学院的教育通常以阅读加伦、希波克拉底、阿维森纳、阿维罗伊和其他阿拉伯和犹太学者的医学经典开始。教师的讲课也像文学院的教师一样，以评论经典文本或就提出的问题进行讨论的方式来进行。教师们也发表论文，意大利的一种医学论文类似病历，是写给其他医师或医学生看的，有些医学论著介绍医学词汇、草药和药方等。受经院哲学的影响，不少医学家花很多时间讨论医疗问题的所谓互相矛盾的两面，并试图得出所谓"真理"；他们也讨论特定病案的处理。医学被分为理论医学和实践医学，后者讲授医疗规范和病案，也包含学习理论。13世纪以后，理论医学更受到尊重。但在一些大学，如帕多瓦大学，"尽管强调学习古希腊和阿拉伯的权威著作，强调对医学典籍的经院哲学式的分析讨论，强调占星命像术，医学教学仍然掌握在操业医师手上，并以医疗实践为重"②。外科学常同医学分开，但这也并非绝对，在巴黎大学和牛津大学，外科被视为一种技术而被排除在学院课程之外。波罗尼亚和帕多瓦大学的医学院里，外科手术学则被看作是一门科学，被包括在学院课程中，并由外科医生来讲授，外科医生也被医师视为同事。③

2. 天文学的进展

中世纪中期，正统的天文理论认为上帝创造了宇宙，以地球为中心，七大星球、月亮、水星、金星、太阳、火星、木星和土星以不同的速度，呈圆形轨道状环绕地球，再外层的恒星则24小时环绕地球一周。当时认为宇宙是由天使推动齿轮运转的。中世纪的天文学家如托马斯·阿奎那的老师阿尔伯图斯·玛格纳斯（Albertus Magnus）认为天上的星宿对地球上的物体行为有影响，包括四季的变更、潮汐，甚至人的脾性。对天文现象的描述是天人合一的模

---

① Vern L. Bullough, *The Development of Medicine as a Profession：The Contribution of Medieval University to Modern Medicine*，Basel：Karger，1966，pp. 46-73.

② Nancy Siraisi, *Arts and Science at Padua：The "Studium" of Padua before 1350*，Toronto：Pontifical Institute of Medieval Studies，1973，p. 162.

③ David Lindbery, *Science in the Middle Ages*，Chicago：University of Chicago Press，1978，p. 411.

式，十二星宿在环绕太阳的圆盘带状上运行，它们进入或离开的方式构成占星术的基础。这种源自公元前 7 世纪巴比伦、古希腊罗马，再到阿拉伯人的观念把宇宙结构同人体结构的医学想象连在一起，同中国的天人合一的宇宙论相类似。

到 12 世纪，欧洲的天文学并没有比古希腊罗马的水平前进多少。量度时间仍使用日晷，天文学也与星象学混同。这期间也有重大发明，特别是观象仪的采用，使得人们可以较为准确地确定纬度，一年的准确长度确定后也得以建立一可靠的时间表，从而制定出七大行星运行轨迹的天文图表。虽然所积累的这些天文知识都必须装进托勒密宇宙天体模式，但它为后来的天文学的发展创造了条件。中世纪天文学的重要转折点是 1252 年在塔勒多发表的阿方索尼行星表（Alphonsine Tables）。中世纪最伟大的天文学成就无疑是介于中世纪盛期和近代文艺复兴时期的哥白尼日心说的提出。

3. 机械技术

中世纪欧洲的机械制造技术受制于只能利用人力、风能和水能这些可再生能源。此时重要的技术发明集中在日常生活所需要的机具、玩具、风车、水磨房和时钟等。12 世纪起，风车就在英、法出现。直到工业革命为止的 700 年间，风车都是欧洲地貌的主要景观，其木工制造技术达到相当高的水平。水磨坊和纺纱车也在民间广泛使用。眼镜和机械钟表在大约 1300 年就有记载，文艺复兴的旗手彼特拉克曾抱怨自己老年时须戴眼镜方能阅读。最值得注意的中世纪技术的进步是机械钟的制造。复杂的重力驱动的大钟在 14 世纪就出现了，通常是由大教堂出资建造。机械钟为公共社会生活提供准确的时间量度，各地的王公贵族争相建造大钟。① 玩具是中世纪技术的另一个令人惊异的领域。13 世纪欧洲建筑学家维拉·德、洪尼科提（Villard de Honnecourt）设计了许多精巧的玩具，包括牧师布道时头会转向牧师的机械鹰、水力驱动的木工锯、能自动转向太阳的雕像和举重机。② 从 13 到 14 世纪的几幅描述钟和水磨坊等机械的法国绘画中，可以看出其画面虽细致，但各个部件的透视学关系并没有被很好勾勒出来。15 世纪德国所绘的两幅磨粉机和纺纱机的图画就远比此真实，这可能是受到文艺复兴时期透视画法的影响。

---

① David Lindbery, *Science in the Middle Ages*, Chicago: University of Chicago Press, 1978, p. 193.

② David Lindbery, *Science in the Middle Ages*, Chicago: University of Chicago Press, 1978, pp. 216-217.

14世纪起，尤其在意大利，由于城市的兴起，航海和远洋贸易、工商业的发展，推动机械技术的发展。意大利出现了以布鲁内勒斯基、达·芬奇为代表的工程师/艺术家阶层。从达·芬奇的笔记中可以发现，那时机械装置的设计和建造水平达到了令人惊异的水平，抽水泵、起吊机、车床、潜水装置甚至原始的直升机都在此时被设计或制造出来。

（五）科学进步对社会思想的影响

科学的发展对中世纪后期的文化和哲学产生了巨大影响。① 这一时期的科学是以亚里斯多德的著作和阿拉伯人的典籍为代表的。中世纪的学者们从亚里斯多德的著作中感受到逻辑推理的力量，也认识到人类思维所具有的对自然的洞察力。文艺复兴之父彼特拉克就曾感叹说，现今所有成就人类在一千年前就已做出。这些感知使中世纪学者对人类理性能力（智），以及形式逻辑的效力有了深刻认识，在一定意义上，推动了人文主义思潮的兴起和中世纪思想的理性化。

亚里斯多德著述的成功引来了众多模仿者。13世纪经院哲学的鼎盛时期，"生活在一个受到亚里斯多德逻辑性著作强烈影响的大学环境中"，许多神学学者们着力在自己的宗教言说上模仿"亚里斯多德的科学模式"，他们"将教义问题按照逻辑系统化"，试图把神学变为"演绎科学"。例如，欧克赛尔的威廉尝试从基督教信仰确定的原则或前提出发，将基督教经典中隐含的知识推演出来。另一位神学家奥多·理高德提倡建立"信仰的科学"。在托马斯·阿奎那和坊廷斯的高弗雷（Godfrey of Fontaines）以及根特的亨利等学者之间展开了关于神学能否作为演绎科学的论争。高弗雷指出科学是以证据为基础，而神学则是建立在信仰的基础上，因此它不是科学。这些争论表明了科学对人的思维和意识形态的影响。②

文艺复兴运动的兴起是在欧洲科学思想的进步这一发展的影响下出现的。

---

① （英）G. H. R. 帕金森主编：《劳特利奇哲学史：文艺复兴和17世纪理性主义》（第4卷），田平、陈喜贵等译，北京：中国人民大学出版社，2009年，《序言》第2页。

② （英）约翰·马仁邦主编：《劳特利奇哲学史：中世纪哲学》（第3卷），孙毅、查常平等译，北京：中国人民大学出版社，2009年，第216~217页。

希腊和拉丁古典文献的发现激起人们对古典世界的人文学科的浓厚兴趣①,这些典籍显示了人的智慧能够达到的对世界认识的高度。这种对人的能力和情感的认知和想要重新加以研究的愿望是人文主义思潮兴起的重要背景。文艺复兴运动又进一步推动了欧洲文化的世俗化。基督教观念对于欧洲思想家来说,其重要性越来越弱,文化的承载人不再主要是神职人员。② 人文主义者所关注的与人的文化修养,与神学不那么有关联的那些学科有语法、修辞、诗学、道德哲学和历史学,成为那时的显学。

新柏拉图主义的出现显示自然科学和人文学科互相影响。托马斯·阿奎那承担了调和亚里斯多德学说和基督教教义的任务,他的著述集经院哲学之大成。费希罗(Ficino)等学者则试图把柏拉图哲学与基督教神学观念相调合,他在佛罗伦萨附近重建了柏拉图学院,并发展了新柏拉图主义思想。文艺复兴之初,彼特拉克曾批评说:经院哲学家关注自然哲学,而不研究道德哲学,人文主义者因此关注人的道德和文化修养。然而,柏拉图与他的学生亚里斯多德不同,柏拉图强调用数学的眼光来思量世界,这种观念有利于近代初期的科学家把数学运用于科学研究中去。③

科学思想的进步也推动了中世纪后期学术言说形式的改变。1150年以前,亚里斯多德作为逻辑学家在西欧闻名,柏拉图则被认为是古代希腊的主要科学家。1270年以后,随着亚里斯多德的科学论著被悉数翻译,他的科学思想压倒性地影响了西欧思想界。④ 亚里斯多德科学著作的说服力彰显了其形而上学和思维逻辑的优点,从而引起了基督教学者的仿效和运用。经院哲学的随之出现标志着思辨范式的转变。经院哲学萌芽于11世纪,在13世纪早期到14世纪中期的巴黎大学和牛津大学到达了顶峰。它的突出特点是用亚里斯多德的形而上学方法论对基督教教义进行重新包装和诠释。如本文前述,它形成了一套提问、论证和做出判断的模式。⑤ 经院哲学的论文也以严格的逻辑形式,系统

---

① 君士坦丁堡于1453年陷落前,希腊的学者和古希腊科学典籍就已进入西欧。事实上,在那里古代希腊的学术传统从来就没有真正失传。(参见 David Good, Colin A. Russell, ed., *The Rise of Scientific Europe*, 1500-1800, Kent: Hodder & Stoughton, 1991, p. 18)

② (英)G. H. R. 帕金森主编:《劳特利奇哲学史:文艺复兴和17世纪理性主义》(第4卷),田平、陈喜贵等译,北京:中国人民大学出版社,2009年,《序言》第4~5页。

③ David Good, Colin A. Russell, ed., *The Rise of Scientific Europe*, 1500-1800, Kent: Hodder & Stoughton, 1991, p. 28.

④ John Losee, *A Historical Introduction to the Philosophy of Science*, Oxford: Oxford University Press, 2001, p. 27.

⑤ (英)G. H. R. 帕金森主编:《劳特利奇哲学史:文艺复兴和17世纪理性主义》(第4卷),田平、陈喜贵等译,北京:中国人民大学出版社,2009年,《序言》第3页。

化的表述、多视角下的考察以及必不可少的正反两方面的论证而著称。

以亚里斯多德为代表的古代希腊和阿拉伯先进的科学成就的引入导致中世纪后期欧洲思想中的理性主义态度的出现。17世纪以笛卡尔为代表的理性主义哲学方法论主张应从其真理性不可怀疑的命题出发来推论进一步的真理。18世纪的理性主义者强调依赖感性经验和思想的逻辑推理能力来批判性地思考。中世纪后期的理性主义是指在思辨中遵守推理的形式逻辑方法,是批判性地考察不同的观点。

从13世纪起,许多学者已经开始在科学发现的基础上探寻获取知识的一般方法论。在培根和笛卡尔的近代科学方法论出现之前的16世纪,某些学者如帕多瓦大学的逻辑学和自然哲学教授杰克波·扎巴瑞拉(Jacopo Zabarella)提出所谓"反向推演法"(demonstrative regression)和"经验判断法"(resolutive, a posteriori)。① 前者相当于笛卡尔的演绎方法,后者类似培根的经验归纳法。亚里斯多德科学思想的另一影响是有助于中世纪后期的哲学认识论向注重感性经验的方向发展。亚里斯多德坚持唯名论,承认个体,即感官对象的实在性,认为共相或观念是第二性的实在,他也强调依据理性在观察所得证据的基础上辨伪各种说法②,这种观念有助于观察和实验科学的发展。

结　语

中世纪后期欧洲的科学发展受到许多学者的高度评价,有些学者甚至认为"笛卡尔、伽利略和牛顿科学的许多基本原理可以在13和14世纪找到渊源……近代科学不是17世纪的特产,而是起源于中世纪思想家的哲学思辨"③。17世纪科学革命期间,伽利略、开普勒和牛顿的科学成就不过是对14世纪巴黎大学产生的那些宇宙论和物理学思想的发展。④ 汉斯·巴郎和达纳·杜兰等认为虽然近代科学的基本特征直到17世纪才明显出现,但15世纪文艺

---

① (英)G. H. R. 帕金森主编:《劳特利奇哲学史:文艺复兴和17世纪理性主义》(第4卷),田平、陈喜贵等译,北京:中国人民大学出版社,2009年,第46页。

② Jonathan Barns, *The Cambridge Companion to Aristotle*, Cambridge: Cambridge University Press, 1999, p. 136.

③ George Basalla, ed., *The Rise of Modern Science: Internal or External Factors*, London: Raytheon Education Company, 1968, pp. VIII-IX.

④ James M. Powell, *Medieval Studies, An Introduction*, New York: Syracuse University Press, 1995, pp. 353-354.

复兴盛期社会的变革和思想的发明创新对于后来的科学发展起到至关重要的作用。① 爱因斯坦也持同样观点，他高度评价文艺复兴时期实验科学的兴起和数学受到重视对于近代科学兴起的重要意义。

上述这些研究和结论的确在某种意义上使我们再也不能认为整个中世纪是一个科学发展的"黑暗时期"。从 12 世纪以亚里斯多德为代表的古希腊哲学和阿拉伯科学知识传入后，欧洲的学术范式得到革新，在某种程度上可以用"亚里斯多德化"来形容。大学的建立，使中世纪学术活动进入高峰期，其后几个世纪的学术研究导致欧洲科学在亚里斯多德曾研究过的几乎每个领域都取得进步。在西欧的重要大学如牛津大学和巴黎大学出现建构新的"形而上学"的尝试。新的形而上学把注意力更多集中在被创造世界的本体论上，并且借助与神学观念无多大关系的词语来建构关于物质世界的哲学理论。

13 世纪上半叶，出现了以牛津大学校长格罗塞特斯特为首的一批学者，包括奥维涅的威廉（William of Aurergne）、罗杰尔·培根以及后来的威廉·奥卡姆。格罗塞特斯特观察和讨论"光的宇宙起源"以及光的属性和光的发出和反射的方式，试图建立"光的形而上学"②，从他们那里可以看到近代实验科学的曙光。格罗塞特斯特和奥维涅的威廉接受亚里斯多德关于科学知识的来源是经验和记忆的观点，但又否认其纯粹演绎分析能决定科学命题的真理性的观点，而提出科学论证的经验论途径。③ 格罗塞特斯特和威廉都相信"科学"实验可以帮助学者看到隐秘的上帝创世时使用的神奇力量。格罗塞特斯特还提出应当把数学引入自然哲学（科学）的研究中，认为研究光线和射线的科学（光学）应建立在数学和几何学这些基础学科上。在罗吉尔·培根那里，数学和实验更被视为科学的基础。

然而，中世纪后期，包括文艺复兴时期出现的这些革命性的新观念和活动并没有带来大范围的科学范式的革命。中世纪后期对近代科学的贡献主要是为近代科学的创造者们提供了一大堆科学观念和实践范例，供他们思考和创新。

---

① Hans Baron, "Toward a More Positive Evaluation of the 15th Century Renaissance", *Journal of the History of Ideas*, IV, No. 1, 1943; Dana B. Durand, "Tradition and Innovation in the 15th Century Italy", *Journal of the History of Ideas*, IV, No. 1, 1943.

② （英）约翰·马仁邦主编：《劳特利奇哲学史：中世纪哲学》（第 3 卷），孙毅、查常平等译，北京：中国人民大学出版社，2009 年，第 239 页。

③ 格罗赛特斯特认为适当的科学研究应如下：当某些具有因果联系的现象被反复观察到后，就转入实验，即在受控制的情况下，排除那些有可能生成这种结果的条件，再反复观察相同的原因是否引起同样的结果。参见（英）约翰·马仁邦主编：《劳特利奇哲学史：中世纪哲学》（第 3 卷），孙毅、查常平等译，北京：中国人民大学出版社，2009 年，第 234～237 页。

要到 17 世纪，某些要素，包括社会和文化条件才充分具备，并被组合起来，由此推动了一场欧洲范围的科学革命。

（作者：何平，四川大学历史文化学院教授，博士生导师。本文曾发表于《史学理论研究》2010 年第 4 期）

如何理解中美洲古代印第安人的农业

在哥伦布抵达新大陆以前，中美洲是古代印第安人的天下，那里有可能是整个美洲农业文明的发祥地，玛雅与阿兹特克农业发展得最成熟，亦最具代表性。中美洲古代印第安农业是美洲乃至世界农史的重要组成部分，国内的相关研究却比较少。鉴于此，笔者不揣简陋，撰写此文，以求教方家。

（一）美洲农业的重要发源地

中美洲（Central America）的地理概念历来具有争议。从现代地理学来看，它指墨西哥以南、哥伦比亚以北的美洲中部地区。其东临加勒比海，西濒太平洋（包括陆地和群岛）。外语文献经常出现中美大陆一词（Mesoamerica，也称美索美洲），指连接南美和北美洲的狭长陆地，包括今墨西哥、伯利兹、危地马拉等国，向北可延伸至帕鲁可河（Panuco）三角洲及莱尔马·圣地亚哥（Lerma Santiago）地区，分海岸、（玛雅）低地、（墨西哥）山谷三种地势。[①] 大致看来，中美大陆即指墨西哥及中美洲北部。[②] 美国农学家道格拉斯·赫特认为，美索美洲的农业历史地理概念包括中（部）美洲和今墨西哥。[③] 本文所要研究的中美洲农区指墨西哥、加勒比，甚至包括北美西南部、南部说西班牙语的地区，囊括范围略广，便于与北美（美国、加拿大）农业区分。

---

① John Staller, *Maize Cobs and Cultures: History of Zea mays L.*, London: Springer, 2010, p. 36.
② Richard W. Bulliet, Pamela Kyle Crossley, Daniel R. Headrick, Steven W. Hirsch, Lyman L. Johnson, David Northrup, *The Earth and Its Peoples: A Global History*, Vol. B, Boston: Wadsworth, Cengage Learning, 2011, p. 308.
③ 转引自张箭：《新大陆农作物的传播和意义》，北京：科学出版社，2014年，第219~220页。

中美洲很有可能是整个美洲农业的起源地。① 在农业兴起前，墨西哥的土著人靠采集、狩猎生存。前7200年，大型哺乳动物逐渐消失，土著人的肉类来源受到威胁，最初的农业开始萌芽。学者戈林斯基提到，中美洲农业起源于前5500年左右，比两河农业略晚（前9000—前8000年）。② 中美洲最早的村落出现于前2250年左右，位于墨西哥南海岸的塔巴斯科。至奥尔梅克文明时期（Olmec，前1200—300年，系海岸低地文明），中美洲原始农业已近成熟。③

我们说美洲农业起源于中美洲，理由有几点：（1）在远古时代，中美洲印第安人已经发现去除杂草的好处——可以帮助农作物生长。就是这一简单的进步使植物的基因在自然状态下开始发生转变，让其变得更易耕种，产量也逐步增多。随后，垦土、播种、收获等一系列农业活动出现，为中美洲印第安人提供了稳定食物，让他们固定在一个地方生活。（2）据19世纪末20世纪初的考古发现推测，美洲最早的农业可能始于中美洲雨林，那里的原始人学会了栽种根茎植物。此类作物既可以生吃，亦可以烤煮，且容易栽种。其使用的农具较为原始，为较硬的木棒。（3）墨西哥的特瓦干峡谷（Tehuacan）是开展农业活动的绝佳地点。印第安人将作物栽种在冲积扇（河流出口的扇形堆积体）末端，这些地方的杂草已被洪水冲走，适宜作物生长。洪水不但能灌溉农田，还能带来矿物质及肥料。学者哈特谈道："当前的考古发现还不能断定美洲农业的准确起源地，也不能解释印第安人为何从狩猎者变成农耕者。不过可以推测，印第安人的农业活动可能起源于中美洲。一些比较可靠的证据来源于塔毛利帕斯和特瓦干峡谷，它们分别位于墨西哥东北及中南。"④ （4）在中美洲，城邦的兴起促进了农业发展。城中的人都需要食物，必须依靠农业耕作才能得到满足。⑤ 学者麦克认为，奥尔梅克、玛雅、阿兹特克等美洲文明都建立在城

---

① Sigvald Linne, *Archaeological Researches at Teotihuacan, Mexico*, Tuscaloosa: The University of Alabama Press, 2003, p. 19.

② Gini Gorlinski, *The History of Agriculture*, New York: Britannica Educational Publishing, 2013, pp. 25-26.

③ Brian R. Hamnett, *A Concise History of Mexico*, Cambridge: Cambridge University Press, 2006, p. 22.

④ R. Douglas Hurt, *Indian Agriculture in America: Prehistory to the Present*, Lawrence: University Press of Kansas, 1987, p. 1.

⑤ Richard W. Bulliet, Pamela Kyle Crossley, Daniel R. Headrick, Steven W. Hirsch, Lyman L. Johnson, David Northrup, *The Earth and Its Peoples: A Global History*, Vol. B, Boston: Wadsworth, Cengage Learning, 2011, p. 310.

邦基础上，城邦的存在以稳定的食物供应为基础，由此促进了美洲农业的发展。①

（二）从采集到农耕

在中美洲，从采集过渡到农耕有一个漫长的过程。以墨西哥北部为例，当地原始人最初捕食一些昆虫，以补充蛋白质，然后才慢慢地熟悉各种植物，逐步过渡到栽培作物。在今墨西哥的瓦哈卡、莫雷洛斯（Morelos）、格雷罗（Geerrero）等地及中美洲盆地，印第安人通过上千年的观察和实践，才学会除草、松土、播种、收获及选种。② 还有学者认为，在前哥伦布时代，中美洲不存在大规模的农业活动，土著人只是以家庭为单位，从事小规模的农耕活动。③

在因菲耶尼约文明时期（Infiernillo，前7000—前5500年），以塔毛利帕斯为代表的中美洲东北部文明发展出原始农业。当地人已经尝试栽种南瓜、葫芦（瓜）、红花菜豆及辣椒。

在克斯卡特兰时期（Coxcatlan，前5200—前3400年），印第安人对农业的依赖程度加深。每年春天，他们成群结队地来到地里，栽种喜欢的植物。到了夏天，便可收获第一批作物。秋天意味着丰收，人们可以收获更多果实。

在阿贝加斯时期（Abejas phase，前3400—前2300年），特瓦干人栽种的农作物已有剩余，多余部分还被储藏起来，以备过冬。当然，这些食物不能完全满足部落需求，他们仍然要狩猎。无论如何，农产品比例已经占全部食物的25%，表明农业已经成为生活的重要组成。④ 在弗拉科（Flacco）、阿尔玛格雷（Almagre）、格拉（Guerra）、梅萨·德·瓜杰（Mesa de Guaje）文明时期（前2200—前500年），农业为中美洲印第安人提供了稳定的食物，为其过上

---

① John P. McKay, Bennett D. Hill, John Buckler, Roger B. Beck, Patricia Buckley Ebrey, Clare Haru Crowston, *A History of World Societies*, Volume 2: Since 1450, Boston: Bedford/St. Martin's, 2011, p. xiv.

② R. Douglas Hurt, *Indian Agriculture in America: Prehistory to the Present*, Lawrence: University Press of Kansas, 1987, p. 2.

③ Murdo J. MacLeod, *Spanish Central America: A Socioeconomic History, 1520-1720*, Austin: University of Texas Press, 2010, p. 124.

④ Stuart J. Fiedel, *Prehistory of the Americas*, New York: Cambridge: Cambridge University Press, 1992, p. 178.

定居生活提供了保障。① 前 1000 年，较为固定的村落增多。

奥尔梅克（墨西哥东部）文明起源于前 1500 年，其影响后来辐射到西部高地、南部太平洋沿岸以及东部地区（今危地马拉、洪都拉斯、尼加拉瓜）。此时，美洲人已经开发出原始的灌溉系统。在圣·玛利亚时期（Santa Maria，前 900—前 200 年），特瓦干的土著人为了栽种鳄梨树，开发出独特的水利系统。他们首先在河流或溪流的旁边种鳄梨树，到了干旱季节，则挖出沟渠，从溪流引水，达到灌溉目的。前 800—前 600 年，他们甚至开发出能蓄、放水的小型水坝。② 在西班牙人到来之前，墨西哥农业都依靠这套系统维持。另外，在墨西哥南部高地瓦哈卡峡谷，水渠灌溉不发达，因为当地的降雨量少，蓄水力不强。但在前 700 年左右，此处的印第安人开发出陶罐灌溉方式，即挖出浅井，然后用陶罐将水舀出来使用。这种水井距离地表仅 3 米，挖掘难度不大。但对于瓦哈卡人来说，这些水足以保障农作物生长。依靠陶罐灌溉，人们每年可以栽种 3 季玉米。此种方式难以在特瓦干推广，那里的地下水太深，难以挖至水源。同时，墨西哥西北部索诺拉山谷的印第安人已经懂得利用洪水来灌溉农田。他们建起梯田和沟渠，当洪水来临时，便将其引入梯田，用以浇灌。这样不但保持了田地水分，还能将洪水带来的淤泥堵在田中，增加土地肥力。③ 中美洲更为独特的灌溉方式是建造湖田（floating garden，可简单理解为人工田埂）。人们通常在湖边或沼泽边建起高于水面的湖田，由于其靠近水源，便可供全年浇灌，也能防止霜冻。④ 这些灌溉方式不但促进了农业发展，还增加了中美洲人口。⑤

中美洲早期的农作物有玉米、南瓜、菜豆、西红柿、辣椒、苋菜等。其中，玉米是中美洲高地的重要作物。玉米高产，且富含营养（特别是植物蛋白）。中美洲人通常将其伴着菜豆一起吃。另外，南瓜也是中美洲人重要的食

---

① Mary W. Helms, *Middle America: A Culture History of Heartland and Frontiers*, London: University Press of America, 1982, p. 27.

② A. E. Hall, G. H. Cannell, H. W. Lawton, eds., *Agriculture in Semi-Arid Environments*, Riverside: University of California, 1979, p. 8.

③ R. Douglas Hurt, *Indian Agriculture in America: Prehistory to the Present*, Lawrence: University Press of Kansas, 1987, p. 9.

④ Richard W. Bulliet, Pamela Kyle Crossley, Daniel R. Headrick, Steven W. Hirsch, Lyman L. Johnson, David Northrup, *The Earth and Its Peoples: A Global History*, Vol. B, Boston: Wadsworth, Cengage Learning, 2011, p. 310.

⑤ Mary W. Helms, *Middle America: A Culture History of Heartland and Frontiers*, London: University Press of America, 1982, p. 88.

物。中美洲人喜欢喝"古亚斯"汤（sopa de guias），由南瓜的花、茎熬制。①

史前农业革命让中美洲印第安人的生活发生了巨变。人们有了稳定的食物来源，便不用忍饥挨饿，村落及更为先进的文明随之出现。就当时来看，即便没有先进的科技，中美洲原始农业的出现及兴起也足以让人惊奇。中美洲农业是美洲农业的摇篮，各种作物及耕种方法继而传播到其他美洲地区，被发扬光大。②

（三）玛雅农业文明

前 300 年左右，奥尔梅克文明衰落。中美洲又兴起两种文明，它们分别是东面的玛雅文明及西面高地的阿兹特克文明（亦称特奥蒂瓦坎文明），其涉及范围包括墨西哥南部、尤卡坦半岛及危地马拉。两种文明既有各自特色，也有传承关系。若要分先后顺序，姑且可以说玛雅文明在先，阿兹特克文明在后。玛雅人与阿兹特克人发展出中美洲最具代表性、最成熟的古代农业文明。

前 2500—前 1200 年，玛雅人就已经开始实践农业了。到了前 500 年，农业已经成为其生活的重要组成部分。公元 1 世纪，玛雅人的农业水平已经相当高了。

与较干旱的特瓦干峡谷及塔毛利帕斯南部相比，玛雅人生活的地区较为湿润，从而发展出雨林农业，刀耕火种是其特色之一。大部分玛雅地区一年分两季，为旱季和雨季。每当旱季来临，人们便进入林区，选地开垦。他们用石斧清除杂草，至于比较粗壮的树木，则先将树皮剥去，再生火烤干（树），等到 4 月再放火烧掉枯树。③ 5 月，随着雨季到来，玛雅人便拿着尖头木棒，背着装有种子的口袋，到地里播种。下种时，先用尖棒在地上挖出小坑，然后放入几粒种子，用脚（推土）将土坑填上。不过，刀耕火种有其局限：其一，被开垦的土地耕种 3 年后，就必须休耕 4~8 年。如果强行继续使用，作物难以成熟，农人的努力将前功尽弃。其二，由于土地需要休耕，玛雅人就必须经常迁

---

① Kenneth F. Kiple, Kriemhild Conee Ornelas, *The Cambridge World History of Food*, Vol. 2, Cambridge: Cambridge University Press, 2000, p. 1248.

② R. Douglas Hurt, *Indian Agriculture in America: Prehistory to the Present*, Lawrence: University Press of Kansas, 1987, p. 9.

③ Richard W. Bulliet, Pamela Kyle Crossley, Daniel R. Headrick, Steven W. Hirsch, Lyman L. Johnson, David Northrup, *The Earth and Its Peoples: A Global History*, Vol. B, Boston: Wadsworth, Cengage Learning, 2011, p. 310.

移，导致其难以建起固定村庄。① 学者赫尔姆斯谈道："对于玛雅人来说，刀耕火种的农业需要休耕，因此不利于人口增长。"②

还好，刀耕火种并非玛雅人唯一的耕作方式。中美洲人自古就能造湖田，玛雅人也传承了这一技术。前200年，玛雅人就已经知道在雨季来临时，圈建湖田。建湖田必须靠近水源，修筑水渠。③ 洪水过后，冲积物增多，人们便用石头将土地圈起来，然后在泥塘或湿地中垒起土床，这些土堆高于水位，避免作物被淹没。简单地说，湖田就是被垒高的淤泥堆。一般来说，湖田有2~10米（6~30英尺）宽，周围全是水，随时可以浇灌作物。为了避免水漫过土床，玛雅人随时都在加高它，相当于间接为湖田施肥，增强土地肥力，形成良性循环。建湖田有几大好处：湿润的土地适宜农作物生长；湖田的淤泥松软，易捣碎，便于植物的根嵌入地下；雨水将各种矿物质冲积在一起，让土地变得肥沃。玛雅人主要在湖田中栽玉米，玉米的吸水力强，即便不浇灌，也能吸取周围水分，还不至于被淹死。由于土壤肥沃，湖田容易滋生杂草，除草便成为玛雅人主要的农活。还好，破坏玉米生长的仅是高大杂草，玛雅人只需剔除它们即可，不必理会矮小杂草。也有人谈到，湖田的栽种具有时限性，到了旱季，杂草都会枯死，不必操心。④ 此外，玛雅人还建有梯田。梯田由石头砌成，可以蓄积雨水，防止水土流失。

由于玛雅人尚未驯服野生动物，故不知道用动物粪便施肥，也不知道人粪能肥土，所以土地肥力全靠自然恢复。通常来讲，玛雅人完成一次耕种（从播种到收获），就会让这片土地休耕2~4年。如果连续在同一块土地上耕种两年，就让其休耕6~7年。有些玛雅人会让土地休耕15~20年，甚至30~45年，以更好地恢复肥力。也有学者认为，休耕后的土壤仍然不算肥沃，不见得有好收成。因此，人们在用尽肥力后，更多选择离开旧地，另觅新地。⑤ 还有学者谈到，玛雅人很早就知道利用植物燃烧后的草木灰来施肥，并采用轮作方

---

① Richard E. W. Adams, *Prehistoric Mesoamerica*, Norman: University of Oklahoma Press, 2005, p. 147.

② Mary W. Helms, *Middle America: A Culture History of Heartland and Frontiers*, London: University Press of America, 1982, p. 69.

③ Brian R. Hamnett, *A Concise History of Mexico*, Cambridge: Cambridge University Press, 2006, p. 47.

④ Thomas R. Sinclair, Carol Janas Sinclair, *Bread, Beer and the Seeds of Change: Agriculture's Imprint on World History*, Cambridge: CABI, 2010, pp. 109-110.

⑤ R. Douglas Hurt, *Indian Agriculture in America: Prehistory to the Present*, Lawrence: University Press of Kansas, 1987, p. 4.

法恢复地力，但此说缺乏足够的证据。

玛雅人栽种的农作物包括玉米、南瓜、菜豆、土豆、木薯、甘薯、西红柿、香荚兰、可可、辣椒、烟草、棉花、鳄梨、龙舌兰（可以制绳）、靛蓝草①等。其中，营养丰富、耐寒高产的玉米是玛雅人的主要粮食。② 有些玉米的果穗较大，需6~7个月才能成熟；有些果穗较小，3个月就能收获。玛雅人还将玉米分为红、黄、黑（紫）、白4种，分种在东、南、西、北4个方向。玛雅人种玉米的工具仅有木棒。播种时，在一个小坑中撒5粒玉米籽。③ 由于最佳耕作季节仅限雨季，玛雅人就必须掌握时机和通晓玉米的生长特性，一般来说，6月月圆之时最宜播种。玛雅人在玉米成熟前，将玉米秆掰弯，一来防止雨水落入果穗，二来防止鸟兽啄食。等玉米完全成熟后，便掰下果穗，然后把玉米棒放入用藤萝编结的筐篮中。另外，玛雅人会挑选颗粒较大的果穗留种。玛雅人通常在自家茅屋的一角建粮囤，用来储存玉米。之前，先用树皮和棕榈叶包裹玉米，防潮防霉。如果收成好，则加盖粮仓。通常来讲，一户五口之家年均需要3000磅玉米维持生活。④ 玛雅人烹饪、食用玉米的方法也很多。可以将玉米用热水泡胀，然后用石磨（又称"梅塔特"）磨成粉。其后，将玉米糊放在瓦罐中煮成粥，也可以用树叶包好，放在火上烘烤，还可以放在烧红的石头上烙成饼。⑤ 为了让其更好吃，玛雅人还在玉米食物中添加辣椒、可可（粉）等调料。⑥

据说，玛雅人也食用可可。他们在3000年前就知道如何制作巧克力了。20世纪80年代，一些学者破译了刻在陶器上的玛雅文字，发现可可自古就是玛雅人喜爱的饮品。⑦ 玛雅人称这种高档饮料为"chocolatl"，仅限权贵享

---

① 一种生活在仙人掌上的昆虫，可以用其提取红色染料。
② 李春辉：《拉丁美洲史稿》（上册），北京：商务印书馆，1983年，第23页。
③ Thomas R. Sinclair, Carol Janas Sinclair, *Bread, Beer and the Seeds of Change*: *Agriculture's Imprint on World History*, Cambridge: CABI, 2010, p. 110.
④ Richard E. W. Adams, *Prehistoric Mesoamerica*, Norman: University of Oklahoma Press, 2005, p. 147.
⑤ （苏）A. B. 叶菲莫夫、C. A. 托卡列夫主编：《拉丁美洲各族人民》（上），李毅夫等译，北京：生活·读书·新知三联书店，1978年，第102页。
⑥ （苏）A. B. 叶菲莫夫、C. A. 托卡列夫主编：《拉丁美洲各族人民》（上），李毅夫等译，北京：生活·读书·新知三联书店，1978年，第75~78页。
⑦ David Stuart, "The Language of Chocolate: Reference to Cacao on Classic Maya Drinking Vessels", in Cameron L. McNeil, ed., *Chocolate in Mesoamerica: A Cultural History of Cacao*, Gainesville: University Press of Florida, 2006, p. 184.

用。① 尽管玛雅人一直食用可可豆，但驯化它的时间较晚（公元几百年才开始）。

玛雅人发明了多种历法。其中一种将一年分为260天，另一种将一年分为363天，还有一种分为365天（即18个月，每月20天，外加5天忌日）。将不同的历法对照使用，不断改进。玛雅历法是从生活实践中总结而来的，对指导农业生产起着重要作用。直到两个世纪后，欧洲才有类似历法。

（四）阿兹特克农业文明

公元9世纪起，墨西哥北部兴起阿兹特克文明。阿兹特克人征服墨西哥山谷后，从其他部落学会刀耕火种、人工灌溉及施肥方法。比如，他们从托尔蒂克人那里学会烧荒、轮作和建梯田。在热带雨林，阿兹特克人将一片树林的树木全部剥皮，晒干后放火烧掉，在铺满灰烬的土地上种植玉米和其他作物。最初，这片土地的收成还不错，但地力下降后，只得从头再来，另觅其他森林，将其开发成耕地。②

阿兹特克人懂得简单的灌溉技术。初抵美洲的西班牙人还沿用这套系统，又在其基础上进行修缮，延展出新的系统。阿兹特克人也建造湖田，并在1400—1600年完善此技术。奇拉姆帕斯（Chinampas）在阿兹特克语言中指"芦苇丛中的栅栏"，西班牙人称其为湖田或"水上田园"。③ 还有学者认为，湖田是阿兹特克人生存的基础。④ 也有学者认为：阿兹特克人用柳树枝、各种水生植物的树根编成网（或称排筏）。⑤ 这种排筏通常有75米长，25米宽。若干个这样的排筏连在一起，并用插入湖底的木桩予以固定。然后从湖底挖出淤泥，掺以少量泥土，敷在排筏上，或者是填充在排筏的空隙间，再往这种肥沃

---

① William W. Dunmire, *Gardens of New Spain*: *How Mediterranean Plants and Foods Changed America*, Dallas: University of Texas Press, 2004, p. 56.

② （苏）勃罗姆列伊·马尔科夫编：《民族学基础》，赵俊智译，北京：中国社会科学出版社，1988年，第240页。

③ （苏）A. B. 叶菲莫夫、C. A. 托卡列夫主编：《拉丁美洲各族人民》（上），李毅夫等译，北京：生活·读书·新知三联书店，1978年，第99页。

④ John Staller, *Maize Cobs and Cultures*: *History of Zea mays L.*, London: Springer, 2010, p. 38.

⑤ Willicrm W. Dunmire, *Gardens of New Spain*: *How Mediterrconean Plants and Foods Changed America*, Dallas: University of Texas Press, 2004, p. 35.

的混合泥土中撒下种子。待植物生根发芽后，就形成了浮动的人工小岛。在田间，他们将独木舟当作交通工具，往来劳作。阿兹特克人还改进传统技术，在水渠源头增添水闸，调控水量。阿兹特克人在赞帕科（Zunpango）、哈尔托康（Xaltocan）、查尔科（Chalco）、霍奇米尔科（Xochimilco）、特斯科科（Texcoco）湖地区广建湖田（chinampas）①，总计有九千余英亩。② 还有资料提到，在16世纪早期，阿兹特克人开发了40~50平方英里的湖田。如果用其栽种玉米，一年可养活18万至27万人。③ 在山区，阿兹特克人则能建梯田，用泉水灌溉田地。他们用石头堵住泉水源头，缓缓地释放流水。阿兹特克人甚至能建石制的渠道来引水，有些沿用至今。尽管如此，能够熟练使用灌溉技术的部落或区域毕竟占少数。在欧洲人到来前，中美洲更多地区（特别是干旱区）没有人工灌溉的痕迹，土著人通过宗教仪式祈求降雨。

阿兹特克人已经能圈出菜园。总督科尔特斯（Cortes）这样描述："菜园紧挨着住房，到处都是。菜园旁边有小蓄水池，人们可以从中舀水（饮用或浇灌）。园中还有小径，方便农人往来劳作。"④ 据说，阿兹特克人还能建造由树枝编成的温室，其形状就像半圆形隧道，约有30英尺长。

阿兹特克人的劳动工具粗陋简单，通常是削尖的木棒（称"柯阿"）和木锄。⑤ 有些木棒的下端略宽，形成一个较薄的平面，有点像现代铁铲。播种时，先用木棒挖坑，然后撒种。此外，木棒也用来翻地。

阿兹特克人还学会了用粪便施肥。⑥ 在湖田，他们用人、畜（火鸡）粪便、死鱼施肥。⑦ 湖田中的作物成熟后，人们不必清理植物架，也不挖走淤泥，这些都是宝贵的肥料。如果有必要，人们继续在土地上增肥。

就其农作物而言，学者瓦兰特谈道："阿兹特克人栽培的作物相当多，迄

---

① John Staller, *Maize Cobs and Cultures: History of Zea mays L.*, London: Springer, 2010, p. 37.

② 另载，16世纪初，阿兹特克人建造出9000公顷湖田。参见：Brian R. Hamnett, *A Concise History of Mexico*, Cambridge: Cambridge University Press, 2006, p. 47.

③ William W. Dunmire, *Gardens of New Spain: How Mediterranean Plants and Foods Changed America*, Dallas: University of Texas Press, 2004, pp. 34-35.

④ William W. Dunmire, *Gardens of New Spain: How Mediterranean Plants and Foods Changed America*, Dallas: University of Texas Press, 2004, p. 103.

⑤ （苏）勃罗姆列伊·马尔科夫编：《民族学基础》，赵俊智译，北京：中国社会科学出版社，1988年，第237~238页。

⑥ R. Douglas Hurt, *Indian Agriculture in America: Prehistory to the Present*, Lawrence: University Press of Kansas, 1987, p. 5.

⑦ John Staller, *Maize Cobs and Cultures: History of Zea mays L.*, London: Springer, 2010, p. 37.

今都难以统计其品种及数量。就此而言，我们这些学者感到惭愧。"学者埃里贝托·加西亚·利瓦斯也谈道：这里的植物如此之多，哪怕只是简单提及，都需列出长长的单子。① 其实，普通阿兹特克人的食物比较简单，不外乎玉米、菜豆、南瓜、辣椒等，但贵族的食物就比较复杂了。② 16世纪初，圣方济各会修士波尔拉迪奥·德·萨哈干（Bernardino de Sahagun）记载："阿兹特克贵族的食物丰富多样。仅调料就有辣椒、西红柿、南瓜酱等。食用火鸡时，通常用其调味。此外，其玉米粥还要加入辣椒、蜂蜜③等辅料。……总之，食品种类非常多。"④

具体来讲，玉米是所有阿兹特克人的主食。墨西哥古代传说中的特拉洛克神就是阿兹特克人尊崇的玉米神。玉米神给广袤大地带来雨露、阳光、丰收和希望。阿兹特克人主要在湖田中栽种玉米。据估计，一户阿兹特克家庭可耕种半公顷土地，即便不施肥且雨量不足，也能收获150公斤玉米，其中还应扣除25~30公斤的玉米籽（来年播种），那么一户家庭的年生产力就是120~125公斤。如果气候适宜，可收获两季的话，则为250~260公斤玉米。⑤ 如果有相应的灌溉条件，产量可能再高一点。阿兹特克人食用玉米的方法也多种多样，可做成饼、粥、菜等。

与玛雅人一样，阿兹特克人很早就将可可当作一种美味的饮料。可可水被视为神之饮品，也用以祭祀。阿兹特克国王每天都要喝可可水，做法是将可可烤干，磨成粉，然后兑成水。无论在玛雅还是阿兹特克社会，可可都是公认的奢侈品⑥。在阿兹特克王国，可可不仅是饮料，还是货币，80~100粒可可豆

---

① 转引自冯秀文：《拉丁美洲农业的发展》，北京：社会科学文献出版社，2002年，第20页。
② John Malam, *Exploring the Aztecs*, London: Evans Brothers, 2003, p. 26.
③ 在哥伦布发现新大陆前，中、南美洲热带地区的土著人就已经能获取蜂蜜了，它们产自美洲本土的无刺蜜蜂，印第安人认为其是来自"上天的恩赐"，仅供贵族享用。直到17世纪初，旧大陆蜜蜂才被移民引入新大陆。参见：Laid Boukraa, *Honey in Traditional and Modern Medicine*, Boca Raton: CRC Press, 2014, p. 10; Patricia Vit, Silvia R. M. Pedro, David Roubik, *Pot-Honey: A Legacy of Stingless Bees*, New York: Springer, 2013, p. 351; Keith S. Delaplane, Daniel F. Mayer, *Crop Pollination by Bees*, New York: CABI Publishing, 2000, p. 39.
④ William W. Dunmire, *Gardens of New Spain: How Mediterranean Plants and Foods Changed America*, Dallas: University of Texas Press, 2004, pp. 41-42.
⑤ 冯秀文：《拉丁美洲农业的发展》，北京：社会科学文献出版社，2002年，第16页。
⑥ William R. Fowler, "Cacao Production, Tribute, and Wealth in Sixteenth-Century Izalcos, El Salvador", in Cameron L. McNeil, ed., *Chocolate in Mesoamerica: A Cultural History of Cacao*, Gainesville: University Press of Florida, 2006, p. 307.

就可以交换一件衣服。① 因此，普通人一般是吃不到可可的，他们舍不得吃掉"钱币"②。当西班牙人来到美洲后，立即被这种美食（饮料）所吸引。16 世纪 70 年代，西班牙人赫尔南德斯（Hernandez）试图揭秘可可饮料的配方。他认为该饮料中不但含有可可，还有类似胡椒及香草的配料，将其混合后，味道更佳。一些殖民者还将可可运回西班牙，献给权贵享用。一些欧洲商人甚至预言，可可是未来无可限量的经济作物。③ 除了可可，阿兹特克人还喜欢喝蜂蜜、花瓣、辣椒水等。阿兹特克人喜欢饮酒，他们用蜂蜜、鳄梨、玉米、龙舌兰等作物酿酒。龙舌兰酒的浓度最高，人喝了容易醉。芡欧鼠尾草是一种古老谷物，阿兹特克人将其煮熟后，混着玉米籽、辣椒或蜂蜜吃。若有余，还用其酿酒。④ 对于酗酒者，国王将严惩，甚至处死他们（用棒或石头打死）。

另外，阿兹特克还食用水藻，科尔特斯在 1552 年描述道："湖田还生长着一种植物，其根长在湖底，晒干后便可以吃，味道很咸。"⑤ 阿兹特克人通常将晒干的水藻切成条，一年之内均可食用，通常将其混着玉米饼吃。据说，秘鲁的印加人也吃这种带咸味的植物。⑥ 阿兹特克人还食用龙舌兰茎，还用晒干的葫芦做器皿。山区的阿兹特克人还栽种鳄梨。阿兹特克人还知道采集、栽种、使用各种药草，如用洋地黄治心脏病，用奎宁治疟疾，并能用一种叫"亚乌特利"的植物当麻药，这比欧洲医生采用类似药物早好几百年。⑦

有学者进行过统计，如果只估计玉米、菜豆等作物的数量，阿兹特克帝国每年能产 10000 蒲式耳⑧作物。由于物产丰富，阿兹特克社会出现了原始的农贸市场，人们在这里交换农作物。特诺奇提特兰（Tenochtitlan）是阿兹特克人最大的聚居地，西班牙人称其为"世界上最漂亮的城市"，城里不但有众多

---

① William W. Dunmire, *Gardens of New Spain: How Mediterranean Plants and Foods Changed America*, Dallas: University of Texas Press, 2004, p. 56.

② Rodolfo Paoletti, Andrea Poli, et al., *Chocolate and Health*, London: Springer, 2012, p. 42.

③ Manuel Aguilar-Moreno, "The Good and Evil of Chocolate in Colonial Mexico", in Cameron L. McNeil, ed., *Chocolate in Mesoamerica: A Cultural History of Cacao*, Gainesville: University Press of Florida, 2006, p. 173.

④ William W. Dunmire, *Gardens of New Spain: How Mediterranean Plants and Foods Changed America*, Dallas: University of Texas Press, 2004, p. 41.

⑤ William W. Dunmire, *Gardens of New Spain: How Mediterranean Plants and Foods Changed America*, Dallas: University of Texas Press, 2004, pp. 38-39.

⑥ Emory Dean Keoke, Kay Marie Porterfield, *American Indian Contributions to the World: 15,000 Years of Inventions and Innovations*, New York: Checkmark Books, 2003, p. 36.

⑦ 李春辉：《拉丁美洲史稿》（上册），北京：商务印书馆，1983 年，第 30 页。

⑧ 一蒲式耳（Bushel）在英国相当于 36.268 公升，在美国相当于 35.238 公升。

金银财宝,还有很多用于交易的农产品(可可、棉花等)。①

玛雅、阿兹特克人主要占据墨西哥南部地区,中美洲其他地区还分布着各种较分散的农业文明。相比之下,墨西哥北部的农业则略显落后。西北部印第安人可能已经知道人畜粪便能够施肥,但其解决肥力下降的主要方式还是自然休耕,再或迁移到其他地方,烧荒垦地。在前哥伦布时代,加勒比已经有自己的农业。海地居住着阿拉瓦克族的泰诺人(Taino)和西博内人。泰诺人不但懂得休耕,还种植玉米、棉花、南瓜、菜豆、西红柿、辣椒、野芋、花生、木薯②及甘薯等作物。西博内人略显原始,即便在欧洲人登陆中美洲后,他们也没有受到影响,始终靠游猎和采集获取食物,维持生存。

无论如何,中美洲古代印第安人已经掌握不少农业技能,发展出不俗的农业文明,为美洲农业甚至世界农业的发展做出了巨大贡献。

(作者:张兰星,四川师范大学历史文化与旅游学院副教授)

---

① Marcel Mazoyer, Laurence Roudart, *A History of World Agriculture: From the Neolithic Age to Current Crisis*, London: Monthly Review Press, 2006, p. 191.

② 英语中的木薯(cassava)本是泰诺语,哥伦布一行来到加勒比海后,将木薯及其称呼传播到全世界。Editors of the American Heritage Dictionaries, *Spanish Word Histories and Mysteries: English Words That Come from Spanish*, Boston: Houghton Mifflin Company, 2007, p. 56.

如何看待埃及古王国时期国库的职能

一般认为,古代埃及文明持续三千年之久,主要得益于其设置了运转良好的行政管理体系。相比较而言,由于新王国时期(约公元前1550—前1069年)是埃及文明的巅峰阶段,其流传下来的文献和考古资料较为丰富,学界对这一时期行政管理体系的研究比较深入,而对传世文献和考古资料较少的古王国时期(公元前2686—前2181年)行政管理体系的研究则相对薄弱。然而,古王国是埃及文明的奠基期,古埃及的行政管理体系应该是在这一时期建立起来的,而其至今屹立不倒的金字塔昭示了这一时期必定有着设置齐备且运转良好的行政管理体系。很显然,无论是金字塔的构建,还是埃及政府的日常运转,都离不开一个重要的行政部门——国库。对埃及古王国时期的国库进行深入的探析是我们认识这一时期行政管埋体系的最佳切入点。

囿于文献和考古资料的相对缺失,国内外学者对古王国时期国库的研究并不充分。例如,在学者斯特拉德威特(Strudwick)的著作中,他对古王国时期国库的两个高级官员"国库监督者"和"双国库监管者"进行了深入的研究,整理出在孟菲斯地区持有这两个头衔的官员数量分别为15和37位,而且对他们同时持有的其他头衔也进行了研究,尽管其文献翔实但并未对国库的主要职能进行梳理,也未对国库在整个古埃及行政管理体系中的作用进行阐述。① 在学者帕帕齐安(Papazian)的论文中,对国库的探讨主要集中在国库的两个物品管理部门,同样没有对国库的职能进行系统的分析。②

本文拟从分析古王国时期国库管理人员的官衔入手,对其运行方式和职能,以及其内部人员构成等进行全面的解析,以期为我们构建古王国时期的行

---

① N. Strudwick, *The Administration of Egypt in the Old Kingdom: The Highest Titles and Their Holders*, London: KPI, 1985.

② H. Papazian, "The Central Administration of the Resources in the Old Kingdom: Departments, Treasuries, Granaries, and Work Centers", in Juan Carlos Moreno García, ed., *Ancient Egyptian Administration*, Leiden and Boston: Brill, 2013, pp. 41-83.

政管理体系提供一个基本的前提。

（一）国库的设立及其称谓辨析

作为税收的储藏之所，国库的设立与国家的税收密切相连。前王朝晚期，埃及就开始了税收活动，国王卡（Ka）坟墓中的一个圆筒形容器上的文字提到过他曾对上下埃及进行收税。[1] 国王纳尔迈（Narmer）和阿哈（Aha）统治时期，国家已经对税收物品有了严格的规定。[2] 早王朝时期，古埃及设立了"白房子"（pr—ej）和"红房子"（pr—dvr），从其职能和作用来看，它们便是古代埃及最早的国库。故此这一时期的国库名字有两个，即"白房子"和"红房子"，这两个国库的名字交替使用，但并未同时出现过。[3]

相比较而言，"白房子"可能是更早的国库名称，它最先出现于第一王朝时期的国王梅瑞奈茨（Merneith）坟墓中出土的印章上。[4] 到第一王朝末期，国库的名字从"白房子"变为了"红房子"，国王阿涅德吉布（Anedjib）[5]、卡阿（Qaa）[6] 和尼涅特杰尔（Ninetjer）[7] 统治时期，埃及国库一直沿用"红房子"这一称谓。第二王朝国王塞克赫米布（Sekhemib）和伯里布森（Peribsen）统治时期，国库的名字又改回"白房子"，而到了这一王朝的最后一位国王哈塞海姆威（Khasekhemwy）统治时期[8]，国库的名字再次改为"红

---

[1] W. M. F. Petrie, *Abydos I*, London: Egypt Exploration Fund, Memoir 22, 1902, pls. I—III.

[2] P. Kaplony, *Die Inschriften der ägyptischen Frühzeit*, Supplement, Wiesbaden: Harrassowitz. ÄA 9, 1964, figs. 1061, 1063.

[3] T. A. H. Wilkinson, *Early Dynastic Egypt*, London and New York: London: Routledge, 1999, p. 108.

[4] W. M. F. Petrie, *Royal Tombs of the First Dynasty I*, London: Egypt Exploration Fund, Memoir 18, 1900, pls. XXII. 36, XXIII. 40.

[5] W. M. F. Petrie, *Royal Tombs of the First Dynasty I*, London: Egypt Exploration Fund, Memoir 18, 1900, pl. XXVII. 68.

[6] W. M. F. Petrie, *Royal Tombs of the First Dynasty I*, London: Egypt Exploration Fund, Memoir 18, 1900, pls. XXIX 85, XXX.

[7] P. Lacau, J. P. Lauer, *La Pyramide à Degrés IV*, *Inscriptions Gravées sur les Vases*, Cairo: IFAO, 1959, pl. 14, no. 70.

[8] W. M. F. Petrie, *Royal Tombs of the Earliest Dynasties II*, London: Egypt Exploration Fund. Memoir 21, 1901, pl. XXIII, no. 167, 169, 191, 192, 196.

房子"。第三王朝国王佐塞（Djoser）统治时期①，国库的名字一直为"红房子"，第三王朝的国王塞凯姆凯特（Sekhemkhet）统治时期，国库的名字最终变更为"两座白房子"（prwi—ej）②，由此说明了"白房子"和"红房子"这两个机构的合并。由于白色和红色分别是上埃及和下埃及王冠的颜色，"白房子"代表着上埃及的国库，而"红房子"则代表着下埃及的国库。③

国库具有两个名字，表明在埃及的南部和北部曾分设过两个国库。然而这两个名字并不同时出现，而是交替使用，这反映了古代埃及国家行政管理中心的变化。第一王朝后半期，国库的名字从最初的"白房子"变为"红房子"，可能说明此时国家的经济中心从南部的底比斯地区转移到了北部的孟菲斯地区。第二王朝早期的国王继续沿用"红房子"，表明此时埃及国家的主要经济任务是修建萨卡拉的坟墓和为居于下埃及的王室提供供给。而在国王塞克赫米布和伯里布森统治时期，国库的名字又改回了"白房子"，这是因为伯里布森重新选用阿拜多斯为王室坟墓的建造地点，表明埃及国家的统治中心又一次南移。第三王朝时期的国王塞凯姆凯特统治时期，国库名字变为"两座白房子"，说明在这一国王统治之下，上埃及和下埃及重获统一。

到第三王朝末期"红房子"这一称谓完全消失在文献中，而"白房子"和"两座白房子"则一直存在于古代埃及文献中，表明这两个称谓最终成为代表国库的专用术语。④ 在古代埃及象形文字中，"白房子"的书写形式在不同时期发生了一些变化，从而也为我们判断其所属的时期提供了直接证据。古王国时期国库的象形文字形式只有一种，即只有表示房子和权杖的定符，但是其声符却没有出现过⌷和⌷。第五王朝中后期，前者比后者更普遍使用，而在第五王朝以后后者出现得比较普遍。使用⌷这一象形文字符号的最晚一篇文献是第六王朝初期位于吉萨的大臣昂赫·哈夫（onu—eaf；qar）的坟墓铭文。⑤

---

① P. Kaplony, *Die Inschriften der ägyptischen Frühzeit*, 3 Vols., Wiesbaden: Harrassowitz. AA 8, 1963, fig. 318.

② Z. Goneim, *Horus Sekhem—khet The Unfinished Step Pyramid*, Cairo: IFAO, 1957, pp. 14-15.

③ T. A. H. Wilkinson, *Early Dynastic Egypt*, London and New York: London: Routledge, 1999, p. 108.

④ H. Papazian, "The Central Administration of the Resources in the Old Kingdom: Departments, Treasuries, Granaries, and Work Centers", in Juan Carlos Moreno García, ed., *Ancient Egyptian Administration*, Leiden and Boston: Brill, 2013, p. 71.

⑤ N. Strudwick, *The Administration of Egypt in the Old Kingdom: The Highest Titles and Their Holders*, London: KPI, 1985, p. 280.

（二）国库的人员设置

古王国时期，"国库监管者"和"双国库监管者"是国库的最高管理官员。① "国库监管者"出现于第四王朝初期②，直至第六王朝早期消失。而"双国库监管者"，首次出现于第四王朝中期③，此后该官衔一直没再出现，直到第五王朝中期，由维吉尔④担任后才再次出现。⑤ 因此，第四和第五王朝时期，国库由一位"国库监管者"管理，第五王朝中期以后由他与维吉尔担任的"双国库监管者"共同管理国库。第六王朝时期，国库仅由"双国库监管者"进行管理，因为第六王朝早期我们只发现了两位"国库监管者"的坟墓⑥，而到了这一王朝的中后期，"国库监管者"坟墓再未被发现，这表明，这一官职完全被"双国库监管者"所取代。

"双国库监管者"在第五王朝中期再次出现后，在孟菲斯地区共发现了37位"双国库监管者"，其中24位是维吉尔。⑦ 而在发现的15位"国库监管者"中，没有维吉尔单独拥有该官衔，却有3位维吉尔同时拥有"国库监管者"和"双国库监管者"的官衔。⑧ 为此，海尔克（Helck）认为，这种现象的出现可能说明"国库监管者"是国库的实际管理者，主要负责国库日常工作，而"双国库监管者"是对国库部门进行总体的监控和管理。⑨ 根据前文所述，第六王朝以后"国库监管者"消失，同时这一时期的"双国库监管者"中也有许多官员并不是维吉尔，那么这些由不是维吉尔担任的"双国库监管者"可能取代了

---

① N. Strudwick, *The Administration of Egypt in the Old Kingdom：The Highest Titles and Their Holders*, London：KPI, 1985, p. 299.

② 官员"佩赫—尔—奈菲尔"（pe—r—nfr）持有该官衔，在这一时期只有这一位官员持有该官衔。

③ 该时期发现两位"双国库监管者"，即"奈菲尔"（nfr）和"阿赫伊"（aui）。

④ 官员"卡伊"（kai）和"佩赫—恩—维—卡伊"（pe—n—wi—kai）。

⑤ N. Strudwick, *The Administration of Egypt in the Old Kingdom：The Highest Titles and Their Holders*, London：KPI, 1985, p. 290.

⑥ 官员"卡伊—德贝赫恩"（kai—dben）；"昂赫—哈夫"（onu—eaf；qar）持有该官衔。

⑦ N. Strudwick, *The Administration of Egypt in the Old Kingdom：The Highest Titles and Their Holders*, London：KPI, 1985, p. 277.

⑧ 这三位分别是"奈菲尔"（nfr）、"杰法威"（jfawi）和"昂赫—卡佛"（onu—eaf；qar）。

⑨ W. Helck, *Untersuchungenzu den Beamtentiteln des ägyptischen AltenReiches（ÄF）*, Glückstadt：Verlag J. J. Augustin, 1954, pp. 58, 61.

业已消失的"国库监管者"的职责。①

古王国时期,"国库"(pr—ej)和"双国库"(prwy—ej)各自有一套管理机构。国库的管理人员大多与记录和计算的工作有关,他们在国库管理人员中占较大比重。② 这样的管理人员的官衔大多与书吏有关,即"国库书吏监管者"[imy—rzv(w)pr—ej]、"双国库书吏监管者"[imy—rzv(w)prwy—ej]、"国库书吏巡视员"(sejzvpr—ej)、"国库书吏"(zvpr—ej)、"双国库书吏"[zvprwy—ej(?)]和"国库王室档案书吏巡视员"[sejzv(w)o(w)(nw)nzwtpr—ej]。③ 而在整理官衔过程中,我们发现古埃及的国库和粮仓(vnwt)④ 往往共用一些官员,即,这些工作人员可能同时在国库和粮仓担任相似的工作。例如在第四王朝早期的官员派海尔奈菲尔的官衔中就同时出现了管理国库和粮仓的官衔,即"国库监管者""国库掌印者"(ery—sjaw. t pr—ej)和"王室粮仓监管"(imy—r vnw. t nb. t nt ny—sw. t)⑤。此外,还有"国库和粮仓的盖印人"[utm(w)vnwt—pr—ej]这样的官衔。⑥ 而在从事记录的工作人员中也有这种情况,例如"粮仓和国库的书吏"(zvvnwtpr—ej)和"王室国库和粮仓书吏"(zvvnwtpr—ejxnw)。⑦

"国库主管"(imy—utpr—ej)⑧ 和"国库书吏巡视员"(sejzvpr—ej)可能是"监管"(imy—r)等级之下最重要的官员。因为他们出现的频率较高,到目前为止,我们发现共有 6 位官员担任过"国库主管",7 位官员曾担任过"国库书吏巡视员",而拥有其他官衔的官员的人数 般不超过 2 位。这是因为

---

① N. Strudwick, *The Administration of Egypt in the Old Kingdom: The Highest Titles and Their Holders*, London: KPI, 1985, p. 291.

② H. Papazian, "The Central Administration of the Resources in the Old Kingdom: Departments, Treasuries, Granaries, and Work Centers", in Juan Carlos Moreno García, ed., *Ancient Egyptian Administration*, Leiden and Boston: Brill, 2013, p. 75.

③ D. Jones, *An Index of Ancient Egyptian Titles, Epithets and Phrases of the Old Kingdom*, 2 Vols., Oxford: Archaeopress, 2000, pp. 213, 961, 851, 852, 956.

④ 粮仓部门是埃及古王国时期一个重要的国家机构,它与国库的关系密切。

⑤ H. Papazian, "The Central Administration of the Resources in the Old Kingdom: Departments, Treasuries, Granaries, and Work Centers", in Juan Carlos Moreno García, ed., *Ancient Egyptian Administration*, Leiden and Boston: Brill, 2013, p. 73.

⑥ D. Jones, *An Index of Ancient Egyptian Titles, Epithets and Phrases of the Old Kingdom*, Vol. II, Oxford: Archaeopress, 2000, p. 774.

⑦ D. Jones, *An Index of Ancient Egyptian Titles, Epithets and Phrases of the Old Kingdom*, Vol. II, Oxford: Archaeopress, 2000, p. 875.

⑧ D. Jones, *An Index of Ancient Egyptian Titles, Epithets and Phrases of the Old Kingdom*, Vol. I, Oxford: Archaeopress, 2000, p. 286.

等级越高的官员更有能力建造并装饰坟墓，将他们的信息留存下来。拥有这两个官衔的 13 位官员都属于第六王朝时期，表明尽管第六王朝时期的"国库监管者"已经消失，国库由"双国库监管者"管理，但是单数形式的"国库"（pr—ej）这一术语仍然用于较低等级的官衔中。"国库巡视员"（sejpr—ej）① 在国库中的等级低于"国库主管"（imy—utpr—ej），因为持有后一官衔的官员曾经同时持有"国库监管者"这样的高级官衔。目前我们只发现一位官员拥有"国库主管"（urppr—ej）这一官衔，即卡伊·阿派尔（kai—opr）。② 这位官员生活在第五王朝时期，这一时期国库管理官员官衔少有发现，它可能是"国库监管者"和"双国库监管者"出现之前国库管理体系中较重要的官职。

在国库管理人员设置中也出现了"财产保管员"（iryut）与"国库"（pr—ej）联系在一起的情况，即"国库财产巡视员"［sejiry（w）utpr—ej］和"国库财产保管者"（iryutpr—ej）。③ 在阿布西尔纸草中，一位名叫"尼玛阿特印普"（ny—maot—inpw）的"国库财产巡视员"［sejiry（w）utpr—ej］与负责向神庙运输泥砖的官员同时出现，但这位官员具体职司还未明晰。④ 与 nut（w）—urw 相关的国库官衔有"国库计算巡视员"［sej nut（w）—urw n pr—ej］和"管理国库的计算人员"［nut—（urw）ir（yw）utpr—ej］，他们的职责可能是监管税收的收入和花费。⑤ "粮仓助理"（xry—o pr—ej）⑥ 可能是国库管理体系中的低级官员，第一王朝时期就已经出现。

（三）国库的职能

国库是税收的主要征集和管理部门，古王国时期描述国库官员征集税收的

---

① D. Jones, *An Index of Ancient Egyptian Titles, Epithets and Phrases of the Old Kingdom*, Vol. II, Oxford: Archaeopress, 2000, p. 927.

② H. G. Fischer, "A Scribe of the Army in a Saqqara Mastaba of the Early Fifth Dynasty", *JNES*, Vol. 18 (1959), No. 21, p. 267.

③ D. Jones, *An Index of Ancient Egyptian Titles, Epithets and Phrases of the Old Kingdom*, 2 Vols., Oxford: Archaeopress, 2000, pp. 912, 326.

④ N. Strudwick, *The Administration of Egypt in the Old Kingdom: The Highest Titles and Their Holders*, London: KPI, 1985, p. 294.

⑤ N. Strudwick, *The Administration of Egypt in the Old Kingdom: The Highest Titles and Their Holders*, London: KPI, 1985, pp. 929, 487, 296.

⑥ D. Jones, *An Index of Ancient Egyptian Titles, Epithets and Phrases of the Old Kingdom*, Vol. II, Oxford: Archaeopress, 2000, p. 778.

相关文献缺失,但在第六王朝的维吉尔兼"双国库监管者"赫恩提卡(Khentika)在萨卡拉的坟墓壁画上描绘了5个地区的管理者被赫恩提卡审问的情景,这是因为他们没有把全部的税收上交国库,对于侵吞税款的惩罚是既严苛又及时的。并且该壁画还揭示出在国库最高管理者"双国库监管者"以下,各地区还设有多名具体管理税收的官员,并且最终征集的税物都要缴入国库,国库是国家税收的唯一合法管理部门。

在古代埃及,国王是全国土地的所有者,他有权赐予任何个人和机构以土地和财产,同时国王有权要求受益人向国家支付各种各样的税收,包括一定额度的收成、牲畜以及为国家工程建筑提供劳役。古王国时期国家实行税收的相关文献并不多见,主要是帕勒莫石碑和一系列的免税敕令。① 第五王朝时期的帕勒莫石碑不仅是已知古代埃及最早的王室年鉴,它也是最早的有关税收的历史记录。帕勒莫石碑记录了第一王朝时期两年一次的为税收而做的财产普查,而第二王朝国王哈塞海姆威统治晚期,进行两年一次的普查被清楚地表述为清点黄金并丈量土地。② 第四王朝国王斯奈弗如(Sneferu)统治时期,牲畜开始成为普查的对象,到了第五王朝国王奈菲尔瑞卡拉(Neferirkare)统治时期,牛和小型家禽也被列入其中。③

此外,古王国时期一些免税敕令,也充分说明了这一时期税收制度的运行状况。第五王朝国王奈菲尔瑞卡拉的免税敕令就曾免除了寺庙人员的徭役,禁止任何人干涉祭司的活动,违者将被处以极其严厉的惩罚,表现了国家对神职人员的保护。④ 然而古王国时期越来越多的免税敕令加速了古王国的衰亡,这些敕令不仅使国家税收锐减,而且还造成了国家工程劳动力的缺乏。第五王朝末期,中央政府开始进行经济改革,以此增加国家收入,直至第六王朝时期,这样的经济改革都没有停止过。

国库是储藏国家财富的仓库。从字面意思上讲,国库(pr—ej)是"银之屋",即为储藏财富的仓库。国库的收入主要有三种形式,即税收、国家地产

---

① D. B. Redford, *The Oxford Encyclopedia of Ancient Egypt*, Vol. III, Oxford: Oxford University Press, 2001, p. 353.

② 郭丹彤:《古代埃及象形文字文献译注》(上卷),长春:东北师范大学出版社,2015年,第3~15页。

③ D. B. Redford, *The Oxford Encyclopedia of Ancient Egypt*, Vol. III, Oxford: Oxford University Press, 2001, p. 354.

④ 郭丹彤:《古代埃及象形文字文献译注》(上卷),长春:东北师范大学出版社,2015年,第40页。

和手工作坊的产品以及远征队带回的物品。① 由于国库收入的多样性，所以其贮藏物品的种类也很丰富，包括贮藏原材料和经过加工的产品，根据文献记载，在国库中登记并贮藏的物品主要有食物、木材、石料、亚麻、家具和工具。② 关于国库的主要职能部门仓库的描述，从官衔"双国库仓库保管人"（irywja n prwy—ej）以及"双国库仓库的保管人和书吏的巡视员"［sejzv（w）(i) r (y) wja n prwy—ej］中可以看出，经常与国库联系在一起的用于表示"仓库"的术语通常是 wja，但国库中的仓库具体贮藏何种物品，由于文献的缺失，我们只能推测它很可能是用于储藏非食品类的物品。③ 此外，"供应品之地"也是国库中的一个物品管理部门，第二王朝时期的印章上曾出现过短语"国库的供应品之地"（iz—jfapr—ej），而在第二王朝的最后一位国王哈塞海姆威统治时期的印章上也曾出现过短语"红房子的供应品之地"（iz—jfapr—jvr），从而揭示出"供应品之地"（iz—jfa）与国库的关系密切。④ "供应品之地"（iz—jfa）并不是国库中的普通仓库，它是贮藏经过加工或为特殊需要而准备的食物。

国库与粮仓（vnwt）储藏的重点不同，国库可能不贮藏谷物或贮藏的数量很少，但需要说明的是，粮仓最早出现于第四王朝，因此早王朝时期和古王国前期粮仓可能是国库中的一个部门。第五王朝时期，当粮仓成为国家的一个独立部门之后，贮藏谷物的职能才由粮仓独立承担。

国库不仅对物品进行贮藏，同时还对原材料进行加工生产。比如油、面包、啤酒、亚麻布、肉、椰枣蛋糕等，这些产品一般都是供王室成员和官员享用。亚麻和油的生产及储藏是国库的一个重要职能，我们在相关文献中发现了很多国库对其进行管理的内容。根据古王国时期坟墓壁画的描绘，我们知道，亚麻是古埃及重要的农作物，因此对亚麻的储藏和加工就显得尤为重要。第五王朝早期的维吉尔兼"双粮仓监管者"阿赫特—赫特普（aut—etp）的坟墓铭

---

① W. Helck und Eberhard Otto, *Lexikon Der Ägyptologie*, Vol. V, Wiesbaden: Otto Harrassowitz, 1975, p. 537.

② W. Helck und Eberhard Otto, *Lexikon Der Ägyptologie*, Vol. V, Wiesbaden: Otto Harrassowitz, 1975, pp. 536-539.

③ D. Jones, *An Index of Ancient Egyptian Titles, Epithets and Phrases of the Old Kingdom*, 2 Vols., Oxford: Archaeopress, 2000, pp. 314, 956.

④ H. Papazian, "The Central Administration of the Resources in the Old Kingdom: Departments, Treasuries, Granaries, and Work Centers", in Juan Carlos Moreno García, ed., *Ancient Egyptian Administration*, Leiden and Boston: Brill, 2013, p. 80.

文在描述织工工作时曾这样写道:"把(一些亚麻布)拿到国库中去。"① 位于戴尔—埃尔—格博拉威(Deir el Gebrawi)的大臣扎乌(jow)自传体铭文也曾记录了来自"双国库"的不同种类的扎好的亚麻。而一些献祭文献中也经常出现 ebs m prwy—ej "来自'双国库的衣服'"这样的句子。② 油也是国库管理的一种重要产品。根据阿布西尔纸草记载,mert 油来自"国库的行政管理"(prpr—ej)。国库对肉类也进行加工和生产,第四王朝初期的一位"国库监管者"派海尔奈菲尔(Pehernefer)的坟墓铭文提到"牛脂之屋"(pr—oj)是国库的一个附属机构,它应该是生产牛脂的一个作坊。③ 肉类产品可能在古埃及是较贵重的食品,超出普通埃及人的购买力,因此肉类产品鲜有由个人经营并在市面上销售,而是由政府直接屠宰和加工。

根据派海尔奈菲尔坟墓铭文的记载,国库还有生产面包和啤酒的作坊。④面包的生产作坊包括磨面和烘烤两个部门,磨面部门又被分为两个分支机构,它们生产不同等级的面粉:一种是制作 hda 面包的面粉,另一种是制造 bi 面包的面粉。面包师也有两种,分别是 rth 面包师和 fsw 面包师,至于二者之间的区别,我们不得而知。古王国时期位于吉萨的坎尼尼苏特(Kaninisut)坟墓壁画对这两种面包师有所描绘,在这幅壁画中他们正在向坟墓主人敬献作为祭品的面包。而派海尔奈菲尔的坟墓壁画则对这两种面包所加工的面包的功用有所描绘,即一种作为宗教祭品,另一种则是真正的食品,是埃及人主要的日常食物。啤酒的生产储藏按地域划分,下埃及的啤酒储藏机构被称为 pr—vnoMhw,上埃及的啤酒储藏机构被称为 pr—vnoxnwt。

国库不仅征集税收而且还对税收进行分配。税收的主要目的是为国家征集财富,强调的是"收";而税收分配则强调的是对征集来的财富进行"分"。在古埃及,国家财政的主要支出之一是政府工作人员的工资。"再分配之屋"(pr—ery—wjb)与国库的关系非常密切,第二王朝国王哈塞海姆威统治时期,这一机构就已经出现,但是它主要负责为王室服务的人员分配和工资发放。随

---

① N. Strudwick, *The Administration of Egypt in the Old Kingdom: The Highest Titles and Their Holders*, London: KPI, 1985, p. 24.

② N. Strudwick, *The Administration of Egypt in the Old Kingdom: The Highest Titles and Their Holders*, London: KPI, 1985, p. 294.

③ T. A. H. Wilkinson, *Early Dynastic Egypt*, London and New York: London: Routledge, 1999, p. 110.

④ H. Junker, "Phrnfr", *in ZÄS*, Vol. 75 (1939), pp. 63-84.

着王室土地的增多，这一机构逐渐完善并成为国家的主要分配机构。① 在这个词组中，单词 wjb 是其核心，意思是"转移"，通常与产品分配管理有关。这一机构中的许多工作人员，同时也有"田地书吏"的官衔，据此推测，这一机构也有评估田地产量职责，并据此确定工资水平。②

为国家工程和开采矿石提供所需也是国库的一项重要职能，这项职能在大规模石质建筑工程不断的古王国时期得到了充分的体现，中王国时期的一篇文献对国库的这一职能进行了描述，这篇文献是位于瓦迪—哈麦麦特（Wadi Hammamat）的国王森乌塞特一世（Senwosret I）统治时期的一段铭文。该文献描述了国家各部门对矿石开采的供给情况，其中粮仓供应面包和啤酒，王室仓库提供肉和家禽，国库则主要提供一些工具和技术设备。新王国时期，监管国家的工程建设仍然是国库的一项重要职能，尤其以底比斯大墓地戴尔—埃尔—麦地那（Deir el—Medina）工匠村为主要监管对象，国库需要向工人支付口粮和工资。③

结　论

国库创建于早王朝时期，在古王国五百多年的历史发展中，国库的机构建制日趋完善，其职能主要有四个，即收取赋税、贮藏实物赋税、原材料加工和物资分配。国库的上述职能揭示出它是古埃及最重要的资源管理和储藏部门。而在国家行政部门中，资源管理和储藏部门往往出现较早。因此，国库作为最早出现的储藏部门，始终是古埃及的基本行政机构。并且在整个古代埃及文明的发展进程中，国库官员的头衔变化很小，表明其机构建制相对稳定。

与此同时，国库与其他行政部门的运行有着密切的联系。古王国时期，埃及主要行政部门有国库部门、粮仓部门、劳工部门、王室档案部门和司法部门等。这些行政机构中，粮仓与国库职能相似，都是物资储藏部分。粮仓是在第五王朝时期由于行政管理的精细化而从国库中分离出来成立的一个独立部门。

---

① W. Helck und Eberhard Otto, *Lexikon Der Ägyptologie*, Vol. VI, Wiesbaden: Otto Harrassowitz, 1986, p. 1014.

② N. Strudwick, *The Administration of Egypt in the Old Kingdom：The Highest Titles and Their Holders*, London: KPI, 1985, p. 286.

③ W. Helck und Eberhard Otto, *Lexikon Der Ägyptologie*, Vol. V, Wiesbaden: Otto Harrassowitz, 1975, p. 538.

除此之外,其他行政部门都是物资消耗部门,其中最直接的消耗就是工作人员的工资。并且,劳工部门的工作大都与建筑相关,它还需要国库为其提供大量的建筑物资。据此,各行政管理部门的运行都需要国库的配合,国库为它们的有效运行提供了物资上的支持。

综上,古王国时期,国库是国家行政管理体系中最核心的部门,它掌握着国家的经济命脉,是埃及国家得以稳固繁荣的前提和保障。伴随着埃及文明的演进,埃及国家行政管理体系日趋复杂,国库的职能也因此愈加广泛,成为整个国家经济体系的中枢。

(作者:梁姗,哈尔滨师范大学历史文化学院讲师,本文曾发表于《历史教学》2017年第4期)

如何理解赫拉克勒斯崇拜

赫拉克勒斯（Heracles）不仅在人间惩恶扬善，匡扶正义，是人类的保护者，而且还是奥林波斯山守护神、大力神和体育竞赛的保护神。可以说，他是希腊最伟大的英雄之一，是男性的典范。因此，许多王室，尤其是斯巴达和马其顿地区王室宣称自己是赫拉克勒斯的后裔。在亚历山大东征之前，赫拉克勒斯崇拜已经在地中海世界流传。随着亚历山大帝国的建立和希腊化时代的到来，赫拉克勒斯作为亚历山大家族的祖先，其崇拜在整个地中海世界广泛传播。

赫拉克勒斯也与王权存在密切关系。不仅亚历山大宣称自己是赫拉克勒斯的后裔（Heracleidae），其帝国继承者塞琉古、托勒密和安提柯为了显示自己的合法性，也宣称是赫拉克勒斯的后裔。非希腊人建立的帕提亚、贵霜、科马基尼等王国统治者，同样宣称与赫拉克勒斯有着密切联系。此外，希罗多德在其《历史》一书中，认为斯基泰人也是赫拉克勒斯的后裔。[①] 罗马帝国皇帝、达官贵人中崇拜赫拉克勒斯者同样大有人在。古代文献和出土文物表明，这一时期的钱币、神庙、浮雕等中都出现了大量赫拉克勒斯的形象。这些都表明赫拉克勒斯与王权存在密切的联系。本文试图从赫拉克勒斯起源、传播演变，以及与王权存在密切关系的原因三个方面，对赫拉克勒斯崇拜做初步探析。

一

赫拉克勒斯是宙斯（Zeus）和阿尔克墨涅（Alcmene）的儿子。赫拉克勒斯本名为阿尔喀德斯（Alcides），是为纪念其养父的父亲阿尔开俄斯

---

① Herodotus, *The Histories*, trans. A. D. Godley, Cambridge, Mass.: Harvard University Press, 1993, 4.8—10.

(Alcaeus)所起。① 出于对宙斯出轨的仇恨,赫拉设计使赫拉克勒斯丧失理智,导致赫拉克勒斯杀死自己的孩子。② 赫拉克勒斯在雅典国王忒修斯(Theseus)为其洗罪后,亲自去德尔菲(Delphi)求神谕。一名叫皮媞亚(Pythia)的女祭司第一次称呼其为赫拉克勒斯,意为赫拉的荣耀,以求得赫拉的原谅。女祭司还告诉他为欧律斯透斯(Eurystheus)服役十二年,完成十项苦差③,就可以成为不死的神。④

关于赫拉克勒斯起源问题,由于笔者能力有限,只能依靠手中现有的资料,大致整理为五种观点。

第一种观点,赫拉克勒斯是希腊"英雄时代"的人物。赫西俄德最早完整提出英雄时代这一概念。他认为人类的发展经历了5代人种,即黄金时代人种、白银时代人种、青铜时代人种、英雄时代人种和黑铁时代人种。宙斯在创造青铜时代人种的同时,创造了第四代人种——半神的英雄(demigods),他们相对而言更加高贵和公正。赫西俄德认为这些半神的英雄就是其上一代人种,残酷的战争和可怕的决斗消灭了他们。一些人为了争夺俄狄浦斯(Oedipus)的羊群,在卡德摩斯(Cadmus)的土地上阵亡于有7个城门的底比斯;而另一些人则为了抢回金发海伦,在特洛伊战争中丧命。⑤ 关于"英雄时代"的确切年代,古希腊历史学家利用希腊显贵人家的谱系进行推算,推算结果是"英雄时代"大致介于公元前14—前12世纪,大致与考古学上的迈锡尼时代晚期相吻合。⑥ 而确切的赫拉克勒斯所在的年代,希罗多德按照谱系推算为公元前1340年左右。⑦

第二种是希罗多德引用埃及人的观点。埃及人认为赫拉克勒斯是他们一位

---

① Apollodorus, *The Library*, trans. C. H. Oldfather, Cambridge, Mass.: Harvard University Press, 1967, 2.4.5.

② 关于赫拉克勒斯杀子时间有两个不同版本:一个是阿波罗多洛斯版本,另一个是欧里庇得斯的《疯狂的赫拉克勒斯》版本。主要的区别在于阿波罗多洛斯版本赫拉克勒斯杀子在前,完成十项功绩在后;欧里庇得斯版本则相反。

③ 关于赫拉克勒斯苦差数量有不同版本。阿波罗多洛斯版本认为欧律斯透斯对赫拉克勒斯杀死九头蛇和清扫奥格拉斯牛圈不认账,所以在其书中记载赫拉克勒斯完成十项苦差。有的著作将这两项苦差算入,认为赫拉克勒斯完成十二项苦差。

④ Apollodorus, *The Library*, trans. C. H. Oldfather, Cambridge, Mass.: Harvard University Press, 1967, 2.4. p. 11—12.

⑤ Hesiod, *Works and Days*, trans. Glenn W. Most. Cambridge, Mass.: Harvard University Press, 2006, p. 156.

⑥ 王以欣:《神话与历史》,北京:商务印书馆,2006年,第38页。

⑦ 学界对希罗多德的算法存在质疑,具体年代也有争论。参见王以欣:《神话与历史》,北京:商务印书馆,2006年,第29~33页。

古老的神。希罗多德所熟知的希腊本土的赫拉克勒斯，在埃及完全听不到有关他的任何故事。希罗多德认为，赫拉克勒斯来自埃及。其依据有两点，一是赫拉克勒斯双亲安菲特律翁（Amphitryon）和阿尔克墨涅都出身于埃及，而且埃及人从来没有听说过波塞冬（Poseidon）和狄俄斯库里（Dioscuri）的名字，而且他们也不在埃及神之列。其二，如果埃及人从希腊人那里获得神的名字，由于是外来名称，埃及人的记忆可能会更加深刻。但是埃及人和希腊人都出海航行，埃及人却从来没听说过赫拉克勒斯的名字。埃及人宣称在阿马西斯（Amasis）① 当政前一万七千年，赫拉克勒斯就是埃及十二主神之一。②

第三种观点来自希罗多德。希罗多德在腓尼基的推罗（Tyro）专门考察一座备受埃及人崇拜的赫拉克勒斯神庙。希罗多德向神庙祭司询问这座神庙建立的时间年代。祭司回答早在公元前 2300 年推罗城建立时，这座神庙就已经存在。③ 在推罗城中，还有一座神庙，供奉着萨索斯（Thasos）的赫拉克勒斯，这座神庙是腓尼基殖民者修建的。希罗多德推断，这座神庙比安菲特律翁的儿子（赫拉克勒斯）出生早 5 代。④ 如果一代人按 40 年算，这座神庙至少比赫拉克勒斯早 200 年。而且，希罗多德记载，这两座神庙，一座是供奉奥林波斯神赫拉克勒斯，另一座供奉凡间的英雄赫拉克勒斯。如果史实果真如祭司所说，赫拉克勒斯有可能从腓尼基传入希腊。因为推罗的两座神庙不仅供奉着赫拉克勒斯，而且还分别对应着其凡人英雄与天神的不同属性，这与希腊本土的赫拉克勒斯崇拜并无多少出入。

第四种是基督教史学奠基者尤西比乌斯（Eusebius）的《编年史》（Chronicle）中的记载。尤西比乌斯认为亚述人是赫拉克勒斯的后裔。亚述（Assyrian）国王伯鲁斯（Belus）统治时期，正是提坦巨人族与宙斯等众神决战的时期。在赫拉克勒斯和狄奥尼索斯（Dionysus）帮助下，奥林波斯山众神战胜提坦巨人族。⑤ 伯鲁斯儿子尼努斯（Ninus）在位时间大约为公元前 2189

---

① 阿马西斯（Amasis），古埃及十八王朝法老，统治时期为约公元前 16 世纪中期。
② Herodotus, *The Histories*, trans. A. D. Godley, Cambridge, Mass.: Harvard University Press, 1993, 2.43.
③ Herodotus, *The Histories*, trans. A. D. Godley, Cambridge, Mass.: Harvard University Press, 1993, 2.44.
④ Herodotus, *The Histories*, trans. A. D. Godley, Cambridge, Mass.: Harvard University Press, 1993, 2.44.
⑤ Eusebius, *Chronicle*, trans. Robert Bedrosian, New Jersey: Long Branch, 2008, *the Assyrian Chronicle*. 15.

年。① 因为伯鲁斯在亚述被尊为神，故不列入王室族谱，王室族谱从尼努斯开始算起。那么大致估算，赫拉克勒斯出生年代应该在公元前 2300 年左右。

第五种观点是阿里安提到的印度境内的赫拉克勒斯。阿里安认为印度的赫拉克勒斯也许是推罗或者埃及的赫拉克勒斯，或者是印度高原地区的一位大王。②

希罗多德、阿里安、尤西比乌斯等作家关于赫拉克勒斯的记载，在一定程度上可以相互印证，互为依据。我们可以大胆假设一下，或许在希腊本土出现赫拉克勒斯崇拜之前，北非、西亚、中亚等地区就流传有关于赫拉克勒斯的故事。这些地区都有类似的传说，或者从一个地区传到另一个地区，只不过没有完善化和系统化。后来在希腊本土，经过加工，建立起一套有关赫拉克勒斯的完整的体系。随着亚历山大东征，赫拉克勒斯再次进入广大地中海世界，并借助希腊文明的优势地位，得到更广泛的传播和崇拜。

二

赫拉克勒斯作为最伟大的半神英雄之一，完成了十项"伟业"以及其他的事迹，其崇拜传播范围相当广泛。据史书记载，赫拉克勒斯不仅游遍希腊各地，还到过北非、欧洲、小亚细亚地区。上文提及的斯基泰人和亚述人都认为自己也是赫拉克勒斯的后裔，可以推测其足迹远至西亚、中亚等地区。

所以笔者认为，这些地理位置不仅仅反映的是赫拉克勒斯的足迹，也反映了当时希腊人的地理认知。位于直布罗陀海峡的赫拉克勒斯之柱，可能反映了当时希腊人对地球西面最远的认知。据阿波罗多洛斯的记载，赫拉克勒斯去取革律翁的牛，到了利比亚，前进至塔耳忒索斯（Tartessus）之后，就树立起两根对立的柱子，作为旅程的标识。③ 据说当时还有铭文标识这就是世界的尽头。甚至在《神曲》中，但丁仍将赫拉克勒斯之柱作为世界的尽头。有人告诉奥德修斯，赫拉克勒斯之柱是赫拉克勒斯为了保护人类而做的标志，以此告诫

---

① 参见 https://en.wikipedia.org/wiki/Ninus. 下载时间：2020.8.11.

② Arrian, *Anabasis Alexandri*, trans. P. A. Brunt. Cambridge, Mass.：Harvard University Press，1996，8.5.

③ Apollodorus, *The Library*, trans. C. H. Oldfather, Cambridge, Mass.：Harvard University Press, 1967, 2.5.10. 关于赫拉克勒斯之柱，还有一说法是赫拉克勒斯为了取得金苹果，需要跨越阿斯特拉山脉，为了便于行走，赫拉克勒斯将此山劈为两半，赫拉克勒斯之柱取名于此。

人类不要继续前行至未知的世界。①

赫拉克勒斯为了追回狄俄墨得斯（Diomedes）的母马，进入斯基泰人的地区。赫拉克勒斯经过一个名叫欧凯阿诺斯（Oceanus）的地方，希腊人认为这是太阳最早升起的地方。② 日出之地，相对于希腊人而言，在其东方。这样的话，欧凯阿诺斯就是希腊人地理认知的最东端，大约在南俄草原地区。而赫拉克勒斯为了活捉刻涅亚（Cerynea）的母鹿而进入极北地区（Land of Hyperborean）。品达（Pindar）也在其《奥林匹亚颂》（Olympian Odes）中③写道："赫拉克勒斯从极北地区为奥林匹克赛会带来橄榄枝。"极北地区的太阳一年只出现一次。这也就证明赫拉克勒斯到达北极圈附近，希腊人最北的认知范围就在此。而最南端则是利比亚（Lybia）地区。④

接下来要谈论的一个问题就是，赫拉克勒斯在传播过程中，其形象是典型的希腊本土特征，还是融合了当地元素？⑤ 从出土的雕像、钱币、饰物等来看，赫拉克勒斯在传播过程中，其形象是不断演变的。这一变化与其传播距离有关，越往东，赫拉克勒斯形象变化越明显。不过，赫拉克勒斯手持棍棒，身披狮子皮的特征都没有多少改变。正是因为这一特征，才使我们有机会来研究赫拉克勒斯形象的演变趋势。由于相关出土文物的数量和种类过多，所以为了便于理清脉络，本文以赫拉克勒斯雕像为例，试图厘清赫拉克勒斯形象的变化脉络。

关于赫拉克勒斯希腊本土形象，最经典的当属希腊雕刻家利西波斯（Lysippos）的作品。这位雕刻家的作品，在古典时代后期和希腊化时代早期，影响非常大。罗马时代仿造的利西波斯的雕刻⑥，时间大约为公元216年。这座雕刻的赫拉克勒斯是中年裸体形象，头发卷曲，络腮胡子，身材高大，具有典型的希腊肌肉线条。棍棒放在树墩上，狮皮搭在木棒上，其左臂则靠在棍棒

---

① （意）但丁著：《神曲》，王维克译，北京：人民文学出版社，1997年，第113页。
② Herodotus, *The Histories*, trans. A. D. Godley, Cambridge, Mass.：Harvard University Press, 1993, 4.8.
③ Pindar, *Olympian*, trans. William H. Race, London：Harvard University Press, 1997, 3.10—15.
④ 这里的利比亚指的是古埃及以西的北非地区，不同于今天的利比亚。
⑤ 关于赫拉克勒斯崇拜传播路线，主要有向西和向东两条路线。向西路线主要是向罗马帝国西部地区传播，时间一直可以追溯到基督教产生时期。向东路线主要是向中亚、西亚、南亚，甚至包括中国等地区的传播。不论是东线还是西线，赫拉克勒斯形象都融入了当地元素，发生了变化。本文探讨的赫拉克勒斯形象是其在东线的演变。
⑥ 雕刻图片见：Https://en.wikipedia.org/wiki/Heracles/media/File：Hercules - Farnese _ 3637104088 _ qc95d7fe3c _ b.jpg.

上，支撑着整个身体。从雕刻神情来看，赫拉克勒斯正在休息或者思考。我们不难发现，这幅作品中赫拉克勒斯从肖像、发型、胡须和肌肉线条，都呈现出明显的希腊人的特征。

在小亚细亚地区，赫拉克勒斯的形象迅速发生变化。科马基尼王国国王安条克一世（Antiochus I，公元前70—前38年）时，在内姆鲁特神殿诸神像的复原图从左到右依次是阿波罗、母亲化的科马基尼王国、宙斯、安条克一世和赫拉克勒斯。图中最右侧，左手拿着棍棒的就是赫拉克勒斯。如果没有出土铭文证明，赫拉克勒斯的形象很难被辨认出来。因为这座赫拉克勒斯雕像已经明显的当地化。赫拉克勒斯戴着与当地统治者一样的尖顶帽子，也不是赤足裸体形象，而是穿着当地服饰，肖像也掺杂着当地神祇的特征。这说明赫拉克勒斯崇拜传播到希腊本土之外的地方，其形象很快就与当地文化相结合。

伊朗克尔曼沙汗省的贝希斯敦（Behistun）一条交通要道旁的山壁上，雕刻有一座赫拉克勒斯雕像[1]，该雕像的雕刻时间约为公元前153年，赫拉克勒斯斜躺在山壁上，左手持一只碗。赫拉克勒斯是裸体造型，但是没有明显的肌肉线条，身体显得臃肿，而且其外貌的希腊人特征已经不明显，更多是借助其棍棒和弓箭，以及其造型来断定此雕像雕刻的人物为赫拉克勒斯。

阿富汗贝格拉姆（Begram）遗址出土了一座赫拉克勒斯铜像。[2]该铜像是裸体中年男子形象，右手持棍棒，却没有狮皮和狮头盔。但是仔细观察的话，这座铜像的肖像和头饰，是典型的埃及萨拉皮斯神造型。我们很容易发现这座铜像兼具赫拉克勒斯与萨拉皮斯形象特征。这种现象的出现，笔者认为主要有两种可能：一是由于文化的差异，当地人不能准确区分希腊化王国神祇的特征，按照自己的印象或兴趣制造出这座铜像；二是当地人将两位神的职能混合在一起，使得一方拥有另一方的职能，或者"制造"出一位兼具两者能力的新神。

赫拉克勒斯传入犍陀罗（Gandhara）地区之后，其形象发生了根本性变化。赫拉克勒斯已经转变成佛陀的金刚手护法（Vajrapani）。公元1世纪的一座赫拉克勒斯石刻[3]中，不仅其狮皮等标志物消失，连其武器棍棒也换成了金

---

[1] John Boardman, *The Greeks in Asia*, London: Thames and Hudson, 2015, fig. 38.

[2] Ladislav Stančo, *Greek Gods in the East: Hellenistic Iconographic Schemes in Central Asia*, Prague: Karolinum Press, 2012, fig. 300. 这座铜像是赫拉克勒斯还是萨拉皮斯，或者两者合体，以及是由当地工匠生产还是从海上进口而来，学界尚有争论。

[3] Ladislav Stančo, *Greek Gods in the East: Hellenistic Iconographic Schemes in Central Asia*, Prague: Karolinum Press, 2012, fig. 381.

刚杵，其面容和服饰很大程度上被东方化。而且赫拉克勒斯也由保护人类和奥林波斯山的天神，转变为保护佛祖的护法。

赫拉克勒斯传入中国之后，不仅其形象发生了根本变化，其身份也进一步降低。麦积山石窟的赫拉克勒斯形象①不仅面貌、衣着、姿势都中国化了，就连其头盔的狮子形象也中国化了。20世纪90年代以来，中国北方地区发掘的一些墓葬中，赫拉克勒斯由原来的奥林波斯天神转变为中国墓穴中的镇墓俑，身份完全边缘化。这一根本性变化，或许与中国古代天朝上国，视周边为蛮夷的心态有关。

通过上面论述，我们不难发现，赫拉克勒斯崇拜在传播过程中其形象是不断变化的。离希腊本土越远，赫拉克勒斯希腊特征越不明显，与之适应的是当地元素的增加。这也与希腊文化辐射范围有关，距离文化核心越远，文化影响力越小。还有一点需要注意的是，当地文化越发达，民族自信越强，更多的本土元素就会增加到赫拉克勒斯形象中。如在犍陀罗，赫拉克勒斯的形象和职能发生了根本性变化，而在中国则完全被边缘化。

三

从地域来看，无论赫拉克勒斯在希腊本土，还是进入西亚、中亚和南亚等地；从时间来看，无论是赫拉克勒斯形象产生之初，还是到希腊化时期、罗马帝国时期，赫拉克勒斯这一人物形象都与王权有着密切的联系。在希腊本土，许多王室，尤其是马其顿王室宣称自己为赫拉克勒斯的后裔。希腊化时期，除希腊化三大王国之外，贵霜、帕提亚、巴克特里亚等王国的王室都宣称与赫拉克勒斯有着密切关系。罗马帝国时期，大多数皇帝都崇拜赫拉克勒斯，康茂德和马克西米安甚至以赫拉克勒斯自居。赫拉克勒斯更多地成为一代成功帝王的标志，任何一个国王都想或者自认为像赫拉克勒斯一样，历经苦难，建立非凡功绩，最后成为天神。笔者认为，这一现象的出现，有着深刻的原因和背景，主要有以下几个方面：

其一，赫拉克勒斯自身的经历和职能。首先要提到的是，赫拉克勒斯的诞生有着非凡的意义。宙斯曾经得到一个神谕，神谕告诉宙斯想要战胜提坦巨人族，必须得到一个凡人的帮助。宙斯对于这则神谕的解读是只有其与凡人结合

---

① 邢义田：《画为心声：画像石、画像与壁画》，北京：中华书局，2011年，第488页，图33。

生下的儿子，才是举世无双的"圣子"，可帮助其战胜提坦巨人族。赫拉克勒斯也不负父望，一生建立无数功业，帮助宙斯战胜巨人族，最终享有神的不朽生命，并娶天神赫伯为妻。赫拉克勒斯的子孙，同样不辱父名，历经千辛万苦终于征服了整个伯罗奔尼撒半岛。希腊化时代、罗马帝国时代的君王，无不以天神之子自居，宣扬君权神授，渴望在有生之年建立不世之功，死后进入万神殿。亚历山大自始至终认为自己就是赫拉克勒斯，是凡人英雄，死后能够荣升万神殿。[①] 王位父子相传的制度，也使得这些君王希望自己的儿孙们，可以像自己一样，保证国家的繁荣稳定。赫拉克勒斯自身的经历，恰恰与这些君王的梦想相一致，其受崇拜也就是一件很自然的事情。

此外，笔者认为赫拉克勒斯受赫拉妒恨，丧失心智，残杀其子的故事，也为此后的君王错杀属下，弥补自己的失策提供了借口。如同赫拉克勒斯受赫拉妒恨一样，希腊化时期君王也往往以此为借口，为自己推脱。亚历山大把酒后杀害克利都斯（Clitus），以及马其顿人不愿追随他远征印度，使得他无法建立完美的功业，获得无上的荣誉，全都归罪于底比斯的守护神狄奥尼索斯的报复和愤怒。

神灵受尊重的程度与他们的职能有关，其与人类的生活越密切，能够享受的人间尊重就越多。人们选择崇拜一种神的时候，往往是因为这种神的职能符合自己的需求。例如，许多希腊人生病时会去阿斯克勒庇俄斯圣所寻求帮助，他们在圣所过夜，寻求梦境的指引。生病的人向神祈祷，承诺病愈后奉献给神一件贡品。如果一切顺利的话，神会在患者的梦里现身，治愈他的疾病，或给他治病的建议。[②] 赫拉克勒斯不仅是大力神、体育馆保护神，而且还是人类保护神和奥林波斯山守护神。这些职能，正好是希腊化时期、罗马帝国时期君王需要充当的角色。君王争相神化自己的同时，又为自己戴上人民保护神的"王冠"。出土的钱币中，救世主、施恩者等名号比比皆是，这也反映了君王们的心态。

其二，亚历山大大帝对赫拉克勒斯崇拜传播的推动作用。亚历山大父系是赫拉克勒斯和卡拉努斯（Caranus）的后裔。卡拉努斯是赫拉克勒斯第16代子孙，公元前794年成为马其顿君主，亚历山大大帝是其第22代后裔。因此，从

---

① John Boardman, *The Greeks in Asia*, London: Thames and Hudson, 2015, p. 139.
② （英）西蒙·普莱斯著：《古希腊人的宗教生活》，邢颖译，北京：北京大学出版社，2015年，第126～127页。

赫拉克勒斯到亚历山大一共有38代。① 亚历山大认为自己会像赫拉克勒斯一样，建立无上功业，充当人类的保护神，死后回归奥林波斯山。在小的时候，亚历山大每听到父亲菲利普占领一个重要的市镇或赢得一次重大的胜利，不仅不会表现出高兴的样子，反而对他的伙伴说，要是其父把所有功业都做完了，他以后就没有机会完成伟大的功绩了。② 亚历山大成为马其顿国王之后，更是处处与赫拉克勒斯相比，一定要完成赫拉克勒斯没有做到的事情，甚至将赫拉克勒斯的传记放在身边鼓励自己。为了显示亚历山大比赫拉克勒斯更加伟大，马其顿人甚至称其攻占的阿尔诺斯山寨，是赫拉克勒斯想攻占但未能如愿的山寨。③

亚历山大死后，其继承者安提柯、托勒密、塞琉古三位君王不仅仅在名义上继承亚历山大的遗产，更是其行动上的实践者。三大希腊化王国对内注重发展，加强王权神化，对外扩张领土，力图恢复昔日的亚历山大帝国。安提柯、托勒密、塞琉古发行带有亚历山大头像的钱币、纪念币、浮雕、饰物等，显示自己王权的合法性和恢复昔日帝国的决心。罗马帝国时期，对亚历山大的崇拜有增无减。例如奥古斯都平时佩戴的一枚戒指，上面就刻有亚历山大的头像。罗马皇帝图拉真，将罗马帝国疆域扩展到极致。图拉真到达两河流域，面对波斯湾时，为自己年事已高，不能再重复亚历山大征服印度的功绩而悲伤落泪。图拉真纪功柱上，军旗手头盔便是狮头盔，也是赫拉克勒斯的标志性饰物。希腊化和罗马帝国时期，君王们对亚历山大的崇拜，使得赫拉克勒斯出现在钱币、雕刻、神庙、饰物等方面，使得赫拉克勒斯崇拜传播范围更广，信众更多。

其三，希腊化文化的优势地位，是赫拉克勒斯崇拜流行的一大推手。希腊化时期是一个局部大一统的时期，也是多元文化融合的时期。三大希腊化国家并立的局面，更促进多元文化交融的趋势，各文明之间相互交流借鉴。如处于帕提亚、塞琉古、印度交界地的巴拉米尔地区，正是在这种历史条件下，其文化中混合了希腊化、帕提亚以及东亚等多元文化因素，但是其主体文化为希腊化文化。罗马人虽然征服了希腊，但却被希腊文化征服。罗马社会，尤其是上层社会狂热崇拜希腊文化，以致大加图通过法律和运用赞成让马其顿有限度的

---

① Plutarch, *Lives*, "Alexander", 2, trans. Bernadotte Perrin, Cambridge, Mass.: Harvard University Press, 1996.

② Plutarch, *Lives*, "Alexander", 13, trans. Bernadotte Perrin, Cambridge, Mass.: Harvard University Press, 1996.

③ Arrian, *Anabasis Alexandri*, trans. P. A. Brunt, Cambridge, Mass.: Harvard University Press, 1996, 8.5. 阿里安认为这种说法是马其顿人在吹嘘亚历山大的功绩。

独立的方式,来限制希腊文化的影响。这种情况下,希腊文化大行其道,希腊神崇拜也进入希腊化国家、东方国家和罗马帝国,成为他们崇拜和祭祀的对象。希腊化和罗马帝国时期,也是战争不断的时期,希腊化国家内部以及与周边国家战争不断。罗马帝国更是从建国之初,就不停地征战,才得以建立横跨欧亚非三洲的帝国。正是因为战争,才使得与战争和亚历山大大帝联系在一起的赫拉克勒斯成为崇拜的对象。

帕提亚等东方国家,面对希腊化因素全面占优的情况,也适时做出了调整。而且这些国家,历史上受到过亚述、巴比伦、波斯等帝国的统治,对于强者的依附和学习也是顺理成章的事情。赫拉克勒斯在这些东方国家,并不是以希腊本土原型出现,而是与当地的神相结合,同时增加了新的职能。例如,从哈特拉(Hatra)和巴尔米拉(Palmyra)出土的文物来看,赫拉克勒斯被认为是美索不达米亚地区战神奈尔加尔(Nergal)。而在科马基尼王国,赫拉克勒斯则与波斯战神乌鲁斯拉格纳(Verathragna)合为一体。① 而且,赫拉克勒斯也在这些地方被赋予新的职能。以哈特拉和巴尔米拉为例,赫拉克勒斯不仅成为这两座城市的保护神,而且还具有药神的职能。② 尽管"东方化"的赫拉克勒斯失掉了原来的一些特征,但是却更容易被接受,这些都使得赫拉克勒斯崇拜在东方国家非常流行。

赫拉克勒斯崇拜的起源和传播过程,可以被视为希腊文明与周边国家和地区文明交流互动过程的一个缩影。这种交流互动不是单向的,也不是简单地"合并堆积",而是在长期的历史过程中不断发展和完善。赫拉克勒斯崇拜在传播过程中,混合了波斯、两河流域、印度等文明的一些元素,使得自己更加"东方化"。而且,作为亚历山大大帝的祖先和崇拜对象,赫拉克勒斯不仅受到普通民众崇拜,也受到许多王室的推崇,其受崇拜程度和传播范围相比从前,更是有了质的飞跃。赫拉克勒斯甚至在有的地区或国家,取代了这些民族原有的神,成了他们的新神,这也是值得我们关注和研究的地方。

(作者:刘成,新疆大学历史学院讲师)

---

① John H. Young, "Commagenian Tiaras: Royal and Divine", *American Journal of Archaeology*, 68.1 (1964), p. 31.

② Ted Kaizer, "The 'Heracles Figure' at Hatra and Palmyra: Problems of Interpretation", *Iraq*, 62 (2000), pp. 229, 231.

如何看待基督教与中世纪西欧大学的兴起

中世纪西欧大学的兴起，是中世纪西欧教育发展中最重大的成就。"大学""university"一词源自拉丁文"universitas"，在中世纪欧洲本指有组织的协会或社团，与"行会"和"同乡会"同义。① 西欧中世纪大学的组织形式，是在中世纪行会组织的影响下形成的。由于这些由教师和学生所组成的"教学社团"通过联盟形式而获得了许多特权和豁免权，逐渐得到教会和世俗权力的支持及社会各界的承认，从而形成一种新型而独特的、以研究与教学为目的，既享有独立自主权，又经教会和政府许可的精神实体，即欧洲教育史上发展至今的"大学"。基督教与中世纪西欧大学之间有着千丝万缕的联系，不仅是研究基督教文化史的重大课题，也是研究中世纪欧洲大学兴起不可忽视的重要因素。

（一）中世纪西欧大学的兴起

大学在中世纪西欧的兴起并非偶然。在中世纪西欧的封建政治体制中，国家和教会两种权力长期并存，为争夺财富和权势，二者既互相利用，又彼此矛盾冲突。到英诺森三世（1198—1216年在位）时，教皇的权势达到顶峰。不仅如此，经过五六百年的缓慢发展，到11世纪，欧洲经济开始复苏，商品生

---

① 关于大学的另一术语"大学馆"（studium generale）"实际上是在最早的大学已经建立之后才逐渐出现的。到13世纪最初的几十年里，大学馆这个词汇还是很少见的；但是，到了13世纪中期，这种表达方式已经变成一种普遍的现象。"有学者认为："在13世纪，文本中最常见的词汇似乎是大学（universitas），而不是大学馆（studium generale）。"〔[瑞士]瓦尔特·吕埃格总主编，(比)希尔德·德·里德-西蒙斯主编：《欧洲大学史》第一卷《中世纪大学》，张斌贤等译，保定：河北大学出版社，2008年，第38~40页。〕

产和贸易的发展，促进了城市的兴起。随着贸易的发达，阿拉伯文化由西班牙传入西欧。十字军东征（1096—1291）在为东西方人民带来深重灾难的同时，客观上沟通了东西方交通，使东方较发达的文化，尤其是阿拉伯文化传播到了西方。11世纪，阿拉伯人的数学、天文学都达到了较高的水平，并且保存了古代的希腊文化。西欧人通过阿拉伯人认识了古希腊的自然科学、医学、哲学，大大开阔了视野。所有这些政治、经济和文化上的原因，促成了中世纪西欧大学的产生。

诚然，大学的兴起与西欧社会生产力的发展、自治城市的兴起、各国世俗君主和贵族的关心与筹建直接相关。但与此同时，大学的兴起，也与早期教会学校（school）的影响和教皇的支持与控制分不开。中世纪西欧大学并未脱离基督教文化的土壤，基督教在12至15世纪的大学运动中，仍然深刻地影响了人们的精神生活。源于古代教父学，以调和理性与信仰、哲学与宗教的经院哲学成为当时官方哲学和大学神学教育的主要内容，影响了当时的教育思想，特别是教学思想。

中世纪西欧大学最早建立于12—13世纪欧洲南部和西部的意大利波隆那、那不勒斯，法国巴黎、蒙彼利埃，英国牛津、剑桥等地。最初的大学并非有计划地建立起来，而是自发形成的，"约在十二世纪初的某一时期，学生们开始大量地从不同地方成群地涌进某些城市。这些城市的学校，在某些像医学、法学或神学等特别科目的教学上已享有声望。其中一些城市比其余城市更幸运的是拥有优秀的教师，或者由于地理位置有某种特殊而受到偏爱，成功地保持了吸引力；这些城市的学校把自己组织成为永久性的机构，具有能保证教师和学生安全的管理体制，从城市当局和基督教当局赢得了明确的承认。"① 大学应运而生。

西欧第一所大学是11世纪末在意大利开始形成的波隆那大学。欧洲中世纪大学的典型是12世纪初兴起的巴黎大学。被誉为伟大的大学之"母"的意大利波隆那大学与法国巴黎大学在随后几个世纪里，一直作为欧洲各地大学的"楷模"。意大利和法国南部的大学，一般以波隆那大学为榜样，而北方的那些大学一般把巴黎大学作为他们的楷模。根据拉什达尔和米涅瓦提供的资料，13世纪以后，各国学者和僧俗封建主竞相建立大学。13至14世纪新成立的大学中，意大利18所，法国16所，西班牙、葡萄牙共15所，德意志、波希米亚

---

① （英）博伊德·金著：《西方教育史》，任宝祥、吴元训主译，北京：人民教育出版社，1985年，第126页。

和低地国家共 16 所。①

综观中世纪大学产生的方式，其中有相当部分大学是在中世纪早期一些久以教学质量称著的修道院学校或大教堂学校的基础上发展起来的。起初作为中世纪的基尔特（商人公会）而被特许，后来不仅在精神方面，而且在社会、政治方面都日渐重要。如 12 世纪初兴起的巴黎大学，是在巴黎 3 所颇具规模的教会学校巴黎圣母院附属大教堂学校、圣根尼威夫大教堂学校和圣维克多修道院学校的基础上建立起来的。在它的创建过程中，起重要作用的是经院哲学家阿伯拉尔。1180 年，巴黎大学为法国国王路易七世所承认。剑桥大学第一所学院彼得学院是 1284 年伊利主教雨果·德·鲍尔塞姆创办的。在英格兰、意大利以及德意志等地，先后出现了一些在教会学校的基础上发展起来的大学。其中，一部分大学是以专科学校为基础建立起来的，一部分则是师生在教学过程中自行组织起来的。

在大学组织形式上，法国巴黎大学和意大利波隆那大学代表着中世纪两种不同的传统和组织形式。巴黎大学的教务主要是由受教会控制的校长和教师们决定的，由校长负责的教师公会经过斗争，取得了原本属于主教权限的诸如对学校的教学管理、教师资格认可、教学程序安排、司法裁判、生活管理等方面事务的独立管理权，因而有"先生大学"或"教师大学"之称。教师们按照授课专业分成不同学院，通常有文学（又称艺术）学院、神学学院、法学学院、医学学院。院长由教师选举产生，学校由院长联席会议共同管理。逐渐地，某一杰出人物成为大学校长。学生人数最多的是文学院，他们按照民族或国家组成分会，每个分会都由一名学监管理。在中世纪，特别是 13、14 世纪，巴黎大学是整个西方基督教世界的学术机构，是国际神学、哲学研究中心，著名的经院哲学家大多出自这里。此外，以巴黎大学为模式建立的大学还有英格兰的牛津大学、剑桥大学等。12 世纪后期（1167 年前后），牛津大学建立。创建之初，按巴黎大学的模式设神学、法律、医学和艺术学院，在 1300 年以前，牛津大学作为知识教育中心，地位仅次于巴黎大学。

与巴黎大学不同，意大利波隆那大学代表着另一种传统和组织形式。波隆那大学成为当时整个西方世界法律研究的中心，不仅是民法教育的中心，而且也是教会法教育的中心。不过，当时的波隆那大学在很大程度上是一所世俗大学，它的教师中有很多是教外人士，它的学生有很多是在意大利城市政府中起

---

① （美）E. P. 克伯雷选编：《外国教育史料》，任宝祥、任钟印主译，武汉：华中师范大学出版社，1991 年，第 168 页"附表"。

着重要作用的律师和官员。在组织形式上，波隆那大学完全是学生们的自治组织，由学生们自行管理，是名副其实的"学生的大学"。12、13世纪时，意大利各地大学林立，除了腓特烈二世在那不勒斯创办的国立大学外，意大利的大学几乎都是以波隆那大学模式为样板建立起来的，拥有自由的学生团体，尤其是都从事法律研究。正如巴黎作为基督教神学、哲学中心对整个欧洲发挥着国际性影响一样，波隆那作为一个伟大的法律中心也成为欧洲法律的先师，其对西欧法律研究的复兴及其影响遍及整个欧洲。数个世纪以来，巴黎和波隆那是中世纪研究领域为之而转动的两极。波隆那的学位，特别是民法和教会法的博士学位被公认为是世界上最高的学术荣誉。

大学的教学活动既程式化，又生机勃勃。其教学法是一种固定化、程式化的经院方法，包括授课和辩论两个教学环节。其中辩论分正式辩论和在公共场所举行的"自由辩论"。无论是正式，还是非正式辩论，都使学生们的思维受到了训练，并养成了论辩说理的习惯，这在一定程度上有助于形成探讨、论证、辩驳、推理的逻辑风气或论辩氛围。13至14世纪的经院哲学鲜明地具有这种特点，当时经院哲学著作也大多是按照"注释"或"辩论"体例写成的。学生们经过听课、考试和论文答辩，完成学业。论文答辩通过后，即可获得硕士、博士学位或教授职务。

（二）教会对中世纪西欧大学的控制

在中世纪西欧，一方面大学巧妙地利用国家与教会之间的矛盾冲突，从教会和国王、皇帝那里争得一定的自主权，包括免除赋税、兵役，迁校自由、讲演、罢教等，大学教授享有参政权、审订教师资格权，以及一些大学如波隆那大学、巴黎大学等有权设立特别法庭，有内部自治的权利等；另一方面，教皇、国王或皇帝也利用大学为其争权夺利服务，他们竞相授予大学种种特权和豁免权。如从12世纪80年代开始，法国国王和教皇竞相承认巴黎大学，并且通过一系列通告训令赋予它自治、罢教等许多特权，并免除师生纳税、服兵役等义务，反映了世俗王权与教权对学校的争夺。为了与世俗王权争夺对大学的控制权，教会除了授予大学师生种种特权外，还千方百计加强对大学的控制。

首先，教会享有发放教师许可证和审核教师资格的权利。"没有教会的允许，任何人不准教学，并且在批准前，教会成员一定要对申请准备教学的人进

行审查，看他们是否能满足教会的要求，这是教会关于教学的专利权。"① 最初，巴黎圣母院大主教享有发放巴黎大学教师许可证和审核教师资格的权利，后经过巴黎大学师生的长期斗争，教皇英诺森三世、格列高利九世（1227—1241年在位）的干预，教师资格审核权开始由学校校长、教授负责，但圣母院大主教仍享有教师资格的任命权。教皇格列高利九世在1231年发布的训令中强调，大学既然是从主教学校演变而来的，教学许可证的发放自然来自主教或他的代理人。在这一训令中，还要求校长宣誓，保证对任用的教师进行详细考察，以杜绝所谓不可靠的人员进入教师队伍。② 而大学校长是由教会有地位的人担任，把授予教学许可证书作为大学的必要条件，这也是除了最初的少数大学外，中世纪西欧大多数大学通常不是由皇帝的敕令，就是由教皇的训令创办起来的原因。

其次，教会对大学的控制，还表现在直接派遣多明我会和方济各会会士到大学任教，从而影响、控制师生的思想言行。多明我会和方济各会是13世纪初西欧出现的两个托钵修会。方济各会除从事镇压异端活动外，也从事教育工作。多明我会则以教学和布道著称，"早在1217年，第一批多明我修会会士就被派往巴黎大学和波隆那大学。1221年，他们又出现在牛津大学。1229年，他们在由教皇和法兰西国王于图卢兹联合兴办的新型大学中分派负责神学系"③。巴黎大学的教师们，特别是那些有影响的学者、教授们几乎都属于多明我会和方济各会的成员。

再次，教会控制大学，关键在于限制大学的教学内容。中世纪的西欧大学一般分为文学（艺术）、法学、医学和神学四个学院。文学院是基础学院，法学、医学和神学为专业学院。"大学中完全用拉丁语进行教学"④，各科教学都必须按照教会审定的课本进行。教会把神学列为大学课程，早期巴黎大学四个学院中以索邦神学院名望最高。由于罗马教皇的支持，使它成为阿尔卑斯山北部地区正统的神学教学中心。不过，在亚里士多德的问题上，巴黎大学师生与教会展开了激烈斗争。12世纪末开始，亚里士多德的著作开始从阿拉伯文译

---

① （美）S. E. 佛罗斯特著：《西方教育的历史和哲学基础》，吴元训等译，北京：华夏出版社，1987年，第161页。

② （美）E. P. 克伯雷选编：《外国教育史料》，任宝祥、任钟印主译，武汉：华中师范大学出版社，1991年，第181页。

③ （美）克里斯托弗·道森著：《宗教与西方文化的兴起》，长川某译，成都：四川人民出版社，1989年，第225页。

④ （英）奥尔德里奇著：《简明英国教育史》，诸惠芳、李洪绪、尹斌苗译，北京：人民教育出版社，1987年，第140~141页。

成拉丁文,被巴黎、牛津等大学视为最高权威。在辩论中,凡能在亚里士多德的论著中找到根据的人就是胜利者。因此,教会在 1209 年谴责亚里士多德的《物理学》。1210 年,巴黎宗教会议决定把遵从亚里士多德著作的大学师生一律革除教籍。1215 年,教会谴责亚里士多德的《形而上学》,但亚里士多德的著作依然在师生中流传。到了 13 世纪中期,"亚里士多德的著作在巴黎、牛津、图卢兹和科伦都已经得到研究、注释和讨论"①。教会屡禁不止,不得不变禁止为利用。一部分经院哲学家为适应教会的需要,便利用亚里士多德哲学中的唯心主义成分,尤其是他的神学目的论,把他的哲学改造成符合教义的理论。著名神学家、巴黎大学神学教授托马斯·阿奎那(约 1225—1274)改造亚里士多德哲学,建立起一套庞大的基督教神学哲学体系。由于阿奎那没有排除自然界和自然知识在论证神学问题中的作用,因而在很大程度上对理性给予了肯定,他认为理性和信仰可以同时存在,信仰超越理性,但并不违反理性。1225 年,教皇亚历山大四世"承认巴黎大学在基督教社会理智生活中的独一无二的最高地位是教廷的政策"②。在亚里士多德著作被改造的过程中,教会逐渐允许在大学讲授它们。1254 年,亚里士多德的《物理学》《形而上学》正式成为巴黎大学的课程。阿奎那以后,经院哲学走向衰落,唯名论以大学为讲坛,向唯实论展开斗争。

到 13 世纪,大学课程的内容渐趋定型,教皇敕令或大学法律对此也有明确规定。尽管各大学文学院的课程不尽相同,但内容主要是深化了的文法、修辞、逻辑、算术、几何、天文、音乐"七艺"及亚里士多德的自然哲学、道德哲学和形而上学③、普利士兴的文法等为主。神学课程为《圣经》和彼得·伦巴德的《意见集》,以及托马斯·阿奎那的《神学大全》。法学课程中的教会法是以宗教会议决议和罗马教廷发布的敕令为依据,罗马法以《查士丁尼法典》为依据。医学课程主要是阅读古代世界两位医学家希波克拉底和盖伦的著作。此外,在数学、天文学方面,学生们阅读的是欧几里德和托勒密的拉丁文译本。

虽然早期大学并没有摆脱宗教的束缚,但是中世纪西欧大学的兴起,毕竟

---

① (美)克里斯托弗·道森著:《宗教与西方文化的兴起》,长川某译,成都:四川人民出版社,1989 年,第 221 页。

② (美)克里斯托弗·道森著:《宗教与西方文化的兴起》,长川某译,成都:四川人民出版社,1989 年,第 226 页。

③ (美)E. P. 伯克雷选编:《外国教育史料》,任宝祥、任钟印主译,武汉:华中师范大学出版社,1991 年,第 183~184 页。

是欧洲教育史上的一件大事。中世纪大学的产生,犹如在浩瀚的荒漠中出现的点点绿洲,给人以生机和希望。大学满足了人们对知识的渴求,它在传播文化、提高人们的知识素养方面起到了积极作用。从经院哲学营垒里产生了罗吉尔·培根(约1214—1292)、邓斯·司各脱(1265—1308)、威廉·奥卡姆(约1285—1347)等科学家、思想家。然而,由于许多大学受制于教会,也由于其与经院哲学的密切联系,对权威和教义的崇拜,以及教学方法的烦琐,又使大学成为禁锢人们思想的场所。

(三)基督教对中世纪西欧大学的影响

大学的兴起,既是当时西欧社会生产力发展、自治城市兴起的结果,又是中世纪基督教文化发展、教会鼎盛时期的产物。虽然中世纪西欧大学产生后,教会加强了对大学的控制,不少大学直接控制在教会手里,这对西欧大学的发展所带来的负面影响是显而易见的。但也必须看到,基督教在中世纪西欧特定的历史条件下对西欧教育的影响也是深远的,不仅因为教会早期创办的学校是日后中世纪西欧大学的来源之一,并为中世纪中期西欧大学的兴起培养了一大批著名的教师,而且因为大学的兴起和发展,也在一定程度上依赖于教会上层人士的创办或资助,取决于当时教会提倡办学的规定和教皇的大学政策。"在新旧欧洲(至少是阿尔卑斯山以北),15%~20%的在校大学生是贫穷的。"[①]当时大学通常得到高级教士和富人的捐助,而且教皇还拨出一部分教产作为奖励基金。据皮哥斯(F. J. Pegues)推断,1500年前后,在牛津大学的1200名学生中,约有900人通过此种方法得到过学习费用。1350至1450年,图尔教区的圣多纳森教团,在182名先后受过大学教育的教士中,有40人曾得到教产补助。尽管教产补助出于巩固教会在西欧统治地位的需要,但教产补助客观上也为不少学生提供了学习费用,这无疑有助于大学的发展。

不仅如此,从欧洲教育史的角度看,一些教育思想、教育制度的产生与发展也与基督教分不开。如12世纪夏特教堂学校以索斯伯里的约翰为代表的一批基督教人文主义者,认为学校的首要目标应是道德教育,因此特别强调人文

---

① Astrik L. Gabrie, "Review of Matriculation Books at Medieval Universities", *The Catholic Historical Review*, Vol. 82, No. 3, 1996, pp. 459-468.

学科的重要性。大学规定的学位必修课程①、指定教材、学生毕业授予学位等项制度，在西方高等教育中一直沿袭至今。许多中世纪大学的习俗，如教师资格证书、授课聘书、集体授课方式、人文学科课程的概念以及在毕业典礼上身着教士服装的传统沿用至今。中世纪西欧大学所确立的组织结构、教学方式方法及其办学目标等继续影响着今天的西方社会。②

在政府与教会的权力争夺中，大学成为自由研究学问的场所。经院哲学内部唯名论与唯实论的斗争即是以大学为讲坛，彼此论辩，推动了哲学和科学研究的发展。唯名论的著名代表罗吉尔·培根勇于革新的精神，尤其是科学精神，在经院哲学充满思辨玄想和文字争论的学术氛围中，超出了同时代人的观念和理解。他继承了牛津大学的科学传统，把精力贯注于语言学、数学和自然科学的研究。尽管在神学占据支配地位的时代里，知识和信仰总是纠缠在一起，但中世纪学者们的科学探索，毕竟为后来的人们提供了可以反思、批判和超越的思想资源。

尽管中世纪基督教神学教育在以巴黎大学为代表的法国以及德意志、英国的大学中占主导地位，但毕竟民法和医学等世俗学科已在大学获得了自己的地位。即便是由教会直接发布训令创办和控制的大学，其世俗化趋势也不断加强。此后，教育虽然仍旧面临着理性与信仰、科学与宗教的斗争，但毕竟已经开始突破教会与神学的垄断局面，"已得到大学运动发展极大加强的西方社会的智力资源也不再有助于基督教思想的统一"③。

总之，在西欧中世纪，基督教对西欧教育的影响是深远的。我们既要看到这一时期基督教会对文化教育的垄断所产生的负面影响，同时也要看到，中世纪西欧大学的兴起，造就了一批把基督教带进理性之海的哲学家、神学家，也培养了一批管理教会和国家的行政人员和律师，特别是它塑造了欧洲人说理论辩的思维习惯，形成了西方不朽的学术传统。随着大学的兴起，欧洲受教育的阶层在数个世纪里，在逻辑思维方面直接受到一种严格而又精确的训练。大学课堂上的争辩和公共场合的自由辩论，不仅提高了人们思维的敏捷性和思想的准确性，而且尤其发展了一种批判和怀疑精神，西方文化与近代科学在很大程

---

① Olaf Pedersen, *The First Universities*: *Studium Generale and the Origins of University Education in Europe*, Cambridge: Cambridge University Press, 1997, pp. 250-251.

② Mckay Hill Buckler, *A History of Western Society* (*Third Edition*), Boston: Houghton Mifflin Company, 1987, p. 336.

③ （美）克里斯托弗·道森著：《宗教与西方文化的兴起》，长川某译，成都：四川人民出版社，1989年，第228页。

度上正是由此兴起的。基督教对中世纪西欧教育从最初的完全垄断到逐渐丧失垄断地位，其本身也从一个侧面反映出基督教在中世纪西欧由盛而衰的历史。

（作者：毛丽娅，四川师范大学历史文化与旅游学院教授）

如何理解近代早期英国的胡格诺移民

16世纪欧洲宗教改革开始后,法国政府及法国天主教会对新教徒采取迫害和镇压政策,造成了一股持续的法国宗教难民潮。法国的加尔文新教教徒(通称胡格诺教徒)中,有一部分为避难来到英国,这种移居活动持续了近200年。在这一时期英国的外来移民中,法国胡格诺教徒是最引人注目的移民群体之一。本文将考察近两个世纪胡格诺教徒移居英国的基本状况,并阐述他们对英国经济和社会所做的贡献。

一

16世纪宗教改革运动很快就波及法国,社会各阶层有相当多的人加入了加尔文派教徒行列。法国加尔文教信徒被称为"胡格诺"(Huguenots),瑞士语意思是"同盟者"。据估计,在16世纪下半叶法国大约1800万总人口中,新教徒约为100万人。① 1562年1月,国王敕令给予新教徒举行宗教仪式的自由,但引起了天主教徒与新教徒的武装冲突。俗称"胡格诺战争"的宗教战争从1562年一直持续到1598年,以1572年巴黎的"圣巴托罗缪之夜"事件最为惨烈,此事及其余波中共有约2万名胡格诺教徒被杀。1598年国王亨利四世颁布南特敕令,新教徒被允许有宗教信仰自由和仪式自由。1610年路易十三继位后,天主教复兴运动随之兴起。胡格诺派发动武装反叛,被国王军队镇压,国王不再以平等身份对待他们,而只是恩赐给新教徒以礼拜自由,但必须充分承认国王权威。1661年,路易十四最终确立了绝对君主制,对新教徒采取歧视和高压政策。1681年后更为强硬,用暴力强迫人们皈依天主教。1685年,颁布枫丹白露敕令,取消南特敕令,拆毁胡格诺教堂,放逐其教士,禁止

---

① 张芝联:《法国通史》,北京:北京大学出版社,1989年,第91页。

他们的礼拜仪式。在如此严厉的措施下,胡格诺教徒纷纷外逃,有20至25万法国人移居国外。许多城市的手工工匠走掉了一大半,如里昂的12000个丝织工走掉了9000人。许多教师、医生、律师、商人和银行家等新兴阶层也离开了祖国。① 从16世纪宗教战争开始,直到18世纪,胡格诺教徒先是惨遭屠杀,后又遭受迫害。他们在天主教法国失去了生存之地,逃离是出路之一。而16至18世纪的英国,其制度、政策和社会环境又在向着有利于接受外来移民的方向变化,因而成了胡格诺教徒移居的首选之地。

从16世纪中期到18世纪初的近二百年里,虽因各种因素变化而使移民运动有所起伏,但胡格诺教徒向英国的迁移活动却一直没停止过,并呈现出比较明显的三个阶段。

16世纪下半叶是胡格诺难民移居英国的第一阶段。1550年,伦敦最先出现了胡格诺难民教会。② 在多佛尔,法国新教会则重建了好几次,由于早已有尼德兰难民和瓦隆人难民先到英国,并建立了新教难民教会,因而语言和地理相接近的胡格诺移民多加入了瓦隆人教会。胡格诺教徒还获得了英国国王特许状,这就像是移民再次逃难的一个护身符,他们总是随身携带。③ 早期的胡格诺移民多移居英国的东南部和南部沿海。到16世纪末,这些地区的重要城市如伦敦、坎特伯雷、南安普敦和诺里奇等,出现了许多法国难民自己建立的教会。这些教会在以后成了胡格诺教徒最主要的组织。④

17世纪上半叶可看成胡格诺移民的第二阶段。此一时期,由于南特敕令对新教徒的一定宽容,胡格诺教徒向英国移民的数量要少于前一阶段。不过,虽然新从法国来的移民减少了,但出生在英国的胡格诺移民后代的人数却增加了。由于一部分胡格诺教徒逐渐融入周围的英国人社会,因此独立的胡格诺移民团体人数日渐减少。17世纪20年代,由于法国国王路易十三和首相黎塞留再次采取不宽容政策,因而又有少量胡格诺难民移居英国。尽管如此,17世纪30年代英国的胡格诺教会规模仍然很小。伦敦的法国人教会成员仅1400人,坎特伯雷

---

① Alfred Plummer, *London Weavers' Company 1600-1970*, London: Routledge & Kegan Paul, 1972, p. 156.

② Bernard Cottret, *The Huguenots in England: Immigration and Settlement c. 1550-1700*, Cambridge: Cambridge University Press, 1991, p. 10.

③ Bernard Cottret, *The Huguenots in England: Immigration and Settlement c. 1550-1700*, Cambridge: Cambridge University Press, 1991, p. 43.

④ Robin D. Gwynn, *Huguenot Heritage: the History and Contribution of the Huguenots in Britain*, London: Routledge & Kegan Paul, 1985, p. 31.

的法国人教会为 900 人，诺里奇为 396 人，南安普敦只有 36 人。①

17 世纪 60 年代后，路易十四的宗教迫害加剧，胡格诺难民骤增，向英国的移民活动由此进入第三阶段，并持续到 18 世纪。路易十四在位期间，到达英国的胡格诺移民人数达到最高峰。1686 年这一年大约有 15500 名法国胡格诺难民在各种机构帮助下移居英格兰，其中有 2000 人定居于伦敦及其附近。有的研究者估计，1681—1690 年间大约有 8 万人来到英格兰，其中至少有三分之一在伦敦安居。② 尽管有一部分人继续迁移到了别国，但至少有 4 万人留居英国。③ 英国当局对移民持欢迎态度，查理二世为此建立了一个 20 万英镑的基金，并成立一个由移民组成的专门委员会，负责每年向移民分配 1.6 万镑，用于帮助移民安置。④

胡格诺教徒在英国的主要移居地是伦敦、诺里奇、坎特伯雷、南安普敦、科耳切斯特、布里斯托尔、普利茅斯等南部城市。17 世纪 40 年代后，胡格诺教徒的移居范围向北扩展到了塞文河至沃什湾一线。英国公共档案馆（PRO）的档案中，至少收藏了 16—18 世纪瓦隆人和法国胡格诺难民建立的 30 多个教堂的档案，记载了出生、受洗、婚礼、葬礼、开除教籍等事项。⑤ 伦敦是胡格诺移民迁居的中心。17、18 世纪之交，伦敦的胡格诺教徒在 1 万~2.3 万人，占伦敦城总人口的 2%~5%。⑥

二

胡格诺教徒移居英国，是为自己寻找一块安定的生存之地。对英国来说，胡格诺移民的到来对其经济发展和社会进步却起到一定促进作用。

法国新教徒的职业身份较为复杂，城市工匠、企业主、金融家、外科医

---

① Carl Bridenbough, *Vexed and Troubled Englishmen 1590-1642*, Oxford: Clarendon Press, 1968, p. 16.
② Alfred Plummer, *London Weavers' Company 1600-1970*, London: Routledge & Kegan Paul, 1972, p. 157.
③ W. Cunningham, *Alien Immigrants to England*, London: Swan Sonnenschein & Co. Ltd., 1897, p. 230.
④ Alfred Plummer, *London Weavers' Company 1600-1970*, London: Routledge & Kegan Paul, 1972, p. 157.
⑤ Roger Kershaw, Mark Pearsall, *Immigrants and Aliens, A Guide to Sources on UK Immigration and Citizenship*, London: Public Records Office, 2000, pp. 84, 86-87.
⑥ 1700 年伦敦城市总人口约为 50 万人。

生、农学家、知识分子、艺术家、作家和诗人等，几乎涉及各行各业。移居英国的胡格诺教徒多为手工工匠或市民阶级，他们来到英国，带来了上百种手艺和技术。① 拥有手工业技能或商业经营技巧，有一定的文化程度，这些无形元素都是可随移民自由移动的，不因迁居而造成损失。少量富有经验的熟练水手，既可从事水上运输，也有助于海上力量增长，对于英国这种岛国而言其作用不可低估。移民中有相当一部分人拥有大量流动资本，这在总体上增加了英国境内的财富。不少胡格诺教徒在职业上可以说历练成熟，典型者如一个叫雅克·丰泰那的难民，曾被人攻击是"什么行当都做的家伙，是一个梳毛工，染工，纺工，织工，杂货商，法国白兰地零售商，帽商，还经营袜子，上色的皮革，锡铜制品"②。法国移民的较强职业能力，适应了当时英国经济和社会发展的需要。都铎王朝和斯图亚特王朝时期的英国，由于海外市场开拓、贸易发展、印刷术推广、人口增加等因素的影响，工商业各部门的发展和技术进步非常迅速，包括胡格诺教徒在内的外来移民功不可没。

丝织业是其中一个典型行业，体现了胡格诺移民的巨大贡献。英国的丝织业早在中世纪就已出现，早期的英国丝织品虽然在质地和价格上具有竞争性，但法国丝织品更时尚、更有格调。英国丝织业的真正发展得益于内战后对法国产品的进口限制，当然更应归功于胡格诺移民中的优秀丝织工匠。法国丝织工匠来到英国，最初定居在坎特伯雷，随后很快移居伦敦，这也促成了英国丝织业中心在17、18世纪之交从坎特伯雷转移到伦敦。胡格诺教徒在丝织业中的地位从其在伦敦织工公会（Weavers' Company of London）中所占人数比例就可略知一二（见下表），这一比例最高时超过五分之一。而且，胡格诺教徒的生产规模一般都比英国本地织工的大。例如，1745年伦敦斯皮托菲尔德区的丝织工曾为国王组织起一支随时待命的武装，共有133个丝织工场装备了2919个受雇工人，其中2056人受雇于96个有胡格诺渊源的工场，只有863人的雇主是37个英国血统的工匠。③ 胡格诺移民对英国丝织业的贡献，还表现在他们进入了丝织业的几乎每个一分支：正编、刺绣、印花布、手帕等。他们也是染匠、缫丝工、丝织工、中间商、缎子服装师、设计师等。英国各地丝

---

① Colin Nicolson, *Strangers to England, Immigration to England 1100-1952*, London: Wayland Publishers, 1974, p. 49.

② Colin Nicolson, *Strangers to England, Immigration to England 1100-1952*, London: Wayland Publishers, 1974, p. 50.

③ Alfred Plummer, *London Weavers' Company 1600-1970*, London: Routledge & Kegan Paul, 1972, p. 159.

织品生产形成特色，例如，伦敦生产塔府绸和阿拉莫德绸，考文垂制造缎带，马克索斯菲尔德生产丝扣和马海毛①，诺里奇建立起蕾丝制造业、缎带制造业和长袜编织业，考文垂的缎带生产也相当不错②，这些产业都与法国移民有关。直到第一次世界大战爆发时，斯皮托菲尔德等地还有18世纪法国人开办的丝织作坊③，足以说明胡格诺移民对英国丝织业的深远影响力。

伦敦织工公会中的胡格诺教徒（单位：人）④

年份	织工总数	其中胡格诺教徒的数量	胡格诺教徒占织工总数的百分比（%）	公会管理者总数	其中胡格诺教徒的数量	所占百分比（%）	号服成员总数	其中胡格诺教徒的数量	所占百分比（%）
1703—1704	5919	1046	17.67	25	1	4.00	149	3	2.01
1713—1714	5613	1157	20.61	23	1	4.35	195	7	3.59
1723—1724	5954	1216	20.42	26	2	7.69	229	10	4.37
1733—1734	5858	1072	18.30	27	2	7.41	256	18	7.03
1743—1744	3731	616	16.51	25	2	8.00	291	59	20.27
1751—1752	2532	342	13.51	24	4	16.67	238	54	22.69

胡格诺移民提升了英国麻纺业的整体水平。英国的麻纺业始于中世纪，但不能满足自身需求。麻纺业是都铎王朝大力扶持的工业，尤其是随着英国海外贸易发展和海外扩张，麻纺业所产的帆布的战略意义日渐突出，其生产也日益受到重视。查理二世用自由经营和免税等特权吸引外国人来英国生产麻类制品。法国胡格诺移民的出现帮助英国人解决了难题。查理二世时驻法大使曾致信劝告英国当政者，不要失去将麻纺业从法国吸引到英国的机会。法国移民于1681年在英格兰伊普斯维奇开办了工场，紧跟着又有许多胡格诺教徒织工从法国移居爱尔兰、苏格兰等地。17世纪末，法国胡格诺移民克朗梅林带领

---

① E. Lipson, *The Economic History of England*, Vol. II, London: A. & C. Black Ltd., 1931, p. 101.

② Robin D. Gwynn, *Huguenot Heritage: The History and Contribution of the Huguenots in Britain*, London: Routledge & Kegan Paul, 1985, p. 63.

③ Robin D. Gwynn, *Huguenot Heritage: The History and Contribution of the Huguenots in Britain*, London: Routledge & Kegan Paul, 1985, p. 70.

④ I. Scouloudi, ed., *Huguenots in Britain and Their French Background, 1550-1800: Contributions to the Historical Conference of the Huguenot Society of London, 24-25 September 1985*, London: Macmillan Press, 1987, p. 126.

70名法国织工来到爱尔兰,在这里投资1万英镑建麻纺工场,采取"家内制"方式生产。1705年,又有500家胡格诺移民定居北爱尔兰,在都柏林、贝尔法斯特等地建立麻纺工场。① 从这时开始,法国麻织品在国际市场上竟然竞争不过爱尔兰麻织品,而后者正是由移居在北爱尔兰的法国移民织造的。在胡格诺移民促进下,苏格兰的麻纺业在18世纪早期开始了真正的发展。1728—1732年间,苏格兰亚麻布产值年均达355万英镑,到1750年又翻了一番。②

制帽业是在胡格诺移民帮助下建立起来的全新行业。胡格诺移民到来前,英国基本不存在制帽业。制帽工主要来自诺曼底,他们几乎将整个行业搬到了伦敦的旺兹沃思。制帽业从法国迁到英国后,连罗马教廷红衣主教的帽子都全部出自英国的胡格诺移民之手。胡格诺移民带来的先进技术和工艺,从一开始就确立起英国帽子在国际市场上的竞争力。

园艺业是对改变英国面貌极有意义的一项事业。胡格诺园艺工匠大多定居于伦敦的切尔西,他们的工作使小型园林流行起来,并创造了用以装饰的剪花艺术,培育某种特色花卉,从而扩大对新品种花木的需求。移民用鲜花装点房子的方法被英国人所羡慕和模仿,对英国人的生活方式产生了积极影响。

胡格诺移民的到来,引领了英国的新时尚和新工艺。法国是欧洲时尚的发源地,胡格诺移民使偏居一隅的英伦居民对流行时尚有了更直接的感受。大量胡格诺移民定居在威斯敏斯特和索霍,使伦敦西部成为当时法国时尚在英国的展示和流行中心。这些移民因其精湛工艺而著称,满足着伦敦上层社会对奢侈生活的需求。胡格诺移民给英国带来了制造钟表的优良技艺。从伊丽莎白一世和詹姆士一世时期起,已经有许多法国金匠和珠宝商在伦敦从业。1680年到1775年间,英国金银器手工业发展迅速,而当时英国最好的金银匠,多是胡格诺移民。③

胡格诺移民还擅长建筑、室内装潢和家具制作,他们从事的行当有利于改善英国人的生活条件,提高英国人的生活水准。④ 英国的玻璃制造业是16世

---

① Colin Nicolson, *Strangers to England, Immigration to England 1100-1952*, London: Wayland Publishers, 1974, pp. 51-52.

② W. Cunningham, *The Growth of England Industry and Commerce*, Vol. II, 6th edition, Cambridge: Cambridge University Press, 1938, pp. 330, 521.

③ I. Scouloudi, ed., *Huguenots in Britain and Their French Background, 1550-1800: Contributions to the Historical Conference of the Huguenot Society of London, 24-25 September 1985*, London: Macmillan Press, 1987, pp. 96-105.

④ I. Scouloudi, ed., *Huguenots in Britain and Their French Background, 1550-1800: Contributions to the Historical Conference of the Huguenot Society of London, 24-25 September 1985*, London: Macmillan Press, 1987, p. 119.

纪胡格诺移民带进来的，一个叫让·卡雷的胡格诺移民于 1567 年来到伦敦后，建造了三个玻璃冶炼炉，并获得窗玻璃生产的垄断权。16 世纪 70 年代，随着难民的大量涌入，玻璃作坊在英国南部多地出现。至 80 年代，法国人一直控制着英国玻璃制造的各个部门，他们分布在英格兰南北许多地方。① 直至 17 世纪末，胡格诺移民还给英国带来了先进的制造厚板玻璃、磨光玻璃等技术。②

英国印刷和图书装订业发展的初期，也受到了胡格诺移民的较大影响。伊丽莎白时代伦敦就出现了一批出色的胡格诺书商。1696 年，胡格诺移民茹尔丹在普利茅斯创办了英国第一份报纸。③ 胡格诺移民对英国造纸业的发展也起了十分显著的作用。1670 年之前，法国一直是英国纸张的主要供应地，此后高档纸的生产在法国衰落但在英国却有了提高，胡格诺移民无疑起了一定的作用。1685 年尼古拉·杜潘等人建立的新工场，邀请了法国的优秀工匠来制造高质量的纸张。从事造纸的移民多定居在南安普敦，这里靠近纸张消费的主要市场伦敦。另在南斯通汉姆、拉弗斯托克、格拉斯哥、爱丁堡等地，也都有移民建立的生产高级纸张的工场④，显示出胡格诺移民在英国高级纸张生产中的显赫地位。

胡格诺移民也涉足英国的商业活动。在从法国迁居英国的最富有的难民中，有不少是从事贸易活动的商人。移民达尼埃尔·雅米诺从事国际贸易，仅仅 1695—1696 年度的进出口贸易额就不少于 4000 英镑。有的移民还从事非法走私贸易。例如，移民艾蒂安·塞纽雷光是在第二次被查获时就交了 1 万英镑的罚金，而其走私货物的估值在 8 至 10 万英镑之间。⑤ 除了资金优势，移民们还拥有在大陆的亲友关系网，再加上其所积累的商业知识和技巧，因此他们在国际商业活动中成功的概率相对比较大。

以上是胡格诺移民在英国经济领域取得的功绩，但其影响力远不止于此，

---

① Robin D. Gwynn, *Huguenot Heritage: The History and Contribution of the Huguenots in Britain*, London: Routledge & Kegan Paul, 1985, p. 74.

② W. Cunningham, *Alien Immigrants to England*, London: Swan Sonnenschein & Co. Ltd., 1897, p. 243.

③ Robin D. Gwynn, *Huguenot Heritage: The History and Contribution of the Huguenots in Britain*, London: Routledge & Kegan Paul, 1985, p. 76.

④ Robin D. Gwynn, *Huguenot Heritage: The History and Contribution of the Huguenots in Britain*, London: Routledge & Kegan Paul, 1985, pp. 76-77.

⑤ Robin D. Gwynn, *Huguenot Heritage: The History and Contribution of the Huguenots in Britain*, London: Routledge & Kegan Paul, 1985, p. 151.

其在社会层面上也为英国做出了特殊贡献。

三

胡格诺移民凭借自身的优势和辛勤工作，在英国取得了令人瞩目的成就，整个英国社会也感受到了他们带来的冲击，从而促使本地人做出某些调整来应对，经济和社会发展也因此变得更有活力、更富创造力。对于英国社会而言，包容较小数量的移民无碍大局；但对于移民来说，适应陌生的环境则有个较长过程。移民迁至异乡，精神上、文化上和经济上都容易与本土居民产生对立和紧张局面，胡格诺教徒亦不例外。他们移居英国的时期，正是英国社会大变革的时代，他们要去适应英国社会，也给英国社会带来了影响。

16 至 18 世纪英国人口增长快，移民因拥有先进技术和经验而在就业和竞争上具有优势，这就促使当地人社会对移民产生不满。但胡格诺移民也有能使自己融入英国社会的优势。其一是他们的新教身份。那时英国正处在民族国家形成期，这一过程伴随着同天主教的冲突与对抗。胡格诺教徒的苦难与英国人自己的遭遇颇为相似，因此容易引起英国人同情。相同的宗教背景和倾向也容易产生好感和信任感。1596 年，曾有一位议员这样发问："世界上究竟有哪个国家能够像英格兰那样，养育着如此众多来自世界各地的外邦人？"[①] 其二是英国处在上升期，需要更多、更先进的技术。普通民众可以忽视胡格诺移民在技术方面的价值，但政府和社会上层却很清楚也很重视，并且颁布了不少保护和鼓励措施。这也体现了当时英国政治民主制度正在走向理性和成熟。政府和上层有时可以抵触下层的非理性倾向，不受理那些利益受损者的抗议。移民创办工场以及采用先进技术形成的国际竞争优势，促进了出口，也增加了当地人的工作机会。基于这一点，历届英国当局都对移民采取了既控制又鼓励的政策，一方面要求外来移民不得保守技术秘密，同时也鼓励和激发移民的创业热情。

移民对英国教育事业也产生了一定影响。法国胡格诺新教徒一直强调教育的重要性，致力于提高会众的受教育程度。他们大多从事工商业，读写、计算是必备的技能，也要求子弟们通过上学来掌握这些技能。他们进入英国后建立

---

① （英）阿萨·勃里格斯著：《英国社会史》，陈叔平等译，北京：中国人民大学出版社，1991年，第 150 页。

了一些学校，虽然培养的识字者人数不多，但其学生后来所从事的职业以及取得的成就，对周围的英国人形成了示范效应，对英国社会的影响不比单纯的某项技艺或某个行业所形成的作用小。由于法国在欧洲文化中的卓越地位，法语成为欧洲各国贵族的必修课。胡格诺移民仅仅是因为其法国身份就能在英国赢得一些人的欢迎，再加上宗教信仰上的相近，他们成了法语教师的上佳人选。例如国王爱德华六世和女王伊丽莎白的法语教师约翰·贝尔曼就是胡格诺移民。在精神和文化上，英国和欧洲大陆维持了自由交往的状态。在这个双向交流体系中，英国更多的是热心于引进，胡格诺移民在其中扮演了重要角色。他们是翻译者和注释者，也成了英国人提高法语水平很好的帮助者，有利于增强英国人与国外交流的能力和信心。①

一些胡格诺移民为英国文化和艺术的发展做出了贡献。皮埃尔·莫特1693年创办《女士杂志》，这是英国第一本真正的"杂志"（miscellany journal），也是英国最早的由职业作者供稿的期刊之一。1680到1720年间，共有16个胡格诺移民被选为皇家学会会员（Fellows of the Royal Society）。第一个胡格诺会员亨利·朱斯特尔是图书管理人员，与洛克、莱布尼兹等人联系密切。亚伯拉罕·德穆瓦夫尔是当时最伟大的数学家之一，或然理论（probability theory）的先驱之一。让·德萨居利耶将牛顿的理论介绍给了欧洲。② 在艺术方面，来自时尚国度的胡格诺移民们让英国人大开眼界。画家雅克·德莫尔格以水彩画闻名，作品多以树木、鲜花、水果为题材，注重细节和对颜色的运用，使英国同行相形见绌。伊萨克·奥利弗和其师伊利亚德是著名的肖像画家，为后人留下了詹姆士一世及其宫廷的形象。奥利弗的画多是宗教题材，善于利用阴影创造更好的三维效果。于贝尔·勒叙厄尔做了许多查理一世的塑像，其中最有名的作品是现今仍矗立在伦敦特拉法加广场的青铜骑马像。在雕塑方面，里昂人路易·鲁比亚克（1705—1762）来到英国后，成为英国最出色的大理石雕刻家。③

胡格诺移民特别重视技术发明和创新。1675年来到英国的巴本，发明了

---

① I. Scouloudi, ed., *Huguenots in Britain and Their French Background, 1550-1800: Contributions to the Historical Conference of the Huguenot Society of London, 24-25 September 1985*, London: Macmillan Press, 1987, p. 23.

② I. Scouloudi, ed., *Huguenots in Britain and Their French Background, 1550-1800: Contributions to the Historical Conference of the Huguenot Society of London, 24-25 September 1985*, London: Macmillan Press, 1987, pp. 23-31.

③ Robin D. Gwynn, *Huguenot Heritage: The History and Contribution of the Huguenots in Britain*, London: Routledge & Kegan Paul, 1985, pp. 87-88.

气压锅，后来又把注意力转移到蒸汽动力方面，成为早期蒸汽机的发明人之一。约翰·德萨居利耶（1683—1744）设计了第一套空气调节系统，他也是行星运行仪的发明人。① 托马斯·萨维里上尉于 1698 年获得蒸汽机的专利。刘易斯·保罗于 18 世纪初和一个英国木匠共同发明了滚筒纺纱机。② 医生尚贝兰发明了产钳，比西埃帮助开办了伦敦第一个药局。科技发展不只是与经济领域有关，它更显示了社会开放程度和人们对未来的积极态度；各种新发明不断涌现，也有利于刺激人们改变固定陈腐的观念，认识创新所带来的新事物、新感受和新境界，人们对待社会和世界的态度会更积极主动，增强进取意识和创新精神。从更广的意义上讲，移民带来的技艺还给英国创造了向前、向新的方向和新的领域发展的基础和能力。他们带来的技术很多是英国没有的，或是与英国很不同的，其所包含的不同思想和理念拓宽了英国人看待事物、解决问题的思路和眼界。

在某种意义上，移民还有利于提升英国实力。"不到 25 万人口的迁移对于拥有 1900 万人口的法国而言，并非大灾难"③，当时的法国宫廷就这样低估了其移民所造成的损失和伤害。由于移民的较高素质以及所掌握的技能、知识、资金等给迁入国的积极影响，法国的损失实际上要远大于表面上的人口损失。移民迁入英国，其实是在为法国的对手做贡献。他们的离开降低了法国商人的信心和海外信誉。更严重的是，移民的雄厚资金还直接投入打击法国的行动中去了。17、18 世纪之际，英国的战争负担加大，税收难以支付战争支出。通过 17 世纪 90 年代的金融改革，英国采用新的信用机构、公共债务体系、股份制，建立新的银行等，从而渡过了财政难关。那些住在伦敦一带的胡格诺移民对实现这一转变功不可没。商人阿尔贝于 1698 年向新东印度公司贷款 7000 英镑；雅克·迪费伊于 1692 年购买了 5000 英镑政府债券，1694 年则认购了英格兰银行 2800 英镑的股票；小路易·热尔韦斯于 1694—1695 年认购了英格兰银行和百万银行共 3800 英镑的股票；埃利·迪皮伊于 1698 年为东印度公司提供了 3000 英镑贷款。塞纽雷作为最富有的胡格诺移民之一，是 1701 年百万银行最大的私人投资者（投资额为 6581 英镑），又在 1709 年追加投资 6800 英

---

① Robin D. Gwynn, *Huguenot Heritage: The History and Contribution of the Huguenots in Britain*, London: Routledge & Kegan Paul, 1985, pp. 89-90.
② 吴于廑：《十五十六世纪东西方历史初学集》，武汉：武汉大学出版社，2005 年，第 192 页。
③ Robin D. Gwynn, *Huguenot Heritage: The History and Contribution of the Huguenots in Britain*, London: Routledge & Kegan Paul, 1985, p. 144.

镑,并保有14187英镑的东印度公司股票。① 据估计,胡格诺移民的资金大约占英国各种基金总额的10%。1694年对英格兰银行的120万英镑投资中,123名胡格诺新移民贡献了至少10.4万英镑;1697年,在该银行总共220万英镑股份中,移民占19万。② 在人力上,很多胡格诺移民加入了英军,有的直接参加了对法战争。跟随威廉三世来到英国的舍姆贝格公爵弗雷德里克就曾是法国元帅;1692年担任驻爱尔兰英军主要指挥官的德吕维尼也是法国人,西班牙王位继承战争中他在葡萄牙指挥英军作战。"在爱尔兰、佛兰德尔和西班牙半岛,在卡里克弗格斯、利默里克和博因,在兰登和内尔温登,在阿尔马萨和阿利坎特,难民士兵表现得异常勇敢"③,他们和英国士兵一道与路易十四的军队战斗。不论他们的动机如何,他们的行为至少在客观上加强了英国力量,却对法国不利。

胡格诺移民是18世纪前迁入英国的人数最多的和平移民群体。④ 这些拥有技术、手艺、资金、管理经验等丰富资源的人们来到英国,有助于缩小英国与法国的经济差距。移民融入英国社会,并取得经济上的成功,反映了移民和英国社会的相互契合、相互兼容,以及在习俗风格和文化理念上彼此容忍和照顾。不过,移民虽然为适应生存做出了很多改变,但要变成地道的英国人却很难。另外,移民带给英国的东西基本是技术层面的,而制度层面的东西往往更具长远性意义。应该说,当时英国宽松进取的政治环境、制度环境、人文环境和宗教环境,使移民有了发挥优势和活力的舞台,造就了移民的成功;反过来,由于胡格诺移民的竞争,英国人自己也做出了相应调整,使自身更加开放、开明,能够更快更乐意地接受新事物、新观念,整个社会的包容性因此也增强了。这种品质正是一个崛起中的民族所应该具备的。所以说,探讨近代英国崛起的过程,不能不考虑如胡格诺移民这样的外来因素的积极作用。

(作者:张松韬,四川师范大学历史文化学院讲师)

---

① Robin D. Gwynn, *Huguenot Heritage: The History and Contribution of the Huguenots in Britain*, London: Routledge & Kegan Paul, 1985, pp. 150-152.

② Robin D. Gwynn, *Huguenot Heritage: The History and Contribution of the Huguenots in Britain*, London: Routledge & Kegan Paul, 1985, pp. 155-156.

③ Robin D. Gwynn, *Huguenot Heritage: The History and Contribution of the Huguenots in Britain*, London: Routledge & Kegan Paul, 1985, pp. 80, 146.

④ I. Scouloudi, ed., *Huguenots in Britain and Their French Background, 1550-1800: Contributions to the Historical Conference of the Huguenot Society of London, 24-25 September 1985*, London: Macmillan Press, 1987, p. 218.

如何厘清英国18—19世纪议会
圈地运动的阶段特征

无论是国内历史学界，还是各类世界史教材中，都一定会出现"圈地运动"，但往往将18—19世纪的议会圈地与肇端于15世纪的圈地运动混为一谈，而笼统地将议会圈地和早期圈地运动一样视为"农业革命"的举措，却忽略了议会圈地在实质上所具有的特征，更放大了圈地运动的影响时间和范围。农业对工业发展的孕育作用已成学界共识，但要理解这种孕育作用，就须先了解18—19世纪议会圈地为主导的"圈地运动"的对象、发生时间和空间分布。这一问题在国外学术界也长期存在争议。明格在1997年出版的《英格兰议会圈地：原因、范围和影响导论，1750—1850》一书中就指出："关于议会圈地影响的论战，经久不息并时而激烈；但这些争论看起来经常忽视议会圈地真实发生的范围。并非所有的村庄都能感受到圈地的影响，因为圈地本身远未那么普遍。"[1] 国外学术界对议会圈地的发生时间和影响范围还是做了长期的研究，尤其是泰特从1951年到其去世的1968年集中精力整理了关于议会圈地的原始档案、议会圈地法令及土地授权令，其毕生考据研究成果都收录在《英国圈地法令和令状的末世审判书》。[2] 继承并完成泰特工作的特纳评价这本书"收集了英格兰所有郡的所有议会圈地的所有数据和记录"[3]。特纳最后将其考据研究成果集结成册，并于1980年出版《英国议会圈地：它的历史地理和经济史》。该书梳理了议会圈地的法令数量、圈地规模、发生时间分布、地域影响

---

[1] G. E. Mingay, *Parliamentary Enclosure in England: An Introduction to Its Cause, Incidence and Impact 1750-1850*, London: Longman, 1997, p. 14.

[2] W. E. Tate, *A Domesday of English Enclosure Acts and Awards*, Berkshire: University of Reading, 1978.

[3] M. Turner, *English Parliamentary Enclosure: Its Historical Geography and Economical History*, Yorkshire: Wm Dawson & Son Ltd., 1980, p. 20.

范围以及不同形式的议会圈地影响的范围等。不过特纳也认为他的成果只是"初步的展现",更重要的是从所编纂的数据中发现真正重要的结论。① 鉴于此,本文在综合国内外各种研究成果的基础上,运用议会圈地法令的相关资料,按照圈地对象的差异进行分类,对议会圈地发生的时间分布和地域范围,做一梳理和探讨,以期为国内相关研究及世界史教学提供更切实的依据。

(一) 议会圈地的对象

议会圈地和其他形式的圈地,均以分割敞田村社的敞田和公地为目的,因而敞田村就是实施议会圈地的承载对象。敞田村,即敞田制村庄(the open-field system village),是一个具有久远历史传统的乡村组织形态。在近代英国,作为一个农牧混合经济共同体(community),敞田村承载着农村社会的基本生产和生活功能,村内的各种自然资源(耕地、草地、荒野、河滩、林场等)均在敞田生产制度统筹安排下得到充分的利用,每个农夫在共同的参与中实现其土地产权收益。敞田的对立面是圈地,虽然圈地逐步取代了敞田,但是在很多英国教区,相当长的时间里敞田与圈地是共存的。近年来硕果颇丰的圈地史学家克拉克在1998年的一篇论文中对敞田和圈地有这样的描述:"在英格兰,公地常常指'敞开'的土地,而私人的地则指'圈围'的土地,因为一般来说,单块的公地不会围起来,并且每个人的土地分成小条块分散于大敞田上,而私人的土地则用篱笆围起来。"② 圈地运动就是少数私人或敞田村全体地主和农民一起把属于各自的分散的条田圈围起来的活动。圈地运动对敞田村村庄的土地产权结构、生产状态和农业地理形态都有深刻而全面的影响。罗杰·凯恩等人2004年出版的《英格兰和威尔士圈地图,1595—1918》,是关于英国议会圈地法令、授权令及圈地地图资料的第一本专著,书中讲道:"圈地涉及两个过程:产权重整运动(指向敞田和草滩)和重申权利运动(指向公地和荒地)。"③ 也就是说,圈地不仅重新配置了敞田村的土地产权,而且还改变

---

① M. Turner, *English Parliamentary Enclosure*, Yorkshire: Wm Dawson & Son Ltd., 1980, p. 22.

② G. Clark, "Commons Sense: Common Property Rights, Efficiency, and Institutional Change", *The Journal of Economic History*, No. 1, 1998, p. 73.

③ R. J. P. Kain, J. Chapman, R. R. Oliver, *The Enclosure Maps of England and Wales 1595-1918*, Cambridge: Cambridge University Press, 2004, p. 3.

了敞田村的村貌景观。克拉潘在其《现代英国经济史》中对此有很真切的描述:"整个来说,英格兰的农业在欧洲无疑是首屈一指的,作为一个圈地的地方,英格兰是独一无二的。在由于人口的迅速增加而把李嘉图的垦殖边际显见地拓展到沼泽地以外和山岭上去的那个时代中,古代公用耕地,连同小块分散的持有地的重新调整和圈围的工作,大体上是先于对公共荒地、荒山和沼泽地所作的最后一次不顾一切的开拓工作而进行的。"① 这样一场改变18世纪乡村面貌的经济变革,就是以议会圈地为主的各种圈地运动。②

不过,议会圈地与其他圈地运动(如领主圈地、协议圈地)最大的不同在于:议会为主张圈地的人们提供了一个有效的法律工具——议会圈地法令。"相比衡平法和普通法对圈地行为的规制,具有成文法规范的议会圈地程序有明显的优势。"③ 它既提供了正规有序的圈地程序,也为圈地中重整的土地法律产权提供了保护,因而这一圈地形式取代了协议圈地,成为18世纪以后的主要圈地形式。"至少从1600年以后,集中发生于1760—1820年的议会圈地运动成为英国农业制度变迁的主要工具。"④ 它最终完成了英格兰长达500多年的圈地历史进程。

议会圈地的时间跨度很大。第一次通过议会公共圈地法令进行的圈地发生在1604年的多赛特郡雷迪波尔村,最后一个以议会圈地法令形式圈地的是格洛斯特郡的哈德维克教区,时间在1914年,前后间隔约310年。而第一个根据私人议会圈地法令进行的圈地发生在1664年格洛斯特郡的马尔文柴斯,第一个涉及敞田的私人议会圈地法令出现于1692年拉特兰郡的汉布莱登圈地。⑤如果将敞田制看作一个有生命的制度,那么敞田就是这一制度的躯体,而公地就是他的四肢。议会圈地分为两类,一类是不涉及敞田只关乎公地的圈地,它相当于断敞田制之四肢;另一类是涉及敞田的圈地,它等于是彻底肢解敞田制

---

① (英)克拉潘著:《现代英国经济史》(上卷),姚曾广译,北京:商务印书馆,1986年,第36页。

② 关于非圈地运动(non-parliamentary enclosure)的发生范围及程度,可参阅 J. Chapman, S. Seeliger, *Non-Parliamentary Enclosure: the Evidence from Southern England*, Department of Geography University of Portsmouth, Working Paper No. 28, 1993.

③ D. N. McCloskey, "The Enclosure of Open Fields: Preface to a Study of Its Impact on the Efficiency of English Agriculture in the Eighteenth Century", *The Journal of Economic History*, No. 1, 1972, pp. 15-35.

④ G. & A. Clark, "Common Rights to Land in England, 1475-1839", *The Journal of Economic History*, No. 4, 2001, pp. 1009-1036.

⑤ M. Turner, *English Parliamentary Enclosure*, Yorkshire: Wm Dawson & Son Ltd., 1980, pp. 32, 211.

度赖以存在的基础。斯莱特认为:"圈围公共荒地的法令可称为拓耕法令,圈围一个或几个教区的法令可称作废除村社的法令。前一种法令占 1/3,后一种约占 2/3,两种法令虽然在法律形式上一样,但却具有经济学与社会学上的巨大差异。"① 因此,只有涉及敞田的议会圈地才是具有终结敞田制度意义的产权重整运动。议会圈地终结敞田制村社的历史,其主要的时空范围便限定在涉及敞田的议会圈地法令发生的时空范围。这一时间-空间范围,也就是议会圈地对敞田土地产权重整的历史对象,也是对议会圈地时期敞田村土地产权问题研究的初始条件。

(二) 议会圈地发生时间分布的集中度

议会圈地运动的时间分布体现在议会圈地法令颁发的时间、法令数量及法令涉及的敞田面积上。② 从历史长时段来看,议会圈地作为一场集中的土地产权重整运动,基本上发生在 18 世纪中期至 19 世纪中期一百年的时间里。在这一百年里,又集中发生在两个高峰期:1760—1780 年和 1793—1815 年。这两个时期通过的议会圈地法令数量各占议会圈地法令总数的 40% 左右,也即这大约 40 年的时间所通过的议会圈地法令数量占到总数的 80%。③ 按照圈地涉及敞田和公地的不同,议会圈地法令可分为两类,它们在不同时段的数量,如下表:④

---

① 斯莱特的分类方法,被泰特、特纳及其他研究者接受并沿用,参阅 G. Slater, *The English Peasantry and the Enclosure of Common Field*, New York: Augustus M. Keller, 1907, p. 7; M. Turner, *English Parliamentary Enclosure*, Yorkshire: Wm Dawson & Son Ltd., 1980, pp. 18-22.

② 克拉克认为准确的圈地编年史是研究社会制度变迁的前置条件,并对圈地的时间、空间、程度及相关问题进行了计量学的系统研究,参阅 G. & A. Clark, "Common Rights to Land in England, 1475-1839", *The Journal of Economic History*, No. 4, 2001, p. 1010.

③ M. Turner, *English Parliamentary Enclosure*, Yorkshire: Wm Dawson & Son Ltd., 1980, p. 66.

④ M. Turner, *English Parliamentary Enclosure*, Yorkshire: Wm Dawson & Son Ltd., 1980, p. 68.

表 1 1730—1844 年各时段议会圈地法令数量表（以 5 年为一个时段）

时 段	法令总数	敞田类圈地法令	公地类圈地法令
1730—1734	24	19	5
1735—1739	15	8	7
1740—1744	26	19	7
1745—1749	13	9	4
1750—1754	26	12	14
1755—1759	91	75	16
1760—1764	130	107	23
1765—1769	263	209	54
1770—1774	319	250	69
1775—1779	321	231	90
1780—1784	105	68	37
1785—1789	132	84	48
1790—1794	235	168	67
1795—1799	341	245	96
1800—1804	450	321	129
1805—1809	430	270	160
1810—1814	547	315	232
1815—1819	232	115	117
1820—1824	115	54	61
1825—1829	101	53	48
1830—1834	66	39	27
1835—1839	59	40	19
1840—1844	62	38	24

注：敞田类圈地法令指涉及敞田的圈地法令，公地类圈地法令指不涉及公地不涉及敞田的圈地法令，二者相加为该五年的小时段中圈地法令的总数。

资料来源：M. Turner, *English Parliamentary Enclosure*, p. 68.

从这个表中的数据可以看出，涉及敞田类的圈地法令远远多于公地类的圈地法令，而且议会圈地真正兴起是从 18 世纪 50 年代开始，到 19 世纪 30 年代以后迅速减少。拿破仑战争期间（1793—1815）是议会圈地的高峰期。以1793 年和 1815 年战争起止时间为界，可将敞田类议会圈地分做如下时间进程阶段：①

表2 英格兰1830 年以前敞田类议会圈地时段分布

项目	1793 年前	1793—1815 年	1816—1829 年	1830 年前
法令数	1177	1283	184	2644
面积（英亩）	1853567	1986888	239308	4079763

资料来源：M. Turner, *English Parliamentary Enclosure*, p. 71.

从这个表中，我们不仅能够看出各时段的议会圈地法令数量，还能看出各时段涉及敞田类的议会圈地所圈围的土地面积。这些圈地法令的数量及其所圈围土地面积具体占到多大比例呢？特纳在其关于议会圈地研究的经典著述中，根据 1951 年英格兰地表土地总面积算出圈地面积所占的比例，他并未计算圈地面积占耕地总面积的比例。②

不过，特纳的统计数据，对我们弄清各时段议会圈地法令的份额及其所圈围土地面积的不同比例，具有基础性的重要作用。特纳所有辛勤而细致的统计所得出的一个重要结果："在全部时段中，通过 5265 个议会圈地法令圈围了大约 680 万（以 10 万为约数）英亩土地，它占到英格兰地表面积的 20.9%，当然，若以农用地地表面积计算，这一比例会高得多。"③ 特纳所用于计算百分比的英格兰地表总面积是 1951 年官方统计数据，即 32563897 英亩（50881 平方英里）。④ 而他这里所说的议会圈地所圈土地总数约 680 万英亩，准确地说是 6794429 英亩，其中涉及敞田类圈地面积为 4487079 英亩。⑤ 另外，根据麦

---

① 特纳根据泰特的《末日审判书》所调查的数据，进行了归类统计，详见 M. Turner, *English Parliamentary Enclosure*, Yorkshire: Wm Dawson & Son Ltd., 1980, p. 71.

② 特纳所用的英格兰土地面积的数据，除了来自泰特的调查数据外，还参考了各郡的官方和法律数据，尤其是 1873 年《荒地调查》及 1951 官方统计数据，其中有些数据引自 W. G. Hoskins, L. D. Stamp, *The Common Lands of England and Wales*, New York: Harper Collins, 1963, pp. 92-93, 102-103; 另见 M. Turner, *English Parliamentary Enclosure*, Yorkshire: Wm Dawson & Son Ltd., 1980, pp. 28, 211.

③ M. Turner, *English Parliamentary Enclosure*, Yorkshire: Wm Dawson & Son Ltd., 1980, p. 32.

④ 倪正春：《18—19 世纪英国议会圈地研究》，天津师范大学硕士论文，2005 年，第 31 页。

⑤ M. Turner, *English Parliamentary Enclosure*, Yorkshire: Wm Dawson & Son Ltd., 1980, p. 62.

克洛斯基的研究，1827 年英格兰的农用地总面积约为 24000000 英亩。① 依此可以得出各时段敞田类议会圈地所占的比重。

表 3　英格兰 1830 以前敞田类议会圈地时段分布

项目	1793 年前	1793—1815 年	1816—1829 年	1830 年前
法令数	1177	1283	184	2644
占议会圈地总法令数比重	22.36%	24.37%	3.49%	50.22%
面积（英亩）	1853567	1986888	239308	4079763
占敞田类圈地总面积比重	41.31%	44.28%	5.33%	90.92%
占议会圈地总面积比重	27.28%	29.24%	3.52%	60.05%
占英格兰农用土地面积比重	7.72%	8.28%	1%	17%
占英格兰地表面积比重	5.69%	6.1%	0.73%	12.53%

注：议会圈地总法令数为 5265 个；敞田类议会圈地总面积为 4487079 英亩，议会圈地总面积为 6794429 英亩；英格兰（1827）农用土地面积为 24000000 英亩；英格兰（1951）地表面积为 32563897 英亩。比重数按四舍五入取小数点后两位。②

综上，从 18 世纪 50 年代开始到 1815 年，涉及敞田的议会圈地完成了绝大部分——在所有涉及敞田类的议会圈地中，虽然其所占法令数比重约 40% 强，但其所占面积比重在 80% 以上。可以说，这一时期以相对较少的法令圈占了相对较多的敞田；换言之，其他时段的议会圈地所涉及的敞田较少，其相应的经济社会影响与此一时期的敞田村议会圈地不可同日而语。此外，从此一时段敞田类议会圈地所圈土地占其时英格兰农用土地的比重来看，大约为 1/6。这说明，议会圈地时期所留存的还比较完整的敞田村已经很少，其在全英格兰农业中的重要性已大不如以往。因此，这些比重数据有助于我们更恰如其分地估量敞田生产制度及议会圈地在 18—19 世纪农业经济上的历史意义。

---

① J. R. Wordie, "The Chronology of English Enclosure, 1500-1914", *Economic History Review*, New Series, No. 4, 1983, p. 484.
② 因分母基数的精确度稍高，故所得结果与特纳的数据精确末位上略有出入，属正常差异。

（三）议会圈地涉及的地域范围

涉及敞田的议会圈地不仅在发生时间上相对集中，而且其发生的具体地域也相对集中。这与敞田村相对集中的分布特点有密切关系。①

敞田村曾广泛存在于英格兰，经 15 世纪以来的圈地运动，许多地方的敞田村已逐步为圈地农场所取代。18 世纪中期以后，议会圈地大范围展开，这时还存留的敞田村主要集中在英格兰部分郡。由于缺乏足够可靠的数据，今天的学者们不能测知各个时期、不同地域敞田村所占的土地面积，只能大体估测在近代敞田制盛行的地区。学界一般公认，近代英国的米德兰地区及其以东和东北地区盛行敞田制。斯莱特研究认为："总体上说，米德兰各郡广泛实行敞田制，尤其在米德兰的中部地区，还遗留着大量敞田和公地，并且普遍施行三圃制。"② 尼森认为："有着敞田背景的村子的中心地带是米德兰诸郡，向东、北扩展到东盎格里亚、林肯郡和约克郡东区，并且向南和西深入到贝克郡、沃尔特郡和多塞特郡。"③ 明格认为到议会圈地时期还保存下来的敞田村已经不多，而通过议会法令进行圈地的敞田村就更少。"除了米德兰，许多村庄到 18 世纪时已经圈过了。当议会圈地开始时，许多郡只剩下很少或者没有敞田可圈了；故只有少量圈地法令——并且大多限于圈围公地和荒地（commons and waste）。"④ 特纳根据贝克·波特林（Baker Butlin）和大卫·罗登（David Roden）的研究结果，并结合他自己的研究，认为到议会圈地前夕的 18 世纪 50 年代，还存在大量敞田村社的郡主要有约克的东雷丁、约克的西雷丁、沃里克郡、伍斯特郡、诺丁汉郡、莱斯特郡、拉特兰郡、林肯郡、北安普顿郡、

---

① 根据查普曼、特纳和里格利的研究，在 1700—1850 年间，大约 5000 个议会圈地法令废除了仍在运作的敞田制，这些敞田村大概占英格兰 1 万个教区中的一半；参见 J. Chapman, "The Extent and Nature of Parliamentary Enclosure", *The Agricultural History Review*, No. 1, 1987, pp. 25-35; M. Turner, *English Parliamentary Enclosure*, Yorkshire: Wm Dawson & Son Ltd., 1980, p. 25; E. A. Wrigley, R. S. Schofield, *The Population History of England, 1541-1871*, Cambridge: Cambridge University Press, 1989, p. 3.

② G. Slater, *The English Peasantry and the Enclosure of Common Field*, New York: Augustus M. Keller, 1907, p. 74.

③ J. M. Neeson, *Commoners: Common Right, Enclosure and Social Change in England, 1700-1820*, Cambridge: Cambridge University Press, 1993, p. 94.

④ G. E. Mingay, *Parliamentary Enclosure in England: An Introduction to Its Cause, Incidence and Impact 1750-1850*, London: Longman, 1997, p. 14.

剑桥郡、诺福克郡、牛津郡、白金汉郡、贝德福德郡、格洛斯特郡、亨廷顿郡、德比郡、威尔特郡等。① 经受议会圈地的敞田村主要分布在以上诸郡。正如克拉潘所说:"从1760到1820年这个最近、最合理的圈地时代所加给英格兰面貌上的烙印,只有在受影响最深的宜于耕种的中部各郡才是普遍显著的。"②

在1836年以前,敞田村的土地法律产权所有者会商议拟定圈地的方案,并成文递交议会,经议会审读通过后成为议会法令,该法令在议会圈地委员实地指导执行之后,形成议会圈地授权令,即完成议会圈地。因此,一个进行圈地的敞田村就会有一个专门针对该村敞田及公地的议会圈地法令。随着议会圈地的不断发展,圈地的程序归纳为一般性的规则,并在1801年、1836年、1840年、1845年先后通过了4个《一般圈地法令》,确立圈地操作的原则,就各种问题进行多方面的指导并加以规范。③ 后期的议会圈地,多在一般圈地法令(尤其是1836年、1840年的圈地法令)指导下进行,部分地替代了专门特定的私人圈地法令。不过,所有的议会圈地都可以分为敞田类圈地和公地类圈地两种。敞田类圈地仅指涉及敞田的议会圈地,公地类圈地则是不涉及敞田,只关系到公共牧场、荒地、林地等的议会圈地。泰特及特纳的统计数据和研究成果中,均注意到这种圈地性质的区分。根据特纳的统计,可以得出各个郡敞田类议会圈地所涉及的面积及其在各自郡中所占的比重。

表4 1836年以前英格兰诸郡敞田类议会圈地影响程度

排名	法令数量(A)		所圈英亩数(B)		面积比重(C)	
	郡	数量(个)	郡	面积(英亩)	郡	比重(%)
1	林肯	264	林肯	494405	北安普顿	50.0
2	北安普顿	192	北安普顿	316305	亨廷顿	46.6
3	诺福克	187	诺福克	313059	贝德福德	43.5
4	约克的西雷丁	163	约克的东雷丁	302271	牛津	43.0

---

① M. Turner, *English Parliamentary Enclosure*, Yorkshire: Wm Dawson & Son Ltd., 1980, p. 37.
② (英)克拉潘著:《现代英国经济史》(上卷),姚曾廙译,北京:商务印书馆,1986年,第41页。
③ 1801年的《一般圈地法令》主要是对已有的圈地原则进行汇总并企图减少圈地成本,1836年法令则侧重于对涉及敞田类圈地进行操作指导,1840年法令侧重于指导公共荒地圈围的指导。参见沈汉:《英国土地制度史》,上海:学林出版社,2005年,第258~259页;M. Turner, *English Parliamentary Enclosure*, Yorkshire: Wm Dawson & Son Ltd., 1980, pp. 22-23, 68.

续表

排名	法令数量（A）		所圈英亩数（B）		面积比重（C）	
	郡	数量（个）	郡	面积（英亩）	郡	比重（%）
5	莱斯特	150	剑桥	233886	剑桥	42.7
6	约克的东雷丁	149	威尔特	219625	莱斯特	42.6
7	沃里克	132	莱斯特	217907	拉特兰	40.7
8	格洛斯特	128	牛津	200906	约克的东雷丁	40.7

注：A是按法令数量排名前八位各郡敞田类议会圈地的法令数目，B是按圈围土地面积排名前八位各郡所涉及的土地面积，C是圈围土地面积比重排名前八位各郡占所在郡的地表面积的百分比。①

数据来源：M. Turner, *English Parliamentary Enclosure*, pp. 176-181.

从上表可以看出，敞田类议会圈地的法令数（A）和面积（B），居前八名的郡大都在米德兰及其以东地区。另外，敞田类议会圈地所涉及的土地面积在各郡中所占比重均不超过50%。这说明，即使在敞田村最集中的地区，其所占范围也不超过一半地表面积。从这些数据可以明晰地看到，议会圈地时期的敞田村在英格兰即使未表现出全面颓势，但也的确被已有的圈地规模超越了。如果从敞田向圈地的土地产权形态转变来看，议会圈地的影响不应被高估，应给予恰如其分的考虑。克拉克根据英国土地税册的数据，从计量学的角度对圈地进行了系统的研究，发现："令人疑惑的是，在让土地成为排他性的私人产权的议会圈地中，只占22%的英格兰土地。从1850年开始，事实上所有的农业土地都已为私人保有，因此必定有更多的圈地早已通过本地人的协议或个人努力而达成。但争论的疑点就在于，这些非议会圈地在什么时候发生的？"② 由于英格兰各郡的私人圈地和囤地的数据大多湮没无闻，或者难于统计，至今也没有一个明确的数据。不过相关的个案研究表明，在一些敞田村比较密集的郡区，大规模的议会圈地往往也伴随着大量的非议会圈地。查普曼和斯力格对苏塞克斯郡教区圈地的研究发现，1700年存在的101个敞田村后来只有32个发生了议会圈地，议会圈地只占到该郡全部圈地的1/3弱。在这101个敞田制

---

① M. Turner, *English Parliamentary Enclosure*, Yorkshire: Wm Dawson & Son Ltd., 1980, pp. 176-181.

② G. & A. Clark, "Common Rights to Land in England, 1475-1839", *The Journal of Economic History*, No. 4, 2001, p. 1010.

教区中，有69个是私人自愿圈围的，至少55个教区到1750年时都还在实行敞田制。因此，苏塞克斯郡的私人圈地不是发生在议会圈地之前，而是与之同步进行的。在这69个私人进行的圈地中，只发现了4个有正式的协商同意书。在绝大多数情况下，在获取共有权所有人同意之后，要么是某个私人买断或租赁了全部土地，要么就是通过私人条田转让的累进式圈地，最终瓦解敞田制。①

综上所述，我们可以达成三个基本认知：一是议会圈地在时间段分布上，集中于两个二十年，即1760—1780年和1790—1810年，其发生具有明显的时间集中性，这也就意味着我们通常所说议会圈地对18—19世纪伴随工业革命的百年影响，在很大程度上是局限在这四十年里的；二是在地域范围上，议会圈地在米德兰及周边地区发生密度较高，但影响农地面积比重最高的林肯郡也只有50%，如果考虑到很多圈地行为并不涉及敞田村的耕地，那么议会圈地对农业生产的影响程度就更要大打折扣；三是18—19世纪不仅有议会圈地，同时也发生了规模很大的协议圈地，虽然协议圈地的影响范围仍待深入研究，但毫无疑问它们在很大程度上降低了议会圈地的影响程度。②

（作者：洪闫华博士，西南交通大学图书馆）

---

① Chapman, Seeliger, "Open Fields and Their Disappearance in the Eighteenth and Nineteenth Centuries: The Evidence from Sussex", *Southern History*, No. 17, 1995, pp. 88-97.
② 弗兰西最近以 Clitheroe Town 为个案研究发现，由于耗时较长，进展缓慢及市场化的长期渗透，议会圈地对社会生产和生活的影响很有限，参阅 H. R. French, "Urban Common Rights, Enclosure and the Market: Clitheroe Town Moors, 1764-1802", *The Agricultural History Review*, No. 1, 2003, pp. 40-68.

如何认识美国从"邦联制"到"联邦制"政体的转变

依据《邦联条例》建立的邦联政府是由13个州组成的一个松散联盟，不能算一个独立国家，邦联政府既没有财权，又不能征税，更无法维持一支常备军，难以应付当时所面临的严峻的国际国内形势，尤其是1786年爆发的谢斯起义极大地震惊了资产阶级和种植园主，他们希望建立一个强有力的政府来保护自己的利益和维护秩序的稳定。正是在这种背景下，1787年各州代表举行制宪会议，制定出《1787年宪法》，创建了统一的美利坚合众国，实现了国家政体由"邦联制"向"联邦制"的转变。

（一）《邦联条例》及邦联政府的建立

美国是一个有州权主义传统的国家，邦联时期是州权力最大的时期。独立战争爆发后，大陆会议成为领导北美人民进行争取民族独立战争的革命机构，但它只是一个临时性机构，不是一个全国性政府，由各州议会每年任命的代表组成，每州有一票表决权，以各州的多数代表意见为表决意见，没有各州的一致意见，会议难以形成有效决议。随着革命形势的发展，大陆会议不能适应抗英斗争的需要，各州深感有进一步联合的必要。在对未来的中央政府与地方政府如何分权的问题上，拥护各州权力的州权派和拥护中央权力的联邦派之间产生了分歧。州权派认为，在推翻英国殖民统治后，不应建立一个中央集权的政府，认为中央权力过大会导致独裁、专制，而各州拥有充分的权力对于扩大选举权以及实行其他一些民主改革措施更为有利，建立邦联制政府就能实现13个州的各自独立。联邦派则认为需要建立一个强有力的中央政府，以保护和扩大自己的利益。两派争论的结果是州权派取得了胜利。1777年11月，第二届大陆会议通过了由约翰·迪金森起草的《邦联及永久联合条例》（简称《邦联

条例》），1781年3月1日经各州批准后正式生效。《邦联条例》共十三条，规定美国是由13个州组成的邦联制国家，邦联的名称定为"美利坚合众国"。按照条例，中央不设立国家元首，一院制的邦联国会作为国家的立法机构，其组成方式和权力与"大陆会议"相同，由每州选出代表2~7人组成，每州不论人口多少，都在国会中有一票表决权。在国会下面设立一个"诸州委员会"，在国会休会时管理经常性事务。各州保留其主权、自由和独立，以及其他一切未明文授予合众国国会的权力。

按照条例规定，作为中央政府的邦联国会，缺乏一个独立国家政府所拥有的主要权力，对违反《邦联条例》的州也没有强制性的制裁权，更重要的是，有关宣战、缔约、以合众国名义发行纸币或公债、征召陆海军和任命总司令等重大事项的决定，都须经13个州中9个州的同意。邦联国会所能独立行使的权力仅是一些次要的国家权力，如制定度量衡标准、管理对印第安人的贸易、管理全国邮政、制定陆海军管理条例等。所以，邦联国会所掌握的权力，比殖民地人民过去曾经承认的英国议会的权力还要小些。美国学者评价说，邦联国会在处理西部土地问题上像一个真正的政府，而在有些问题上则像一个讨论会。与此相反，各州却保留着主权、自由和独立，拥有除外交之外的一切重大权力。实际上，13个州都还是一个个真正的国家。麦迪逊称："全世界将初次看到一种以颠倒一切政府的基本原则为基础的政府制度，全世界将看到全部社会的权力到处服从于各部分的权力，全世界将看到一只头脑听从四肢指挥的怪物。"①

尽管《邦联条例》存在着明显的缺陷，没有独立的行政和司法部门，中央政府与州政府之间的权力分配也不够妥当，但是它发挥的积极作用是毋庸置疑的。首先，《邦联条例》巩固了美利坚民族的统一。虽然13个殖民地于1774年9月组建了大陆会议，1776年7月又发布了《独立宣言》，但统一的基础十分脆弱，因为作为国家权力机构的大陆会议没有法律地位，大陆会议与各州议会之间的关系及州与州之间的相互关系缺乏法律保障。推动13个州联合起来的是迫在眉睫的反英战争，而不是它们政治经济发展的最终需要。根据历史的经验，大陆会议这种临时性机构在完成其主要历史使命后一般是要解体的，因为建立和维系联盟的前提已不复存在了。但是，《邦联条例》的制定，用法律手段将13州的政治军事联盟关系固定下来，使美利坚民族产生了经常性的政

---

① （美）汉密尔顿、杰伊、麦迪逊著：《联邦党人文集》，程逢如等译，北京：商务印书馆，1980年，第234页。

治纽带，尽管还很薄弱，邦联制引导各州保持和加强了民族国家的政治统一，从而避免了联盟在反英战争胜利后的瓦解。其次，《邦联条例》为美国政治的发展奠定了坚实的基础。《邦联条例》已经勾勒出了美国宪政体制的基本轮廓，即共和体制、两级政府的分权体制及州与州的平等关系。《邦联条例》虽然没有明确规定合众国为共和制国家，但它明确规定了应承认和维护各州的独立与自由，而各州宪法明确规定州实行共和制，用这种间接方式确定合众国也是共和制国家。《邦联条例》用列举方式规定了国家主权由邦联政府与各州政府分别行使，这种分权体制是当时"州权至上"的客观反映，但后来却成为防止专制暴政的有力手段之一，只是《邦联条例》赋予邦联政府的权力太小。而在邦联政府面临难以应付的国内外严峻形势下，不得不通过《1787年宪法》做出重大调整，但《邦联条例》实行的州与州平等的原则，一直是美国维护国家政局稳定的重要准则，这一原则几乎原封不动地被联邦宪法采用。

总的来说，《邦联条例》在美利坚民族从殖民地社会向民族独立国家转化的过程中起到了承上启下的作用，上承殖民地人民争取民族独立、统一的历史经验，下启后人如何运用法律来巩固和维系已经实现的民族统一现状。

（二）邦联政府面临的困境

经过几年的实践，邦联政府当政者发现邦联制的原则和实践已不能适应独立战争结束后美国政治经济形势发展的需要，一个软弱无力的没有权威的中央政府难以巩固和发展独立战争的成果，也无法承担诸如协调金融贸易、调节市场流通、保卫国家安全等重任，原本松散脆弱的"联合之邦"，甚至面临动乱、内战、无政府状态和分崩离析的危险。

1. 各州各自为政，分崩离析，进一步加剧了经济危机

根据《邦联条例》建立的邦联政府的权力很小，既无独立的行政部门，也无独立的司法部门，只是为了处理日常行政事务在其下设置了外交、财政、陆军及海军等几个委员会，各州却保留着主权、自由和独立，拥有除外交之外的一切重大权力。实际上，邦联政府是13个独立国家的联合。

面对西欧国家商品的竞争，邦联政府无力保护美国的民族工业，而各州为了自身的利益所表现出来的矛盾和冲突使年轻的美国处于严重的分裂危机之中。独立战争期间，在美国的东北部发展了一些制造业，但在邦联政府成立以

后，英国等国廉价商品的涌入，使这些制造业受到较大的冲击，阻碍了美国民族经济的发展。更为严重的是，各州对西欧各国货物的进口有的课以重税，有的则不征税或少征税，开放自由港。所以西欧商人乘机将货物从自由港运入，然后再运到各地倾销，这种做法使美国经济蒙受巨大损失。1784 年输往英国的美国商品不到 75 万英镑，而输往美国的英国商品却高达近 368 万英镑。①

由于邦联政府无权管理州际商业，无力进行集中统一领导，各州在工业、商贸等方面都各自为政。各州滥发纸币，制定符合本州利益的关税税率，建立关税壁垒，造成纸币贬值，财政混乱，州际之间不断发生激烈无序的商业竞争，如纽约州为保护本州产品而提高了外国商品的进口关税，但它同时把邻州新泽西和康涅狄格也列入了外国的范围。1787 年初通过法律规定，对进入纽约港的康涅狄格州和新泽西州的船舶征收入港费，其数额与来自伦敦的船只一样。康涅狄格和新泽西两州也实施报复，康涅狄格对纽约实行长达一年的禁运，新泽西对纽约设在其领土上的一个灯塔每年征收 1800 美元。这种无序的竞争和贸易摩擦，妨碍了州际贸易的发展，阻碍了全国统一大市场的形成，严重制约了美国的经济发展，进一步加剧了经济危机。其他一些州由于争夺河水水道、土地、边界等也是矛盾重重，冲突不断，甚至发展到兵戎相见。如马里兰和弗吉尼亚为波托马克河水道的归属问题，长期争执不下。宾夕法尼亚与康涅狄格为争夺怀俄明谷地，在 1784 年发生武装冲突。由此可见，美国处于严峻的分裂危机中，但软弱无力的邦联政府对此却一筹莫展。

面对上述状况，一些有识之士、目光敏锐的政治家极其焦虑。华盛顿在 1787 年 3 月 31 日致麦迪逊的信中说："凡是有判断能力的人，都不会否定对现行制度进行彻底变革是必需的。"② 他曾把邦联比作一条"沙子扭成的绳子"，并警告它将使"美国的自由实处于极端危险之中"。"在美国，没有人比我或能比我更痛切感到有必要对目前的邦联制度加以改革。"并说："一切修补的企图，都和支持即将坍塌的房屋的支柱一样是无济于事的。"詹姆斯·杰伊认为邦联的形势"比战争年代还要有过之而无不及"③。弗吉尼亚州州长埃蒙德·伦道夫写信给华盛顿，他说每一天都在产生新的危机，对邦联政府的处境也十分担忧。因此，克服内部各自为政的政治弊端，改变软弱无力的邦联政府

---

① 黄绍湘：《美国通史简编》，北京：人民出版社，1979 年，第 80 页。
② （美）乔治·华盛顿著：《华盛顿选集》，聂崇信、吕德本、熊希龄译，北京：商务印书馆，1983 年，第 234 页。
③ 转引自（美）华盛顿·欧文著：《华盛顿传》，张今等译，北京：新华出版社，1984 年，第 677 页。

成为当务之急。

2. 邦联政府入不敷出，债台高筑，通货膨胀严重

邦联政府在经济上的致命缺陷是缺少财政上的必要权力，既没有征税权，又没有固定岁入和正常的财政预算，面对战后严重的经济困难，邦联政府却无能为力。在独立战争期间，邦联政府为筹措战争经费曾大量举债，到1784年初外债本息近800万美元，连同各种证券在内，国债总额达3900多万美元。邦联政府只能根据《邦联条例》的规定，按各州的土地价值将此内外债向各州摊派，但各州却以种种理由拒不履行或拖延履行。到1787年邦联政府仅收到不足总数的16%，而乔治亚和北卡罗来纳两州甚至一文不给。"国会的软弱无能，使美国在世界各国的眼中简直形同乞丐。"①

更使邦联政府感到棘手的问题是纸币贬值。在反英战争期间，从1775年6月到1779年12月，大陆会议共发行过42批纸币，总额达19155万美元。此后各州也开始发行纸币，到1783年有11个州共发行了总额为24636万美元的纸币。由于过度发行纸币，没有足够的硬币和物资保证，导致通货膨胀，致使纸币不断贬值。到1780年3月，1美元大陆券只能兑换2.45美分，到1781年时大陆券几乎一文不值。纸币贬值以后，市场的支付手段全部依靠硬币，战后，英国货物涌入美国，又从中吸走一大部分硬币。1784年有价值约368万英镑的货物输入美国，而美国输出品仅价值75万英镑。由于货币稀缺，有些地方又恢复了原始的以货易货的方式，结果诱发了1785年至1786年的经济大萧条。

邦联政府的财政困难已经到了连日常的行政开支都难以应付的境地，在万般无奈的情况下，曾寄希望由邦联国会修改《邦联条例》，授权邦联政府征收关税以解决财政困难。第一任财政部长罗伯特·莫里斯提出了一揽子财经计划，但由于大多数州从自身的利益出发而对此表示坚决反对，使这一努力遭到失败，莫里斯于1783年被迫辞职。

邦联政府这种既无权征税，又无力控制通货膨胀的状况，引起了广大人民尤其是债券持有者的强烈不满，从而使在反英战争中做出了重大贡献的下层民众陷于极度贫苦的境地。

---

① （美）布鲁姆著：《美国的历程》（上），杨国标、张儒林译，北京：商务印书馆，1984年，第196页。

3. 面临英国、西班牙等国的严重威胁

与邦联内部混乱相随的是外部环境日趋恶化，美国的国际地位十分低下。英国、西班牙等欧洲国家对美国形成了严重的威胁，但邦联政府却无力与之抗衡。美国独立后，英国不甘心就此失败，虽然在1783年承认了美国独立，但在美国西北边界继续保留自己的军事据点，伺机卷土重来。在美国独立后的八年内不派遣驻美大使，对美国派驻英国的外交代表也不予理睬。1783年，英国颁布新的航海条例，禁止美国同英属西印度群岛、加拿大进行贸易，并对美国驶往英国的船只征收重税，对英美《巴黎和约》所作的诸多规定都拒不履行。英国政府之所以如此，主要是得知邦联政府由于软弱无力而根本无力控制各州，美国实际上已处于崩溃瓦解的边缘。西班牙对美国也怀有野心，不仅不承认美国对俄亥俄河以南任何领土的所有权，而且还在西部控制着路易斯安那的广大地区，控制着密西西比河下游和出海口，不准美国船只通过新奥尔良，企图在陆上封锁美国。西班牙人还与肯塔基的分离主义者进行秘密谈判，以密西西比河的航行权及同新奥尔良进行贸易为诱饵，策动他们脱离美国独立或归附于西班牙。法国也不愿履行对美国开港贸易的诺言，其他一些欧洲国家如丹麦、奥地利也拒绝与美国缔结友好通商条约，因为他们认为"合众国本身很快将失去作为一个国家的资格"①。基于对邦联政府的这种认识，欧洲国家对美国采取轻视甚至敌视的态度。而各州在对外事务上却各行其是，竞相与外国打交道。

邦联政府为摆脱这种不利形势，曾派外交代表前往英国、西班牙等国进行谈判，1785年派亚当斯出使英国，希望双方缔结商业协定，并通过谈判解决边疆据点问题，但英国拒不缔结商业协定，甚至声称美国如不偿还战前各殖民地欠英国的债务，英国就不撤出边疆据点。1785年夏天，美国与西班牙就西部边疆和密西西比河航运权问题经过两年多的谈判毫无结果。1786年杰斐逊出使英国，他后来说："那个国家仇恨我们，他们的大臣仇恨我们，他们的国王比其他人更甚。我们提出的通商建议受到他们的嘲笑，这表明他们深信，我们永远也不会团结起来压制他们的商业，或者甚至连阻止也不会。我认为，他们对我们的敌对情绪目前比战争期间更加根深蒂固。"② 美国要摆脱上述不利

---

① （美）比米斯著：《美国外交史》，叶笃义译，北京：商务印书馆，1985年，第74页。
② （美）吉尔贝·希纳尔著：《杰斐逊评传》，王丽华等译，北京：中国社会科学出版社，1987年，第191页。

的国际局势,争取国际地位的提高,首先必须克服内部各自为政的弊端,建立统一的中央集权的国家政权。

4. 1786年的谢斯起义沉重打击了统治阶级

独立战争结束后,北美人民的经济、生活状况并没有明显的改善。相反,在1783年至1786年间美国出现了经济萧条,通货膨胀、纸币贬值、税收增多,人民生活异常艰难,面临失业、负债入狱的威胁。尤其是作为独立战争时期大陆军主体,蒙受巨大牺牲的美国农民,战时需忍受欠饷,战后却由于穷困潦倒而被迫将战争服役期间领取的土地证以低价出售,以此来维持家庭的生计。在新罕布什尔,州政府在1785年规定,只要欠了六便士或一先令的债务就要被监禁。在新英格兰,劳动人民几乎普遍欠债,他们仅有的少许动产和不动产不得不估价拍卖,土地以约原价的1/3、牲畜以约原价的1/2拍卖出去,但所得仍不能抵偿所欠的全部债务。残酷的现实使广大农民的不满情绪日益高涨,阶级矛盾日益激化,农民为生存铤而走险。1786年北部各州均发生农民暴动,尤其是同年12月,马萨诸塞州爆发了一场由丹尼尔·谢斯领导的大规模的农民起义,此次起义在1787年2月被击溃。这次起义充分暴露了邦联政府软弱无能的弊端,起义爆发后马萨诸塞州曾向邦联政府求援,但没有一兵一卒的邦联政府也只能置之不理。由此可见,当时的邦联政府没有解决问题、维护社会稳定的能力,更不用说如何促进国家的经济发展了。

谢斯起义是由那些因债务所逼而走投无路的农民组织的一次自发性的反抗,是美国社会动荡的最集中表现。起义沉重地打击了美国资产阶级和奴隶主的统治,显示了农民企图依靠自己的行动来实现民主和自由。这次起义的重要意义在于它使统治阶级意识到了人民是不可以随意欺侮的,认识到废除邦联制,建立强有力的中央政府体制的重要性和必要性,同时推动了独立战争以来人民争取民主的斗争向纵深发展。有学者认为,这次起义使统治阶级中部分人更深切地认识到,软弱的邦联政府从根本上是违反他们自身利益的,因而加紧了制订新宪法的准备工作。谢斯起义成为修宪运动中的一副催化剂,推动了制宪会议的顺利召开。①

综上所述,邦联制时期的美国政府没有作为中央政府应有的权威,各州各自为政,面临分崩离析的局面。由于没有征税权致使财政拮据,经济萧条,造成社会大动荡。外交上也显得软弱无力,年轻的合众国无力保护国家的安全。

---

① 张定河:《美国政治制度的起源与演变》,北京:中国社会科学出版社,1998年,第37页。

1786 年的谢斯起义沉重打击了资产阶级和种植园主。统治者认识到了必须对邦联制进行改革，需要建立一个统一的、强有力的政府，以维护社会稳定，巩固政权，消除关税壁垒，加强内部团结与合作，抵制外商劲敌的侵扰，发展本国工商业。

（三）《1787 年宪法》的制定与联邦政府的建立

正是在上述背景下，1787 年 5 月 25 日至 9 月 17 日各州代表在费城召开了制宪会议，出席会议的代表共有 55 人，其中大部分是以汉密尔顿为首的保守派，民主派代表只有 3 人。会上，不同的阶级、阶层和利益集团的代表们围绕建立什么样的中央政府展开激烈争论，争论主要是围绕大小州之间的矛盾和南北方之间的矛盾展开的。

大小州之间的矛盾主要集中在国会代表名额的分配上，以弗吉尼亚为首的大州主张根据各州向全国政府上缴的税款或各州人口数来确定其代表人数，而人口少的小州代表则坚决反对这个主张，认为各州不论大小，代表名额应相等。经过长时间的相持不下，最后达成了被称为"大妥协"的协议，确定了国会结构，众议院代表人数按各州人口数目比例确定，参议院代表人数各州相等。

南北方之间的争论反映了南方奴隶主和北方资产阶级的利益之争。南方代表希望保持低关税以吸引廉价的外国商品，主张保持各州主权，在产生代表时应该将黑奴人口计算在内，但在纳税时黑奴就不应该被计算在人口之内。北方代表则持完全相反的态度，他们主张建立一个强有力的中央政府来保护工商业的发展，主张在纳税时应将黑人计算在人口之内，在产生代表时则不应将其计算在人口之内。此外，南北方在关税及奴隶贸易问题上也针锋相对，南方诸州反对国会有征收关税的权力，北方则要求禁止输入奴隶。双方各不相让，南方甚至以退出邦联相威胁，最终双方达成了妥协，确定了一个介于单一制和邦联制之间的联邦制形式的中央政府，联邦中央拥有"列举的权力"，州拥有"保留的权力"。在计算代表权和税额时，一个奴隶算作 3/5 个人（这一规定后来根据美国宪法第 13 条和第 14 条修正案已删除），国会有权调节商业但不得征出口税，同时双方还协议在 1808 年以前不得禁止奴隶贸易。

经过几个月的激烈争论，终于以和平的方式通过了世界上第一部成文宪法，即《1787 年宪法》。这部宪法取代了《邦联条例》，确定了联邦制的国家形式，内容主要包括联邦与各州的关系、各州之间的关系两方面。不仅确定了立法、行政、司法三权分立、相互制衡原则，文官控制军队的原则和司法审查原则等宪法基本原则，还确立了联邦主义原则，在中央政府和各州政府之间也进行了分权和限制，宪法对联邦的权力采取列举的方式，对州权力采用保留的方式，从而使美国由大权分散于地方的"邦联制"发展到了大权集中于中央的"联邦制"。《1787年宪法》的制定，标志着美国作为一个统一多民族共和国的正式形成。"联邦制"克服了"邦联制"下各主权州各自为政的弊端，又在一定程度上保障了各州的自治地位，这样就可以发挥地方的积极性和首创性。1789年组建的第一届联邦政府推行了一系列经济改革措施，如保护关税、统一全国关税税率、征收进口税和国产税、偿还内外债、成立国家银行、统一币制等政策，为美国未来的政治、经济发展奠定了坚实的基础。美国内战之后，联邦国会在1865—1869年连续通过宪法第13、第14和第15条修正案以及南方重建法案，废除了奴隶制度，赋予黑人以公民权利和政治权利，彻底清除了南方分裂的隐患，"联邦制"得到了巩固和发展，美国在19世纪后半叶迎来了经济发展的狂飙时期。

（作者：兰建英，四川师范大学历史文化与旅游学院副教授）

如何认识与冷战起源相关的两个问题

（一）英国《总体战略计划》与冷战起源

笔者在此以1947年英国《总体战略计划》（The Overall Strategic Plan）这一重要文件为切入点探讨英国与冷战起源的关系。《总体战略计划》是第二次世界大战后英国防务战略方面的第一个纲领性文件。1947年6月11日，英国首相艾德礼批准了该文件，标志着英国确立了独立对抗苏联的"三个支柱"战略。战后初期，英国仍然是世界三大国之一，对冷战起源具有重要影响。英国不仅参与了冷战起源过程，而且在一些环节起到了关键作用。从英国视角探讨冷战起源有利于打破冷战起源研究的美苏两极范式，从而推进该领域研究的多样化。①

1.《总体战略计划》的内容及特点

《总体战略计划》的正文分为两部分，第一部分是方针政策，第二部分是具体措施，附录部分列举了所需外交支持。《总体战略计划》的方针政策包括四点：第一，以阻止战争为首要目标。第二，以苏联为主要的潜在威胁。第三，威慑是阻止对苏战争的最有效方式。第四，保持一定规模的军事力量和争取外部援助，确保和平时期国家安全和战时胜利。《总体战略计划》的具体措

【基金项目】2017年国家社科基金后期资助项目：《冷战格局形成期英国防务战略研究》（17FSS006）。

① DO（47）44，Also COS（47）102（0），22 May 1947. 该文件仍未解密，刘易斯通过特殊途径获得并附录全文。参阅：Julian Lewis, *Changing Direction：British Military Planning for Post-war Strategic Defence, 1942-1947*, London：Frank Cass, 2003, pp. 370-387；陈向阳：《1947年英国〈总体战略计划〉述评》，《广西师范大学学报》，2013年第2期，第153～157页。

施包括两点：第一，优先发展军事科技和空中进攻力量。第二，以维护"三个支柱"为基本战略目标。第一支柱为英国本土防务，第二支柱为控制海洋航线，第三支柱为中东防务（包括印度）。《总体战略计划》的附录列举了"三个支柱"战略所需外交支持，主要包括三方面：支持联合国采取有效措施阻止战争；与自治领、西欧、美国和第三世界合作；遏制苏联扩大势力范围和传播共产主义。

《总体战略计划》具有以下几个特点：第一，该文件沿袭了英国海洋战略传统。第二，该文件属于和平时期防守反击战略或维持现状战略，以阻止战争为首要目标，以威慑为阻止战争的最有效方式。第三，该文件是中长期计划，确立了统筹英国防务政策的基本原则和纲领。

《总体战略计划》的主要不足是战略目标确定得太高，或者说，所确定的战略需求高于其经济承受能力。这一不足主要源于该文件在三个方面的错误认识：第一，过分严重地估计了"苏联威胁"。第二，高估了英国的经济科技实力和国际地位。第三，没有明确区分核威慑和常规威慑，也没有准确评估威慑效应。

2.《总体战略计划》实施的困难

《总体战略计划》确定的战略目标明显高于英国经济实力这一矛盾从根本上决定了"三个支柱"战略难以得到全面实施。实施《总体战略计划》的困难主要表现在两方面：第一，由于英国经济困难而无法承担所需防务预算，战略需求让位于经济需求。第二，英国寻求独立核力量的计划遇到挫折，无法早于苏联研制出核武器。此外，《总体战略计划》的战略需求随着英国海外基地减少而无法得到满足。

英国实行战略需求让位于经济需求的方针政策决定了实施《总体战略计划》缺少相应预算。《总体战略计划》通过前，英国政府已经确立了战略需求让位于经济需求的政策，军队规模和军费预算受到大幅削减。当海军大臣阿尔伯特·亚历山大（Albert V. Alexander）对此提出质疑时，艾德礼答道："目前形势下，因为没有作战任务，所以我们没有必要维持一支能够连续作战的舰队。我们必须应对目前处境，因而不得不牺牲（军队的）部分效率。"①《总体战略计划》通过后，英国军队规模更小，军费预算更少。

---

① Cabinet Papers 131/1, DO（46）3rd Meeting, 21 January 1946, http://www.nationalarchives.gov.uk/.

英国核计划落后于苏联决定了实施《总体战略计划》缺乏相应的核威慑力量。"三个支柱"战略的关键是,通过具备空中进攻苏联的军事力量达到威慑苏联的目的,包括阻止苏联扩张、慑止苏联发动战争和对苏备战。这需要英国早于苏联拥有原子弹,这也是英国决定独立研制原子弹的主要原因。1947年1月,英国163号部长会议(GEN163)决定"研制核武器"。与会者只限于少数几个主要内阁大臣:首相艾德礼、外交大臣贝文、枢密院大臣赫伯特·莫里森(Herbert Morrison)、国防大臣阿尔伯特·亚历山大、自治领事务大臣艾迪森勋爵(Lord Addison)和供给大臣约翰·维尔莫特(John Wilmot)。① 然而,英国经济困难和资源短缺对核工程具有严重制约,英国只能建设较小规模的核工程,严重影响研制原子弹的速度和数量,这是苏联率先研制出原子弹的重要原因。苏联早在斯大林格勒战役期间已经做出推进本国核计划的决定,并于1943年初启动了代号为"天王星"(俄文"Uran",翻译成英文"Uranus")的核工程。② 1949年8月,苏联成功试爆原子弹,这出乎所有英美人士的意料,甚至引起世界性的巨大恐慌。③ 苏联早于英国研制出原子弹标志着英国独立核威慑战略的失败,"三个支柱"战略失去核力量根基。

此外,"三个支柱"战略需要英国保持以中东为中心的海外军事基地。但是,随着印巴分治等非殖民化进程迅速推进,位于印度等地的海外军事基地逐渐脱离英国管辖,埃及也要求收回军事基地和苏伊士运河的主权。因此,战后的英国难以保留足够有效的海外军事基地来满足"三个支柱"战略的需要。

3. 从《总体战略计划》重新认识冷战起源问题

《总体战略计划》蕴含的"三个支柱"战略反映了英国战略传统的一些特点,这是冷战起源时期英国防务战略和对外政策的重要历史根源。第一,英帝国具有维护欧陆均势和海洋优势的双重主题。"三个支柱"战略要求英国在本土及西欧、地中海、中东等地遏制苏联扩张,既反对苏联控制西欧大陆,也反对苏联控制欧洲外围的海洋。第二,19世纪末以来,英国面临国家实力和资

---

① GEN 163 是一个原子能委员会的机密代号,由首相等少数几位内阁大臣组成,其决策具有权威性。详见:Cabinet Papers 130/16, GEN. 163/1st Meeting, Confidential Annex, 8 January 1947, United Kingdom National Archives, London.

② David Holloway, *Stalin and the Bomb: The Soviet Union and Atomic Energy, 1939-1956*, Princeton: Yale University Press, 1994, pp. 88-89.

③ Margaret Gowing, *Independence and Deterrence: Britain and Atomic Energy, 1945-1952*, Vol. 1, *Policy Making*, New York: St. Martin Press, 1974, p. 221.

源有限的痼疾，国家实力和防务责任的差距往往随着帝国的扩大而扩大，即"霸权国的困境"。第三，英国是典型的维持现状国家，具有明显的保守主义战略思想，注重运用借力打力的策略和绥靖政策。

《总体战略计划》还表明，英国不仅于1946年底确认苏联为主要的潜在威胁，而且于1947年夏计划独立对抗苏联。在美国军事力量介入欧洲防务以前，即从第二次世界大战结束到第一次柏林危机和"北约"成立期间，英国是西方对抗苏联的主要力量，英苏对抗为主是战后东西方冷战的初始形态。1947年6月11日，英国防务委员会核心成员会议通过《总体战略计划》，标志着英国在军事上确立了对抗苏联的战略方针。1950年9月30日，杜鲁门批准美国国家安全委员会第68号文件，标志着美国在军事上确立了对抗苏联的冷战战略。①可见，英国比美国早3年零3个月确立对抗苏联的军事战略。值得注意的是，美国杜鲁门主义和马歇尔计划主要是在政治上和经济上介入欧洲事务，而不是在军事方面。但是，由于英国缺乏长期独立对抗苏联的经济实力，需要联合美国对抗苏联，所以英国倡议并推动建立了"北约"。"北约"成立后，英国从独立对抗苏联的主角逐渐转变为美苏对抗的配角。

《总体战略计划》这一文件从英国军事战略这个侧面表明，冷战起源经历了从英苏对抗为主演变为美苏为首的东西方对抗的历史进程，同时世界主要的双边矛盾从英苏矛盾转向美苏矛盾。这一观点似乎不同于以往研究成果的主流观点。吴于廑和齐世荣主编的6卷本大学教材《世界史》认为，冷战是美国推行"全球主义"战略的结果。②该套《世界史》教材的修订版改变了指责美国引起冷战的观点，但仍然沿袭美苏两极范式，认为冷战是美苏争霸和多种因素综合作用的结果。③此外，部分中国学者也指出苏联对冷战应负有责任，强调斯大林的战后世界体系观和苏联安全带战略引起了冷战。④

4. 结语

《总体战略计划》这一文件揭示了冷战起源经历了从英苏对抗为主演变为

---

① U. S. Department of State, *Foreign Relations of the United States* (FRUS), 1950, Vol. 1, NSC 68, 14 April 1950, Washington: USGPO, 1977, p. 289.

② 吴于廑、齐世荣主编：《世界史·现代史编》下卷，北京：高等教育出版社，1994年，第48~57页。

③ 齐世荣主编：《世界史·当代卷》，北京：高等教育出版社，2006年，第43页。

④ 叶江：《斯大林的战后世界体系观与冷战起源的关系》，《历史研究》1999年第4期，第3~5页；沈志华、张盛发：《从大国合作到集团对抗——论战后斯大林对外政策的转变》，《东欧中亚研究》1996年第6期，第54~66页。

美苏为首的东西方对抗的历史进程，同时世界主要的双边矛盾从英苏矛盾转向美苏矛盾。由此表明，继续挖掘利用档案文献是今后冷战起源研究与教学的主要任务之一，尤其需要利用以前重视不够的第二世界和第三世界的档案文献。比如，利用英国国家档案馆和中国外交部档案馆收藏的相关档案有助于弥补以往研究的不足。

（二）英国核政策与冷战起源

国内外学术界关于冷战起源的研究成果大多数集中于美苏两极关系，较少关注英国等其他国家与冷战起源的关系。以下笔者试图以英国核政策为例从"非极化"视角探讨冷战起源问题。战后初期，英国核政策主要包括英美核合作关系的破裂、英国独立研制原子弹和英国实行针对苏联的核威慑战略三个方面。

1. 英美核合作关系的破裂

第二次世界大战期间，为了抢在德国之前研制出原子弹，英美两国进行了密切合作并率先制造出原子弹，这就是著名的曼哈顿工程。英国在研发原子弹过程中做出了重要贡献，主要表现在以下两点：许多从事原子弹研制的英国科学家和工程师（包括加入英国国籍的难民科学家）参与美国曼哈顿工程；英国向美国提供了大量核原料（因为当时英国掌握着比属刚果和南非的铀矿）。1943年8月，英美两国达成《魁北克协议》，在原子能使用、情报交流、战后原子能的工业开发以及国际合作机制等方面达成一致。而且，罗斯福和丘吉尔于1944年9月达成的《海德公园备忘录》（Aide-Memoirs at Hyde Park）中，双方决定：除非双方同意，两国在军事和商业方面的全面核合作将在战胜日本后继续进行。战争刚一结束，艾德礼和杜鲁门就原子能问题举行会晤，美英加三国首脑达成协议，规定"三国应该进行全面而有效的核合作"[①]。因此，直到1945年底，美国领导人对英美核合作仍然持肯定态度并明确表示在战后继续合作。

然而，战后美国将原子弹及其技术情报视为本国特权，拒绝向英国提供任

---

① Margaret Gowing, *Britain and Atomic Energy*, *1939-1945*, London: Macmillan & Co Ltd., 1964, p. 447.

何核技术情报。1946年4月,美国联合决策委员会认为:《魁北克协议》并没有规定美国在战后"有义务"为英国建设和操作核工程提供方案和援助。① 而且,杜鲁门在1946年4月20日,即联合国第一届大会期间,警告英国人说:"让美国提供有关核装置及其操作技术的情报——这将帮助英国建成另一个核工程——的任何企图都不是你们应该建议的,也不是我所考虑的。"② 显然,杜鲁门完全否认了英美两国存在全面而有效的核合作。而且,为了严禁国际核情报交流,美国国会于1946年8月通过《麦克马洪法》(The Mcmahon Bill),严禁向任何国家提供核情报。该法案规定:"未经国会授权,禁止同其他国家交流核情报,违者可能被判处监禁或死刑。"③ 艾德礼后来回忆说:"当《麦克马洪法》在国会通过并获得总统批准后,所有在(原子能)开发方面进行合作的希望完全破灭了。"④

2. 英国独立研制原子弹

随着英美核合作关系的破裂,英国政界和学界普遍认为英国应该独立研制原子弹。1945年11月,丘吉尔在下院声称:"我们一致认为英国将研制原子弹。"⑤ 以詹姆斯·查德威克(James Chadwick)为代表的科学家认为,英国政府的最终目标是研制原子弹。1946年,英国决定建立一套气体扩散装置,尽管这需要耗费大量的人力、物力和财力。当时的气体扩散装置选择优先提炼钚而非铀,主要是因为钚能够研制更加优越的原子弹。⑥ 1946年初,英国计划建立一座能够年产15枚原子弹所需钚材料的核反应堆。⑦

由于英国在原子能开发方面曾经处于领先地位,并且在国内获得广泛支持,因此,艾德礼政府做出研制原子弹的决策只是对既成事实的承认而已。正

---

① Margaret Gowing, *Independence and Deterrence: Britain and Atomic Energy, 1945-1952*, Vol. 1, *Policy Making*, New York: St. Martin Press, 1974, p. 101.

② Margaret Gowing, *Independence and Deterrence: Britain and Atomic Energy, 1945-1952*, Vol. 1, *Policy Making*, New York: St. Martin Press, 1974, p. 101.

③ Margaret Gowing, *Independence and Deterrence: Britain and Atomic Energy, 1945-1952*, Vol. 1, *Policy Making*, New York: St. Martin Press, 1974, p. 106.

④ Francis Williams, *A Prime Minister Remembers: The War and Post-war Memoirs of the Rt Hon. Earl Attlee*, London: William Heinemann Ltd., 1961, p. 118.

⑤ Margaret Gowing, *Independence and Deterrence: Britain and Atomic Energy, 1945-1952*, Vol. 1, *Policy Making*, New York: St. Martin Press, 1974, p. 174.

⑥ Margaret Gowing, *Independence and Deterrence: Britain and Atomic Energy, 1945-1952*, Vol. 1, *Policy Making*, New York: St. Martin Press, 1974, pp. 175-178.

⑦ Margaret Gowing, *Independence and Deterrence: Britain and Atomic Energy, 1945-1952*, Vol. 1, *Policy Making*, New York: St. Martin Press, 1974, p. 172.

如 E. 卡特所言："英国决策者根本不需要从头考虑研制原子弹的决策问题，他们面临的问题不在于是否启动核工程，而在于是否停止已经进行的开发工作。"① 贝文在原子弹研制决策会议上明确表示："除非存在一种有效禁止研制和使用核武器的国际控制体系，否则，其他国家必将开发原子能。因此，英国也必须这样做，我们不能接受美国垄断这一新领域。"②

1947年1月，163号部长会议决定"英国将研制核武器"。出于保密核技术情报、避免负面的政治影响以及维护英美核合作关系的考虑，该会议决定对原子弹研制计划实行绝对保密，不会经过官方和非官方的授权来研制原子弹，艾德礼也拒绝公开承认计划研制原子弹的说法。③ 1952年10月3日，英国第一颗原子弹在澳大利亚蒙特贝洛试爆成功，成为世界上继美苏后第三个拥有核武器的国家。

3. 英国实行针对苏联的核威慑战略

英国实行针对苏联的核威慑战略源于英国将苏联确定为主要的潜在威胁。斯大林格勒战役和欧洲第二战场开辟后，由于第二次世界大战大局已定，英国政府开始考虑战后对苏联的战略计划。参谋长委员会认为英苏合作可能破裂，主张提防苏联。波茨坦会议后，随着同盟国之间的外交协调逐渐失败，英国外交部对苏联的态度逐渐从合作转向对抗。1946年底，英国政府普遍确信："共产主义是英联邦和西方民主国家最大的外部威胁，这将持续到可预见的未来。"④ 1947年6月11日，英国防务委员会核心成员会议通过《总体战略计划》，英国确立了对抗苏联的冷战战略。

原子弹问世后，核威慑思想迅速得到艾德礼政府的广泛认可。艾德礼清楚地认识到，对付原子弹的唯一方法是核威慑。1945年8月，艾德礼明确表示："（敌国）对伦敦实施原子弹袭击必将招致英国对（敌国）另一个大城市投掷原

---

① Emanuel J. De Kadt, *British Defense Policy and Nuclear War*, London: Frank Cass & Co. Ltd., 1964, p. 32.

② Margaret Gowing, *Independence and Deterrence: Britain and Atomic Energy, 1945-1952*, Vol. 1, *Policy Making*, New York: St. Martin Press, 1974, p. 183.

③ Margaret Gowing, *Independence and Deterrence: Britain and Atomic Energy, 1945-1952*, Vol. 1, *Policy Making*, New York: St. Martin Press, 1974, p. 181.

④ Anne Deighton, "Britain and the Cold War, 1945-1955", in Melvyn P. Leffler, Odd Arne Westad edited, *The Cambridge History of the Cold War*, Vol. 1, *Origins*, Cambridge: Cambridge University Press, 2010, pp. 112-132.

子弹。"① 艾德礼还认识到，原子弹的出现已使战争本身过时，故而他较早主张核威慑思想。1945年9月25日，艾德礼在致杜鲁门的信中对核威慑思想进行了总结："从原子弹的潜在威力来说，这种新式武器的出现意味着战争本身将发生质的变化而不是量的变化……到目前为止，我尚未知晓有效防御原子弹的办法，唯一的威慑手段是受到攻击时用原子弹进行报复。"②

英国的核威慑战略主要体现为有限摧毁战略，强调有选择地优先考虑攻击战略目标。战后初期，英国政府形成了核威慑战略的几种具体形式，最初表现为摧毁苏联的战争潜力，随后强调攻击军事目标，后来又针对行政指挥中心。

在战后最初的一两年里，英国核战略思想主张通过破坏苏联的石油生产与输送系统来实现威慑目的，这种摧毁苏联战争潜力的战略思想以保持英国在中东留有空军基地为前提。由于当时最先进的核武器运载工具B-29轰炸机只有4000英里航程③，因此英国通过保留在中东的空军基地可以进入俄罗斯南部和高加索产油区。1946年，参谋长委员会关于中东政策的建议认为："我们在中东的空军基地是阻止苏联发动侵略的重要威慑力量。"④ 这一主张受到空军参谋长特德勋爵的推崇，他认为："如果苏联没有石油这一产品，那就无法作战。"⑤

1947年后，随着苏联在中欧、中东和东地中海等地区的不断推进，英国日益感到西欧及英国本土受到苏联的威胁，以摧毁军事目标为特征的核威慑战略很快取代了摧毁战争潜力的核战略。英国参谋长委员会认为，任何防御都不可能完全阻止敌人的飞机和炮弹，"如果我们仅仅依赖防御的话，那么敌人的这类袭击（对我们）将是致命的"，因此，英国在核时代的唯一有效防御方式是实行进攻战略。⑥ 1947年初，英国国防大臣和参谋长委员会一致认为："我

---

① Peter Hennessy, *The Secret State: Whitehall and the Cold War*, London: Penguin Books Ltd., 2002, p. 46.

② Francis Williams, *A Prime Minister Remembers: The War and Post-war Memoirs of the Rt Hon. Earl Attlee*, pp. 98-99.

③ Lawrence Freedman, *The Evolution of Nuclear Strategy*, New York: St Martin's Press, 1989, p. 50.

④ Ian Clark, N. J. Wheeler, *The British Origins of Nuclear Strategy, 1945-1955*, Oxford: Oxford University Press, 1989, p. 83.

⑤ Ian Clark, N. J. Wheeler, *The British Origins of Nuclear Strategy, 1945-1955*, Oxford: Oxford University Press, 1989, p. 96.

⑥ Ian Clark, N. J. Wheeler, *The British Origins of Nuclear Strategy 1945-1955*, Oxford: Oxford University Press, 1989, p. 97.

们拥有反击力量不仅是阻止侵略的有力威慑手段，而且是建设国防的基本途径。"①

1949年，英国核战略设计者开始考虑选取行政中心作为战略目标。这是由于进攻军事目标的核轰炸战略需要强大的核力量为后盾。但是，英国没有先于苏联研制出原子弹，也没有获得美国提供的原子弹。因此，英国进攻苏联军事目标的核轰炸战略失去基本前提和力量基础。而且，这一战略思想还悲观地认为，英国城市的脆弱性将引起敌人对其政治、经济和行政管理中心的袭击。同时，英国军事决策者认为，这一战略能够推翻苏联政权从而消除苏联势力扩张的威胁。他们强调："对政治、行政和警察中心进行有效空中打击是改变苏联局势的最好方式，这可以使（苏联）共产党及其政府难以进行有效控制，秘密警察不能进行镇压活动，军队也不能有效作战。"②

实际上，英国政府考虑实行有限摧毁战略也源于国家衰落和战略脆弱性。英国朝野上下对此有着广泛的共识。艾德礼出任首相后立即认识到，英国在当时国际环境中具有战略脆弱性。他说："不可改变的事实是，英国的地理位置向（欧洲）大陆国家提供了诸如伦敦和其他大城市之类的攻击目标。"英国这一时期的政府备忘录不断重申的主题是："（核武器）这一新发明使英国比以前任何时候都要脆弱得多。这不但是绝对的，而且也是相对于国土更大和中心城市更分散的国家而言的。"③ P. M. S. 勃兰凯特（P. M. S. Blackett）认为，英国暴露在这一新武器下的脆弱情形促使英国人专注于核战略研究。"由于地理和历史的偶然原因，英国人不得不认真考虑，对英国完全可以实施核报复的国家使用原子弹的可能性及其核力量的大小。一旦发生这种情形，英国将被完全毁灭。"④

---

① Ian Clark, N. J. Wheeler, *The British Origins of Nuclear Strategy 1945-1955*, Oxford: Oxford University Press, 1989, p. 98.

② Ian Clark, N. J. Wheeler, *The British Origins of Nuclear Strategy 1945-1955*, Oxford: Oxford University Press, 1989, p. 105.

③ Ian Clark, N. J. Wheeler, *The British Origins of Nuclear Strategy 1945-1955*, Oxford: Oxford University Press, 1989, p. 76.

④ Ian Clark, N. J. Wheeler, *The British Origins of Nuclear Strategy 1945-1955*, Oxford: Oxford University Press, 1989, p. 77.

（三）结语

战后初期英国核政策表明，英美苏三大国在冷战起源进程中存在微妙的互动关系。一方面，英美关系并非铁板一块。战后的最初几年，英美两国并没有形成战略联盟关系。另一方面，在此情形下，英国不得不单独面临"苏联威胁"并确立了独立对抗苏联的战略计划，英苏对抗为主是冷战的初始形态。因此，从英国核政策重新认识冷战起源问题的研究表明，从美苏两极对抗之外的非极化视角尤其是中英视角研究冷战起源问题具有合理性与可行性。肖恩·格林伍德（Sean Greenwood）就认为："在冷战早期（1945—1955 年），英国塑造和推动了东西方冲突。"[①]

（作者：陈向阳，四川师范大学历史文化与旅游学院讲师）

[①] Sean Greenwood, *Britain and the Cold War, 1945-1991*, New York: St. Martin's Press, 2000, p. 3.

如何看待肯尼迪政府时期的
美国与刚果危机

1960年7月到1963年1月,原本由一场国内兵变引起的国际化危机持续了三年之久,即刚果危机。在这三年中,冷战从欧洲蔓延至非洲,使刚果国内的政治发展不可避免地卷入其中,刚果国内复杂的政治斗争更加引起了美苏两国极大的关注,这两股合力所形成的巨大推动力使得刚果危机的发展持续升级。在这场危机中,肯尼迪政府成功地利用各种方式消除了苏联对刚果渗入的威胁,结束了刚果的分裂,使刚果建立了亲美的"温和派"政府。另外,这一时期的联合国在解决刚果危机中也发挥了至关重要的作用,为维护刚果完整、避免刚果分裂做出了积极的努力。

1961年12月,肯尼迪总统宣誓就职。上台伊始他就指责艾森豪威尔政府没有进入冷战的新战场——第三世界,指责其还未经斗争就将第三世界拱手让给了共产主义。肯尼迪对非洲问题非常关切,而此时的刚果是非洲大陆上1960年独立起来的殖民地国家之一,但是独立以后前宗主国比利时仍牢牢地控制着其军队、警察、交通、重要行政以及经济部门。1960年7月5日,在刚果蒂斯威尔的一个军营里,刚果治安部队的士兵在比利时的压迫下,要求撤换军队的白人军官并提高士兵待遇,这一行为遭到了时任刚果治安部队总司令的比利时人詹森斯的讽刺与拒绝。这激起了刚果士兵的强烈反抗,他们于当天晚上发生了兵变,殴打并监禁了部分比利时军官。刚果总理卢蒙巴和总统卡萨武布闻讯后迅速赶到兵营,解除了詹森斯的总指挥官职务,将刚果治安部队更名为刚果国民军,任命加丹加省雅多维尔市黑人区区长维克多·伦杜拉为刚果国民军总司令,任命总理府国务秘书约瑟夫·蒙博托为总参谋长;解除所有比利时军官的职务,由各驻军单位通过全体士兵选举的方式,选出刚果军人担任各级指挥官。① 兵变迅速向首都利奥波德维尔和全国其他地区蔓延并形成了全国性的反抗比利时人的浪潮，混乱爆发了。混乱一爆发，比利时人就派兵进入刚果。7月11日，在比利时军事力量的支持下，冲伯宣布加丹加省脱离中央政府而独立。他表示在经济上与比利时合作，并请求比利时政府承认加丹加省成为独立的国家。加丹加是刚果最为富庶的地区，拥有丰富的铜矿和钴矿资源，其财政收入占刚果全国总财政收入的五分之三。如果加丹加分裂出去，又没有长期的大量外援，刚果的财政和金融困难是无法想象的。与此同时，英、美、葡等国也陆续向刚果边境集结军队。由此，刚果危机正式爆发。危机伊始，当时的美国总统艾森豪威尔并不想过多地被卷入非洲的纷争，此时美国国内正在进行的总统竞选也使其无暇他顾。肯尼迪上台后，决心要在第三世界将冷战的潜在胜利转变为现实胜利，从而更加关注刚果的局势并采取了一系列的干预措施。

此时在刚果出现了以卡萨武布为首的中央政府、以亲苏的基赞加为首的斯坦利维尔政府与以冲伯为首的加丹加地区三足鼎立的局面。对肯尼迪政府来说，如何支持联合国军在刚果的行动、如何解决加丹加分裂问题以及如何在与苏联的抗衡中取得胜利，成为其刚果政策最核心的问题。

第一，肯尼迪政府对非洲政策的调整。在冷战中历任的美国总统里，没有哪个总统像肯尼迪这样关注非洲事务，因为肯尼迪认为苏联未来在第三世界和非洲具有极大的野心。1961年2月1日，美国国务卿腊斯克向总统递交了新的关于刚果政策的报告。他认为新的刚果政策应该使美国赢得世界的支持，特别是亚非中立国家的支持。② 报告提出了几点措施以使刚果国内建立一个稳定的政府，防止其被共产主义控制。第一，增强联合国的行动力量。联合国应努力维持刚果的秩序和法律，以使刚果实现军事中立。第二，建立具有广泛基础的刚果政府。腊斯克认为美国政府应该促成刚果建立一个包含各方代表的联合政府，这个政府走中间道路，可以包括卢蒙巴主义者。第三，如果新的刚果政府没有组成就由联合国代为行使政府职能。第四，美国要与英国、法国和比利时人，以及一些具有影响力的亚非国家甚至苏联就刚果问题的解决保持密切沟通。③ 这份新的有关刚果政策的报告在国家安全委员会第475次会议上通过

---

① 李智彪：《刚果民主共和国》，北京：社会科学文献出版社，2004年，第230页。

② Memorandum from Secretary of State Rusk to President Kennedy, Washington, February 1, 1961, *Foreign Relations of the United States*, 1961-1963, Vol. XX, p. 41.

③ Suggested New United States Policy on the Congo, February 1, 1961, *Foreign Relations of the United States*, 1961-1963, Vol. XX, pp. 42-45.

后，立即得到总统批准。

但是肯尼迪的新政策在国内遭到了非洲派和欧洲派的共同不满。非洲派认为新政策在建立和巩固亲美的联合政府方面力度不够，欧洲派则认为新政策纵容了卢蒙巴主义者。就在新政策饱受各方面的质疑时，哈马舍尔德给予了新政策强烈的支持。2月15日，美国驻联合国大使斯蒂文森在联合国安理会的讲话似乎使人看到了解决刚果问题的希望。他首先检讨了美国和联合国在刚果问题上的失误，然后提出了美国政府对刚果问题的新纲领：保持刚果的统一和领土完整，反对任何省份从刚果分离出去，反对外国对刚果事务的干涉，支持联合国在刚果的行动。① 肯尼迪外交决策的重要风格就是善于糅合各种不同的意见，日后的局势表明，这份新政策中的很多内容也得以顺利实施。

第二，联合国在刚果的困境。从一开始，肯尼迪就抱着一个简单不变的观点：除非联合国在刚果填补了真空，否则，除了苏美的直接对抗之外，就不会有别的选择。② 另外，肯尼迪政府决心要把联合国作为一种工具，来夺回他们在所谓不联盟国家中的主动权。然而此时联合国却由于在刚果长时期没有结束加丹加的分裂而遭到了苏联和许多亚非国家的攻击。

刚果总理卢蒙巴的死使得联合国遭到了来自苏联的指责。为了帮助联合国摆脱困境，肯尼迪再次重申支持联合国在刚果的行动，与此同时，联合国也开始担心在这种极大的负面影响下能否继续进行刚果维和行动。鉴于上述的各种困境，国务院紧急建议卡萨武布采取以下措施：第一，对卢蒙巴的死表示痛心并且不承认他是被谋杀的。第二，利奥波德维尔应修补与联合国之间的裂缝，在解除偏见的同时，尽可能与其保持密切合作。第三，尽快成立拥有广泛基础的联合政府。③ 美国希望通过这些措施减少卡萨武布与联合国的摩擦，如果卡萨武布与联合国合作良好就能增强联合国在刚果的地位，在一定范围内消除卢蒙巴之死带来的负面影响。这时候亚非国家对联合国的不满情绪越发高涨，美国不得不改变态度以获得亚非国家的支持。在美国的支持下，2月21日安理会通过了161号决议，由此联合国在刚果的困境暂时告一段落。

然而，161号决议引起了冲伯、卡隆吉和卡萨武布共同的不满，利奥波德维尔与联合国的关系也迅速恶化。卡萨武布认为联合国侵犯了刚果的主权，他

---

① 张植荣：《联合国行动内幕》，海口：海南人民出版社，1998年，第455~456页。

② （美）小阿瑟·施莱辛格著：《一千天：约翰·菲·肯尼迪在白宫》，仲宜译，北京：生活·读书·新知三联书店，1981年，第454~455页。

③ Telegram from the Mission to the United Nations to the Department of State, February 14, 1961, *Foreign Relations of the United States*, 1961-1963, Vol. XX, p. 66.

在广播中号召和动员所有刚果人民和后备军联合起来反抗联合国的"侵犯"。为了对付共同的"敌人"联合国，伊利奥、冲伯、卡隆吉还在利奥波德维尔会晤，他们声称赞同将各自的军事力量联合起来以反抗共产主义和联合国的威胁，联合国再次陷入了困境，哈马舍尔德只得再次向美国求助。显然，美国试图增强联合国军的力量和支持卡萨武布建立强大的中央政府这两个目标之间发生了冲突，美国只得全力调和。在美国的压力下，卡萨武布妥协了。4月17日，他表示接受安理会161号决议，并同意联合国军队重新控制马塔迪港口。随后，刚果国内三大政权的代表开始准备和谈，以协商解决刚果问题。①

第三，走向卢瓦宁——阿杜拉政府的建立。为了更有力地支持联合国的行动，为了让亚非国家看到美国在解决刚果问题上的努力，更重要的是为了扶植一个强大的中央政府以威慑苏联支持的基赞加政权，美国下一步的目标就是尽快在刚果建立亲美的联合政府。4月24日，刚果三个派别的领导人卡萨武布、冲伯和斯坦利维尔政府的代表在科奎哈特维尔举行会议，基赞加并没有参加会议。会议通过的一项重要决定是授权卡萨武布驱逐所有在加丹加和斯坦利维尔的外国顾问和人员，会议还决定将尽快在联合国的帮助下召开刚果议会。在美国政府心目中，阿杜拉是新政府总理的不二人选，但是美国目前又需要伊利奥的支持，因为他与各派别都相当友好，这使得他能够拉拢这些领导人参加圆桌会议。②

从此时到6月之前，刚果和国际形势的变化在提升了建立联合政府紧迫性的同时也为其创造了条件。但是除了加丹加的独立，冲伯似乎再无兴趣同中央政府谈判其他事情。此时基赞加政权获得了近20个亚非国家的承认，"形势似乎开始变得有利于基赞加"，重新召开议会可以将反基赞加的力量整合起来。③这两件事使美国认为推动各方参加谈判已迫在眉睫。在这种形势下，6月初美国支持联合国代表分赴利奥波德维尔和斯坦利维尔，希望他们派立法代表去卢瓦宁大学参加议会，基赞加决定派代表参加此次议会。他之所以参加一方面是由于美国利用了基赞加政府内部的矛盾和他对美国的种种幻想；另一方面，当时苏联也主张重开议会，并推动基赞加一派去参加。④

---

① 王延庆：《美国与刚果危机（1960—1963）》，华东师范大学博士论文，2009年，第135页。

② Telegram from the Embassy in the Congo to the Department of State, April 28, 1961, *Foreign Relations of the United States*, 1961-1963, Vol. XX, p. 130.

③ Stephen R. Weissma, ed., *American Foreign Policy in the Congo (1960-1964)*, New York: Cornell University Press, 1974, pp. 145-146.

④ 梁根成：《美国与非洲——第二次世界大战结束至80年代后期美国对非洲的政策》，北京：北京大学出版社，1991年，第83页。

显然建立以阿杜拉为总理的政府早在联合国和美国的精心策划之中,基赞加在刚果的政治和军事实力也使其根本不可能当选总理。此时美国在刚果国内已经占据了主导地位,苏联对基赞加政权的援助仅仅是象征意义上的,剩下的问题就是冲伯一方了。针对冲伯态度强硬地拒绝派代表参加卢瓦宁会议,美国政府全力斡旋。但是,冲伯怕再次被卡萨武布逮捕和软禁,也并不打算真正与中央政府和解,加丹加省的8名议员最终还是没有参加此次议会。

7月中下旬,刚果议会在利奥波德维尔附近的卢瓦宁大学召开。在初次选举中卢蒙巴派占了微弱优势,这样下去基赞加就有担任总理的可能。美国只好向卢蒙巴派议员施加强大的压力,并许愿贿赂,使他们做出妥协。① 8月2日,刚果议会选举出了新的政府,卡萨武布任总统,阿杜拉任总理,基赞加只在这个政府中担任毫无意义的副总理。肯尼迪对其计划的顺利实现十分高兴。

第四,以和平方式结束加丹加分裂的失败。阿杜拉政府的成立并没有使得表面上达成合作的刚果各派势力风平浪静,反而使得解决加丹加分裂问题显得更加急迫。因为除非利奥波德维尔的中央政府具有权威,这是联合国政策成功的条件,否则就是行不通的。正是在这一点上,加丹加省的脱离,关系重大。此外,加丹加省的问题也成为美国在全非洲意图的一个严酷考验。② 因此,美国决心解决加丹加的分裂问题,但是是以政治谈判的方式进行。8月22日,阿杜拉请求联合国帮助撤走加丹加的外国人员。23日,哈马舍尔德正式开始与刚果政府协商如何有序地撤出外国人员,并打算根据161号决议派遣联合国军队进入加丹加进行监督。他希望可以使冲伯和留在加丹加的外国人看到联合国此次行动的决心,让他们与联合国合作。此时冲伯虽然表面上表示遵从161号决议驱逐外国雇佣军,但是后来在比利时、英国和上加丹加矿业联合公司的支持和鼓励下,其态度却来了个180度的大转弯,狂叫要同联合国军打到"最后一颗子弹"③。哈马舍尔德的军事行动令美国颇感吃惊和为难,美国对联合国的军事行动并不赞同,仍旧寄希望于用与冲伯和卡萨武布谈判的政治方式解决问题。

然而联合国此时却并没有按照美国人的意图行事,9月13日联合国军向加丹加展开大规模的军事行动,并同当地军队发生了激烈的冲突,冲伯也逃到

---

① 陈敦德:《探路之行——周恩来飞往非洲》,北京:世界知识出版社,1999年,第127页。

② (美)小阿瑟·施莱辛格著:《一千天:约翰·菲·肯尼迪在白宫》,仲宜译,北京:生活·读书·新知三联书店,1981年,第455页。

③ 转引自梁根成:《美国与非洲——第二次世界大战结束至80年代后期美国对非洲的政策》,北京:北京大学出版社,1991年,第93页。

了当时英国统治下的北罗德西亚。联合国的行动招来欧洲国家特别是英国、法国和比利时的一致反对。面对盟友的压力和军事行动可能带来的严重后果，肯尼迪不得不拒绝向联合国军提供空中运输机，并再次要求哈马舍尔德促成阿杜拉和冲伯进行停火谈判。然而就在9月17日飞赴北罗德西亚与冲伯谈判的途中，哈马舍尔德所乘的飞机坠毁，所有机组成员遇难，这让哈马舍尔德的行动付出了生命的代价。他死后，缅甸人吴丹于11月3日出任联合国秘书长。他出任联合国秘书长后希望尽快解决加丹加的分裂，也希望在刚果能够很好地平衡美国和欧洲的双重利益。

　　此时美国政府仍然不打算以武力解决加丹加独立的问题，继续拉拢冲伯和卡萨武布进行谈判。美国政府也清楚冲伯不可能加入新的刚果联邦政府，对于与阿杜拉和谈并无诚意。但是肯尼迪政府不想彻底激怒比利时，也对用武力消灭加丹加分裂势力并不乐观，因此美国只有继续向冲伯施加压力。但是冲伯依然拒绝和谈，刚果危机持续升级。与此同时，美国要求联合国必须确保阿杜拉的军事优势地位以避免其向苏联求助。

　　11月13日，联合国紧急召开安理会，商讨下一步的措施。会上，锡兰、利比亚和埃及等国提出了以武力逮捕仍留在加丹加的外国军人的提案，24日安理会通过了这项提案。提案的通过立刻引发了冲伯和欧洲国家的强烈不满，12月5日，冲伯再次向联合国军发起军事进攻。如果联合国军的行动失败，那么阿杜拉就必然寻求联合国以外其他势力的帮助。出于这种强大的压力，美国决定支持联合国的军事行动，六架美国战略轰炸机和大量的对空武器、装甲车被运送到伊丽莎白维尔。随后，美国再次提供二十一架运输机，宣称其目的是使联合国军占据主动权。12月14日，在联合国军的强大压力下，冲伯给肯尼迪写信要求协商停火，美国趁机促使联合国军于18日停火。

　　12月20—21日，冲伯和阿杜拉在基托纳举行谈判。在美国大使和联合国副秘书长本奇的全力斡旋下，交战双方签订了基托纳协定。冲伯承认刚果根本法和卡萨武布的国家元首地位，允诺由卡萨武布控制加丹加宪兵队等。① 然而墨迹未干，冲伯再一次背弃了自己的诺言，他以需要议会批准为由拒绝履行协定中的内容，加丹加问题并不像美国想象中的那样会很快得到解决。1962年2月2日，阿杜拉就争取美国的进一步支持访问华盛顿。他向总统表示，冲伯并不打算遵从基托纳协定中的内容，他只是在拖延时间。显然，阿杜拉此时已对

---

① Editorial Note，1961，*Foreign Relations of the United States*，1961-1963，Vol. XX，p. 334.

美国政府没完没了的谈判感到厌倦,他试图像卢蒙巴那样利用一个超级大国反对另外一个。

随后,阿杜拉邀请冲伯前往利奥波德维尔谈判,冲伯在联合国保证其人身自由和安全的承诺下于3月18日与阿杜拉进行双边会谈,但谈判从一开始就走向了崩溃的边缘。美国政府也非常清楚冲伯对谈判毫无诚意,但是仍希望会谈能够继续。肯尼迪过于谨慎的考虑使得美国并没有实质性的措施和举动,这次会议仍旧没有任何进展,并给了冲伯拖延的借口和时间。谈判失败后,各方对美国政府的不满与失望都凸显了出来,冲伯仍旧在利用美国渴望以政治途径解决分裂问题的态度同美国大搞外交战术,此时联合国已经因为经费问题削减了军队人数,冲伯希望继续拖延直到联合国因缺少经费而被迫撤出刚果,他认为这样国际社会就会承认加丹加事实上的独立。比利时和英国等国依然对武力解决当前问题持强硬立场,并威胁如果联合国再次采取军事行动,他们将撤出其资金和部队;与此同时苏联也不断施压要求迅速以武力打败冲伯的军队。由于加丹加的长期分裂,阿杜拉政府的财政即将崩溃,政府面临垮台的危险,美国和联合国陷入了前所未有的窘境,肯尼迪形容刚果的局势"非常、非常严重"。

但是此时,美国国务院仍旧在制定一套希望为各方所接受的旨在以和平方式解决危机的方案。方案提出了结束加丹加分裂状态的三阶段计划:第一阶段规定,在草拟联邦政府制度的新草案时期,由冲伯集团和阿杜拉政府平均分配全部税收和矿山开采税,加丹加的军队应于两三个月以内并入中央政府。如果第一阶段计划失败,就在第二阶段对其实施贸易制裁。第三阶段是授权联合国军"采取一切必要的措施以制止加丹加的分裂活动"①。显然这项计划针对了与比、英、法三国有重要经济利益的联合矿业公司,他们表示强烈不满,英国表示他们不会参加抵制加丹加铜的活动,法国政府直接拒绝了批准该计划。②8月20日,该计划以联合国秘书长吴丹的名义提出,即著名的"吴丹计划"。美国对吴丹计划充满信心,希望其能够最终和平解决刚果危机,并向冲伯施加压力要求他接受吴丹计划。阿杜拉也多次强调吴丹计划将是他们与冲伯谈判且

---

① Memorandum from the Under Secretary of State (Ball) to President Kennedy, Washington, August 3, 1962, *Foreign Relations of the United States*, 1961-1963, Vol. XX, p. 530.

② Memorandum from the Department of State Executive Secretary (Brubeck) to the President's Special Assistant for the National Security Affairs (Bundy), August 11, 1962, *Foreign Relations of the United States*, 1961-1963, Vol. XX, p. 540.

和解的最后一次努力。① 在美国强大的压力下，冲伯最终表示接受吴丹计划，但是该计划进展得并不顺利以至于最终破产。此时冲伯军队与联合国军队也冲突不断，而美国在欧洲盟国施加的压力下似乎并无心情对冲伯实施经济制裁。阿杜拉此时也彻底对美国的一切和平计划失去了信心，他反对联合国与冲伯停火，对于计划中的全国特赦更是不满。因为全国特赦必然会包括基赞加等人，这可能将导致他的政府垮台。② 而此时发生的古巴导弹危机使得肯尼迪再次谨慎起来。10月31日，肯尼迪在与其班子成员开会时强调：虽然冲伯在执行吴丹计划方面没有任何实质性的措施，但是鉴于目前在古巴和印度发生的事情，我们将不能再考虑和支持联合国军的任何军事行动。③ 在向冲伯军事施压变得不可能实现的时候，肯尼迪唯一的选择就是向阿杜拉施加压力，但毫无疑问也遭到了阿杜拉和博邦科的拒绝。此时阿杜拉的处境也十分不妙，11月28日，刚果议会勉强通过了对阿杜拉的信任投票，议会中的众多议员也要求释放基赞加。此时博邦科也警告腊斯克说："除非形势现在发生明显的改变，否则阿杜拉政府将垮台。"④ 与此同时，联合国在亚非国家的压力下也对以和谈的方式解决刚果问题失去了耐心。11月22日，吴丹警告说，如果当前的计划还是毫无进展，就将在12月把问题提交由安理会讨论解决。⑤ 此时，美国政府终于认识到谈判是不可能解决问题的，于是决定增强对联合国的援助迫使冲伯结束加丹加分裂。这意味着吴丹计划和美国政府试图用和平手段解决加丹加问题的失败。

第五，刚果危机的结束。在这种情况下，12月间美国对冲伯施加了更大的压力。3日，美国飞机又开始空运军事人员和供给，增援在加丹加地区的联合国军；17日，美国国家安全委员会决定给予联合国军任何其所需的武器。与此同时，吴丹致电许多国家要求他们履行吴丹计划，给予加丹加经济制裁，希望他们立即抵制加丹加的铜和钴。12月13日—17日美国政府内部开始了一

---

① Telegram from the Embassy in the Congo to the Department of State, October 4, 1962, *Foreign Relations of the United States*, 1961-1963, Vol. XX, p. 602.

② Telegram from The Embassy in the Congo to the Department of State, October 16, 1962, *Foreign Relations of the United States*, 1961-1963, Vol. XX, p. 629.

③ Memorandum of Conversation, Washington, October 31, 1962, *Foreign Relations of the United States*, 1961-1963, Vol. XX, p. 642.

④ *New York Times*, Novermber 27, 1962, in Madeleine G. Kalb, ed., *The Congo Cables: The Cold War in Africa—From Eisenhower to Kennedy*, p. 360.

⑤ Telegram from the Department of State to the Embassy in the Belgium, November 22, 1962, *Foreign Relations of the United States*, 1961-1963, Vol. XX, p. 671.

系列讨论有关对"刚果局势新政策"的会议。在 13 日的会议上，提出了下一步行动的三项措施：第一，采取军事行动，目标是保证加丹加没有足够的空中力量与联合国军抗衡。第二，加强中央政府的地位，美国将提供必要的援助使中央政府建立自己的空军力量，这也是加强联合国军事力量的一个补充。第三，政治和解与重组，为了实现这个目标吴丹应亲自飞赴刚果与冲伯和阿杜拉谈判。① 实际上这份"新政策"与肯尼迪上台之初的刚果"新政策"相同，都蕴含了"双保险"的方针，即用建立强大的中央政府和增强联合国的行动排除苏联的干涉。随后，这份报告被递交给了肯尼迪总统。经过讨论最终决定，美国军队必须在阿杜拉邀请的名义下进入刚果，必须与联合国合作，但不听命于联合国的指挥。② 紧接着，一份名为"刚果行动方案"的计划出台了。计划指出，美国政府将向利奥波德维尔空运六辆重型装甲车和三十二辆半吨级卡车以增强联合国的军力。同时，美国会通过非官方渠道向联合国提供十架战斗机，并在飞往利奥波德维尔或卡米那军事基地后交由联合国军使用，美国还会派出地面部队和小部分工程兵增援联合国。③ 美国此次军事行动的目的在于显示美国支持阿杜拉政府和联合国和解行动的决心，以及让冲伯看到美国政府此次的坚定决心。然而，新的政策刚一出台，到处都充斥着对使用武力解决问题的质疑。这些质疑最终使肯尼迪再次动摇了，他也仍然坚持在没有冲突的情况下维持刚果和平的老政策，决定暂时不向联合国派出美国的空军中队。但是在 12 月 21 日，肯尼迪经过考虑之后再次决定向联合国派出空军中队，此举令吴丹信心大增。他认为加丹加的分裂将很快得到解决，肯尼迪也乐观地认为冲伯在看到美国军事行动的信心之后必将重新充满诚意地重回谈判桌。

在这种情况下，美国和联合国不得不采取新一轮的军事行动。进攻开始后，肯尼迪又希望同冲伯谈判以期尽快结束当前的军事冲突，而且他也担心这种行动会使得美国军事力量深陷刚果并引起欧洲盟友的众叛亲离。因此他寻求比利时和英国再向冲伯施压使其接受和解谈判。但此时联合国军的行动似乎也不在美国的掌控之内了，他不仅不理会美国要求谈判的建议，还继续指挥军队向加丹加腹地推进，不久冲伯逃到他在加丹加的最后一个据点克鲁维兹负隅顽

---

① Memorandum for President Kennedy, Washington, December 13, 1962, *Foreign Relations of the United States*, 1961-1963, Vol. XX, pp. 730-731.

② Memorandum for the Record, Washington, December 14, 1962, *Foreign Relations of the United States*, 1961-1963, Vol. XX, pp. 735-736.

③ Memorandum for President Kennedy, Washington, undated, *Foreign Relations of the United States*, 1961-1963, Vol. XX, p. 744.

抗。在联合国军就要取得军事胜利的形势下，美国仍然在寻求与加丹加谈判的途径，然而冲伯仍旧态度强硬，甚至威胁说如果联合国军向克鲁维兹前进，他将实施焦土政策。1月9日，联合国对冲伯彻底失望。[①] 在联合国军的再次猛烈进攻下，冲伯集团感到大势已去，故而在比利时和英国的支持下宣布投降，加丹加的分裂行为宣告结束。

至此，延续了三年之久的刚果危机宣告结束。在肯尼迪任期内诸多解决刚果危机的"新政策"中，都蕴含了"双保险"的策略，即加强亲美中央政府和联合国的军事力量保持刚果的统一、避免分裂的刚果给苏联以可乘之机，这也是肯尼迪时期美国刚果政策的核心。总体来说，肯尼迪的刚果政策是成功的，美国政府以最小的代价解决了加丹加的分裂，也在刚果建立了亲美的中央政府，更在一定程度上获得了亚非国家的支持，这些都将苏联势力排除在刚果之外。无论是哈马舍尔德还是吴丹担任秘书长期间，联合国都在刚果问题的解决中发挥了至关重要的作用。

（作者：崔晓乐，四川师范大学历史文化与旅游学院讲师）

[①] 王延庆：《美国与刚果危机（1960—1963）》，华东师范大学博士论文，2009年，第190页。

如何看待抗战岁月中东北大学的教学及其影响

1931年"九一八"事变后,东三省很快沦陷。四川师范大学的源头之一:"国立东北大学"迁到关内。随着1937年"七七"事变的爆发,迫于日本侵略军的步步进逼,中国东部高校为了避免成为亡国奴,纷纷内迁西部办学。"国立东北大学"在辗转北京、西安等地后,于1938年迁到了四川省三台县。

抗战时期内迁川北的东北大学,借用了三台县的多处地方为校园,包括三台县草堂寺(系诗圣杜甫为避徐知道之乱,在公元762年由绵州〔隋置,今四川省绵阳市〕迁至梓州〔今三台县〕寓居之遗迹)、川军第二十九军司令部驻地、原"潼属联立高中"的部分校舍。自从民国二十七年(1938)东北大学迁至三台后,虽处于抗战期间,但主体课程仍保持了内迁前的状态,延聘的师资也有所增强。

(一)内迁时期东北大学的课程设置

根据1939年6月东北大学编辑出版的《国立东北大学一览》,以"二十七年度(1938)课程表"所列举的史地系、中国文学系等系为例[①],简述当时四川三台"国立东北大学"的课程设置如下。

1. 史地系

学制四年,其中,一年级开设"党义"(指国民党党义)、"体育""军训""国文""英文""论理学""中国通史""西洋上古史""地学通论""中国地理

---

① 本文主要参考《国立东北大学一览》,1939年6月成都初印本,以及《国立东北大学一览勘误》本,1940年成都初印本。

总论"等必修课，"物理""化学""政治学原理""经济学原理"等选修课。

二年级开设"体育""中国上古史""西洋上古史""地学通论""亚洲地志""中国地方志""人生地理"等必修课，"政治学原理""经济学原理""日文（第一年）""法文（第一年）""德文（第一年）""边疆史地研究""人类学及人种地理""天文及气候学"等选修课。

三年级开设"中国中古史""西洋近世史""东洋史""地质学""欧美地志""实用地理学"等必修课，"先秦文化史""东北史地研究""日文（第二年）"等选修课。

四年级开设"清史及民国史""南三大陆地志""西洋近代外交史""实用地理学"等必修课，"先秦文化史""东北史地研究"等选修课。

2. 中国文学系

学制四年，"学程分为两阶段。第一阶段为一二年级，意在使学生窥见中国语文学之全面并写作方面之通达修养；第二阶段为三四年级，略分为语言文学与文学两组，使学生各就性习之所作为较专门之肄习，以冀为将来之高深研究"。其中，一年级（共八学分）开设"党义"（指国民党党义）、"体育""军训""国文""英文""论理学""中国通史""政治学原理""经济学原理"等必修课，"物理""化学""文字学概论""群经概论""中国文学史""要籍解题""楚辞""尔雅"等选修课。二年级（共二十八学分）开设"声韵学概论""古今文法研究""要籍解题""中国文学史""中国哲学史""要籍研读"等必修课，"诸子通论""新文学研究""文学概论"等选修课。三年级（共二十四至二十六学分）开设"语言学""文学专题研究""声韵专书研究""要籍解题""要籍研读""历代文选""历代诗选""词曲概论"等必修课，"金石学""金石铭识研究""韵文声律学""比较语言学""文学专家研究"等选修课。四年级（共十二学分）开设"方言调查及研究""汉语词义""声韵专书研究""中国文学批判史""欧美文艺思想史""历代诗选"等必修课，以及"杂剧与传奇""近代语研究""甲骨学""印支语言比较研究""文学专家研究"等选修课。

3. 化学系

学制四年，分必修课、选修课等类，具体有"党义"（指国民党党义）、"体育""军训""国文""英文""物理""化学""微积分"等课程。

4. 政治学系

学制四年。其中，一年级开设"党义"（指国民党党义）"体育""军训""国文""英文""论理学""中国通史""政治学原理""民法概要"等必修课，"物理""化学"等选修课。二年级开设"体育""英文政治名著选读""欧美各国政府""中国外交史""刑法""国际公法""西洋通史"等必修课，"财政学""日文（第一年）""法文（第一年）""德文（第一年）"等选修课。三年级开设"欧美政治思想史""行政学""各国地方政府""政党论""西洋近代外交史""中国外交史""中国政府""日文（第二年）""市政学""国际关系及组织""国际公法判例"等必修课。四年级开设"中国政治思想史""政党论""普通行政实务""应用文""行政法""中国地方政府""考铨制度""土地法""中国法制史""外交实施""外交专题研究""国际私法"等必修课。

5. 经济学系

学制四年。其中，一年级开设"党义"（指国民党党义）、"体育""军训""国文""英文""论理学""中国通史""经济学原理""经济地理""应用数学""会计（第一年）""政治学原理"等必修课，"物理""化学"等选修课。二年级开设"体育""经济名著选读""货币银行""财政学""统计""会计（第二年）""西洋通史""民法概要"等必修课，"公司理财""日文（第一年）""法文（第一年）""德文（第一年）"等选修课。三年级开设"经济思想史""商法""国际贸易与汇兑""货币问题""租税""关税论""行政学""实业管理""经济统计""高等会计"等必修课，"公司理财""日文（第二年）"等选修课。四年级开设"高级经济理论""劳工问题""交通经济""应用文""普通行政实务""国际经济政治""高级统计""成本会计""银行会计""审计学"等必修课。

（二）内迁时期东北大学的师资队伍

前述各系的教学课程，内容较为充实，结构比较合理，更为重要的是，不少课程均由知名教授主讲，如当时的历史学系。1940年，将隶属于文理学院的史地学系分为历史学系与地理学系。①"原有史地系教授被地理系分去了一半，所余的一半教授自不敷分配。"在文理学院院长萧一山的帮助下，历史学系增聘蒙文通、何鲁之，以及中国文学系的丁山为历史系教授，分别讲授汉魏晋南北朝史、沿革地理、中国史学史，西洋上古史、西洋通史，先秦史、书志研究等课程。算上兼授清史研究与中国最近世史的萧一山，教授宋辽金元史的金毓黻以及教授隋唐五代史、明史、中国通史的蓝文征，"每一个断代史都有一位对这一代有专门研究的教授，这不能不说是东大历史系同学之幸"②。

又如当时各系大学一年级国文课，主讲者为姜亮夫、蒋天枢、丁山、霍玉厚（字纯朴）等四位教员，均为教授；一年级的英文课，主讲者为殷葆荪（字仲珊）、陈克孚、吴志毅、黄微华兰四位教员（除吴志毅外均为教授），均为科班出身、学有专长、精通所讲课程甚至留学欧美多年者：丁山毕业于北京大学研究所国学研究门，之前曾就任中山大学、中央大学、山东大学等校教授及中央研究院专任研究员；霍玉厚毕业于北京大学国文系，之前曾就任东省特区法政大学③教授及东北商船学校教官；殷葆荪从东北大学毕业后，留学英国伦敦大学；陈克孚从东北大学毕业后，留学英国爱丁堡大学；美籍华人黄微华兰，毕业于美国北加罗拉州晏西中学、美利狄斯女子大学，后任东北大学英文讲师。

正如 1943 年《国立东北大学廿周年纪念册》所载："各系教授咸为知名之士。"① 上述阵容整齐、力量雄厚的师资队伍，保证了内迁时代东北大学的教学质量。1940 年，陈寅恪在清华大学指导的研究生朱延丰，也执教于内迁的东北大学。1942 年 11 月 19 日，陈寅恪在成都，致函时居于四川三台县东大的陈述，曾说"东大友人均乞代致意"；1943 年 6 月，陈寅恪又收到了"三台友人"的来函。⑤ 所谓"东大友人"与"三台友人"，就指前述内迁的东北大学教师中的陈寅恪之学生及后辈，包括姜亮夫、蒋天枢、蓝文征、陈述、朱延

---

① 东北大学史志编研室编：《东北大学校志》第一卷（1923.4—1949.2），沈阳：东北大学出版社，2008 年，第 174 页。

② 《东北大学历史系概况》，《读书通讯》，1941 年第 29 期，第 18～19 页。

③ 该校的前身为俄侨创办的"哈尔滨高等经济法律学校"，1922 年改称"哈尔滨法律大学"。1926 年秋，该校为东省特别区教育厅接管，更名为"东省特别区法政大学"。见黑龙江省地方志编纂委员会编：《黑龙江省志·教育志》，哈尔滨：黑龙江人民出版社，1996 年，第 473、476 页。

④ 臧启芳主编：《国立东北大学廿周年纪念册》，沈云龙主编：《近代中国史料丛刊》第 87 册，台北文海出版社，1966 年，第 16 页。

⑤ 陈寅恪著，陈美延编：《陈寅恪书信集》，北京：生活·读书·新知三联书店，2001 年，第 199、200 页。

丰、贺昌群等学者。以下略做介绍。

姜亮夫（1902—1995），原名寅清，以字行，云南昭通人，从成都高等师范学院毕业后升学到北京师范大学，旋考入清华国学研究院，与蒋天枢、蓝文征、朱芳圃等人共同师从王国维、陈寅恪等名师。从清华国学研究院毕业后一度任河南大学、中山大学教授，留学美国卡尔登大学、哈佛大学研究院，在应聘东北大学前，曾任广西大学英文教授，之后任东北大学哲学教授、四川大学哲学教授。姜亮夫后以敦煌学、音韵与楚辞研究而著称，晚年曾多次回忆起陈寅恪的教泽①，如陈寅恪曾向北平《燕京学报》主编容庚推荐尚在清华国学研究院就读的姜亮夫所撰之论文等。②

蒋天枢（1902—1988），字秉南，江苏丰县人，早年毕业于江苏无锡国学专科学校，之后考入清华国学研究院，师从梁启超、王国维、陈寅恪、赵元任等名师。1928年毕业后曾任开封省立高级中学教员兼开封东北大学（1937年2月，东北大学遵奉部令，在开封商借河南大学校舍，收容由北平来汴的师生，代校长臧启芳兼文学院院长；6月，文学院等师生再迁陕西，复南迁三台）教师，之后随校内迁四川三台；抗战胜利后任复旦大学教授直至病卒。蒋天枢在北京、南京、重庆、广州等地多次向陈寅恪问学及拜谒，深获晚年陈寅恪的信任，陈寅恪在《赠蒋秉南序》及多首赠诗中，对蒋天枢颇多赞词。1980年，上海古籍出版社出版了《陈寅恪文集》，全由蒋天枢一人整理。

蓝文征（1901—1976），字孟博，吉林省舒兰市人，早年毕业于专科学校，之后考入清华国学研究院，师从梁启超、王国维、陈寅恪、赵元任等名师。曾任重庆北碚复旦大学、三台东北大学历史学系教授兼系主任。1942年8月，东北大学正式成立文科研究所，以前国本中学为所址，金毓黻为主任，蓝文征兼任史地学部主任、导师，开始招收研究生。

陈述（1911—1992），字玉书，河北省乐亭县罗庄人，我国研究契丹及辽史的知名学者，曾任中国辽金及契丹女真史学会会长。1935年毕业于北平师范大学历史系，之后因陈寅恪的推荐，得以就职于"中央研究院"历史语言研究所一组（即历史组），初在北京，1936年迁移到南京。30年代中期至40年代初期，陈述曾就契丹及辽史等学术问题多次向陈寅恪问学。从1940年起，任东北大学历史学系教授、文科研究所研究员，复兼任三台草堂国学专科学校

---

① 姜亮夫：《姜亮夫自传》，《中国当代社会科学家》第一辑，北京：书目文献出版社，1982年，第258~267页。

② 姜亮夫：《思师录》，《姜亮夫全集》第二十四册，昆明：云南人民出版社，2002年，第290页；陈智超编：《陈垣来往书信集》，上海：上海古籍出版社，1990年，第7页。

（1946年秋迁至成都西门外金牛坝，改名成都尊经国学专科学校）教授兼训育长、复旦大学等校教授，随校内迁。① 中华人民共和国成立后，陈述在北京中国社会科学院民族研究所工作，任研究员。在20世纪三四十年代，陈述与陈寅恪有频繁的学术交往。②

朱延丰（1906—1969），字汉新，安徽萧县人，1929年毕业于清华大学历史系，继入清华研究所跟随陈寅恪攻读研究生，兼任历史系助教。1935年赴英国牛津大学研究近代史，1937年获得硕士学位后进入法国巴黎大学学习欧洲史，1938年执教于德国波恩大学，讲授中国史两年。1940年回国就任东北大学教授，直至1942年。后任中央大学、四川大学、中山大学教授兼历史系系主任，1949年后兼任台湾大学、东海大学等校教授。陈寅恪曾专函介绍朱延丰往谒胡适，又于1931年2月向胡适推荐朱延丰翻译"西洋历史著作"，介绍说朱延丰"去年曾为历史系助教"，"则历史乃其专门研究，译文正确想能做到；但能流畅与否，似须请其翻译一样式，方可评定也"③。不久胡适回函"朱延丰先生愿译历史书，极所欢迎"④ 云云。1942年朱延丰《突厥通考》撰成，请陈寅恪作序。对于这位以前"肄业于清华大学"的老学生，陈寅恪欣然挥墨，在《朱延丰〈突厥通考〉序》中⑤，陈寅恪对朱延丰的成果颇多赞词。

贺昌群（1903—1973），字芷云，四川马边县人，早年就读于上海沪江大学，之后工作于商务印书馆编译所，1930年东渡日本，1931年任教于河北女子师范学院，此后开始了敦煌学、中外关系史的研究。抗战爆发后，执教于浙江大学史地系。之后与马一浮先生共办复性书院于乐山。应蒙文通之邀，从1941年冬起在东北大学代课一年，此后赴重庆任中央大学历史系教授、系主任，1946年随中大迁回南京。⑥ 中华人民共和国成立后历任南京图书馆馆长、中国科学院图书馆馆长、第二历史研究所研究员等职。贺昌群在敦煌学、中外关系史的研究上曾得到过陈寅恪的指教。

---

① 抗战时期陈述在四川三台草堂国学专科学校的学生袁海余回忆说，陈述教授"精通契丹文字。有学问，但讲课口才不太利索，授课时过于严肃，显得死板，不易为人接受。他主讲断代史，但上课的人数很少"。见《四川文史资料选辑》第40辑，成都：四川人民出版社，1992年，第46页。
② 王川：《陈述与陈寅恪学术交往述略》，《史学史研究》，2002年第1期，第23~31页。
③ 耿云志、欧阳哲生编：《胡适书信集》上册，北京：北京大学出版社，1996年，第135~136页。
④ 耿云志、欧阳哲生编：《胡适书信集》上册，北京：北京大学出版社，1996年，第549页。
⑤ 陈寅恪：《朱延丰〈突厥通考〉序》，《寒柳堂集》，北京：生活·读书·新知三联书店，2001年，第144~145页。
⑥ 乔象钟：《贺昌群传略》，《中国当代社会科学家》第五辑，北京：书目文献出版社，1983年，第285~291页。

此外，内迁时曾服务于东北大学的教员朱芳圃（字耘僧）①，亦是陈寅恪在清华国学研究院当导师时的学生，陈寅恪曾向北平《燕京学报》主编容庚推荐朱芳圃所译《日人评论瑞典高本汉中国音韵学》一文。②

（三）结语

徙转于西南天际之时，内迁四川北部的东北大学，仍然保存了优良师资，如前述萧一山先生、蒋天枢先生等。其中，不少教师与史学大师陈寅恪有关，或是学生，或是友人，故陈寅恪也数次向"东大友人""三台友人"致函。陈寅恪学采东西，名满中外，既开风气又为师，其学术成就已为世人公认，而从三台东北大学中国文学系等的课程设置，隐约可见陈寅恪学术之影响。这些都是四川师范大学的宝贵精神财富。

在这一特殊历史时期，东北大学的教师，为人师表，治学育人；学生奋发潜研，勤学覃思。师生弦歌不辍，为祖国复兴与文化传承立下了不巧的功勋，也鼓舞着四川的民众。

此外，这一时期东北大学历史学通史课程的设置也值得关注。"九一八"事变之前，东北大学史学系开设的以"通史"为名的课程，仅有"西洋通史"。③ 1938 年 9 月，南京国民政府教育部在第一次课程会议后公布文、理、法三学院"共同必修科目表"，其中包括"注重文化之发展"的"中国通史"课程。④ 据此，东北大学文理学院重新制定了课表。在《史地学系学程号数及说明》中，"中国通史"的课程说明有"俾习者得谙中国精神，先民鹄烈，油然发爱国爱族之热情"⑤一语。这很难不令人联想到钱穆在《国史大纲》卷首中对"国民"与"本国历史"关系的叙述。⑥ 曾在东北大学就读的姜丁铭回忆

---

① 臧启芳主编：《国立东北大学廿周年纪念册》，沈云龙主编：《近代中国史料丛刊》第 87 册，台北文海出版社，1966 年，第 66 页。

② 陈寅恪著，陈美延编：《陈寅恪书信集》，北京：生活·读书·新知三联书店，2001 年，第 8 页。

③ 东北大学史志编研室编：《东北大学校志》第一卷（1923.4—1949.2），沈阳：东北大学出版社，2008 年，第 523 页。

④ 教育部教育年鉴编纂委员编：《第二次中国教育年鉴·高等教育》，上海：商务印书馆，1948 年，第 496 页。

⑤ 国立东北大学：《国立东北大学一览》，1939 年 6 月成都初印本，第 72 页。

⑥ 钱穆：《国史大纲》上册，北京：商务印书馆，2015 年，第 1 页。

自己学习中国通史课经历，感叹虽然"当时还觉不出有多大用处，现在看来，从最终立足于本民族，对本民族文化能开花结果出发，其重要性是显而易见的"①。可见，抗战时期东北大学历史学相关课程的调整，不仅服膺于国民政府"抗战建国"的国策以及相关的战时教育政策，也有助于培养学生对本国历史的"温情与敬意"。

抗战时期内迁到川北的东北大学，其课程设置，尤其是历史学相关课程的设置，也为现今四川师范大学的国家级特色本科专业"历史学"的建设（如课程设置）、四川省重点建设的重点学科"中国近现代史"的发展等，提供了有益的借鉴。

（作者：王川，四川师范大学副校长、教授，博士生导师；
朱晓舟，四川师范大学历史文化与旅游学院副教授，硕士生导师）

---

① 姜丁铭：《抗日、团结、进步的旗帜——忆四川三台东北大学》，《东北大学建校65周年纪念专刊》，东北大学北京校友会、东北大学沈阳校友会，1988年，第203页。

如何从世界史角度
研究甲午平壤战役

"甲午中日之役，在研求远东历史者，胥认为近世极大关键。"① 平壤一役为中日陆军在战争中的首次会战，对战局影响深远。是役，清军守城失败，烽火遂入国境。不过，战争似乎并不仅仅在前线展开，庙堂之上的枢垣、翰詹科道的清议与前线文武之间皆关系复杂，大同江畔的烽火连天和御史台前的言路开阖交相辉映，后方的决策、舆论与前线转运、战况互为表里又参差不同，舍前线、言后方和舍后方、言前线之论都会有失偏颇。前后合以观之，方能理解整个战役的真实情况，辨明各方势力对平壤战役观察评价的意图和影响。

关于甲午战争前后的政治局势，石泉在其《甲午战争前后之晚清政局》一书中剖析颇详，尤其是将视野拓展至甲午战前数十年洋务、清流以及宫廷、朝臣等方方面面，其对开战前夕和战争初期朝中主战、主和舆论以及中枢、北洋等关系把握亦相当到位。② 至于甲午战争中的平壤战役，除了各种甲午战争史书籍有所涉及外，还有孙克复等人的专篇论文，多以讨论作战为何失败为主旨。③ 本文目的并非检讨甲午平壤之役过程和失败原因，而在于将前敌后勤、作战与后方政局和舆论等因素同时纳入研究视野，并通过对战局和后勤等方面细节的考察，来探究战前用人择将争议、战役过程以及战败后责任追究、战役历史书写的互动情况，从而展现一个更为立体丰富的甲午平壤之役。

---

① 黄濬：《花随人圣庵摭忆》，上海：上海古籍书店，1983年，第441页。
② 石泉：《甲午战争前后之晚清政局》，北京：生活·读书·新知三联书店，1997年。
③ 甲午战争史专著以戚其章《甲午战争史》（上海人民出版社，2005年）为代表，专篇论文有孙克复《甲午平壤之战》载《辽宁大学学报（哲学社会科学版）》，1981年第4期；宋梦良《试论平壤保卫战失败的原因》，载《吉林师范学院学报》，1984年第4期等。

（一）开战前针对淮军集团的言路攻击

军机大臣翁同龢与直隶总督北洋大臣李鸿章可以说是当时朝廷内外位最高、权最重的汉臣，他们之间的恩怨也为人津津乐道。据说，李鸿章初入曾幕时，以进士妙笔代曾国藩参奏翁同龢之兄翁同书，两人便已结怨。当然，对于这段双方私人恩怨的故事可靠程度有着不小的争议①，但也有人认为此事"自为甲午至戊戌之间一大公案，直关士气与国运之兴衰，非止谈掌故也"②。除开这段颇有争议的私人恩怨之外，翁、李分别是当日朝中两大派别的领袖。翁同龢为士林风向，门下有众多名士，如南通状元张謇、两妃之兄志锐以及文廷式等。李鸿章乃洋务主将，不仅主持对外交涉，铁路、电线、矿务、铁甲舰诸端亦多出自李氏之手。抛开守旧趋新之异不论，士林清流和洋务派在言辞上相互攻击，以至于在各种事务上交加肘掣，为晚清政局重要一幕。以李鸿章为首的淮军集团把持北洋军事与洋务事业多年，自然成为士林非议对象，更何况李鸿章的用人原则和淮军集团整体品质偏差也难免成为众矢之的之命运。③

至甲午年中日关系紧张，在和、战国策上，李鸿章一意主和，而朝中以翁为首成主战舆论。以青年才俊为主的科道言官和各部小京官纷纷上奏言战，此前力陈停办船械的翁同龢口出"今北洋海陆两军，如火如荼，岂不堪一战耶"④之言。翁同龢一意主战的表态，被认为有驱李鸿章入虎口之意，恐怕难逃倾轧误国之责。⑤战前士大夫尤以甲申战事为据，虽承认海军不如人，却颇自负于陆军。如御史庞鸿书于光绪二十年六月十九日（距丰岛开战仅四日）上奏以为："现在与战于朝鲜，正可由陆地进兵，舍我所短，而用我所长。前者越南之役，以法人之桀黠，而镇南关一战，斩首敌酋，军威大振，此前事之可见者也。"⑥

---

① 比如翁飞的《翁李关系探源》和朱育礼的《翁李交谊与政见异同》两篇文章都认为翁李因代参事件的交恶没有多少可信性，对未来政坛中两人的交往也不存在什么影响。常熟市人民政府、中国史学会合编：《甲午战争与翁同龢》，北京：中国人民大学出版社，1995年，第209~239页。
② 黄濬：《花随人圣庵摭忆》，上海：上海古籍书店，1983年，第173页。
③ 罗尔纲：《淮军志》，北京：中华书局，1997年，第18页。
④ 王伯恭：《蜷庐随笔》，太原：山西古籍出版社，1996年，第21页。
⑤ 黄濬：《花随人圣庵摭忆》，上海：上海古籍书店，1998，第441~446页。
⑥ 戚其章编：《中日战争》（第1册），中国近代史资料丛刊续编，北京：中华书局，1989年，第24页。

然而，尽管对陆战充满信心，主战派却发现主和持重的李鸿章实为备战之一大障碍。盖因李坐镇北洋二十余年，可以一战的战守常备淮军多在其麾下。掌兵者主和，是主战官员群体必须解决的困境。战端未开时，就有吏科给事中余联沅保举刘铭传、刘锦棠、刘永福、陈湜。① 除称病在乡的刘铭传外，其他几人均非淮系人马，主战派意在倒淮用湘，利用湘淮矛盾达到抑制李鸿章和积极备战的目的。六月二十日，侍读学士准良称赞宋庆毅军八营"素精训练"，左宝贵"年富力强，不避险阻"，聂桂林"纪律最严，胆气尤壮"②。由工部尚书怀塔布代递的郎中端方条陈，明言刘锦棠可用，"殆非刘铭传所可比"③。宣战后，又有编修张百熙请刘锦棠④以及御史安维峻推荐李秉衡、冯子材、刘铭传、董福祥、刘锦棠等折片。⑤ 可见，除了甲申抵御法军的刘铭传外，当时北洋陆军主力淮军将领在他们眼中皆不可恃。有的折片还直接参奏淮系人员，比如御史钟德祥六月二十一日有参劾驻日公使汪凤藻的附片。⑥ 珍妃之兄，与翁氏过从甚密的礼部侍郎志锐，七月初三日有《奏请将丁汝昌等拿交刑部审明正法片》，举荐方伯谦代替丁汝昌统率北洋舰队。⑦ 若以日后丰岛、大东沟海战中方伯谦临阵脱逃的表现来看，这一主张实属保举非人。刑部侍郎龙湛霖在七月初五日所陈方略四条中之"选将领"一条，言刘锦棠、黄少春、陈湜、魏光焘等湘军将领可用，后又附片参劾刘铭传、丁汝昌。⑧ 次日，翁同龢的门生、侍读学士文廷式有《奏请将丁汝昌革职拿问治罪片》。⑨ 七月初九日，御史安维峻在《请饬督臣详查海陆各军目前实情折》中，将丁、刘、叶、卫等前线后

---

① 戚其章编：《中日战争》（第1册），中国近代史资料丛刊续编，北京：中华书局，1989年，第13页。

② 戚其章编：《中日战争》（第1册），中国近代史资料丛刊续编，北京：中华书局，1989年，第26页。

③ 戚其章编：《中日战争》（第1册），中国近代史资料丛刊续编，北京：中华书局，1989年，第34页。

④ 戚其章编：《中日战争》（第1册），中国近代史资料丛刊续编，北京：中华书局，1989年，第63页。

⑤ 戚其章编：《中日战争》（第1册），中国近代史资料丛刊续编，北京：中华书局，1989年，第76页。

⑥ 戚其章编：《中日战争》（第1册），中国近代史资料丛刊续编，北京：中华书局，1989年，第30页。

⑦ 戚其章编：《中日战争》（第1册），中国近代史资料丛刊续编，北京：中华书局，1989年，第44～45页。

⑧ 戚其章编：《中日战争》（第1册），中国近代史资料丛刊续编，北京：中华书局，1989年，第53、55页。

⑨ 戚其章编：《中日战争》（第1册），中国近代史资料丛刊续编，北京：中华书局，1989年，第58页。

方的陆海淮各军将领议论一过，其奏章遥指的是"督臣"李鸿章。①

在战争氛围渐浓的情况下，士林对于李鸿章早已不能信任。七月初三日，即宣战后二日，户部侍郎长麟上折希望能够特诏恭亲王奕䜣来主持军国大计。② 即使在平壤之役和大东沟海战前久，另觅大员替代李鸿章主持对日大计的主张也不少见。七月十七日，有御史王鹏运《奏请任恭亲王总统海疆军务折》。③ 同日，御史钟德祥上奏，称："为今日策胜算……请特旨别授一资望宿旧大臣出而临边。"④ 并在附片中放言："所最宜急者，似在我皇上之简将帅，使指顾之顷重帅大将络绎奉命骏发，将四裔咸晓然于中国之能筹边者，不在一李鸿章之宿重名也，中国之能破虏者，更不数淮军之毫不济事也。"⑤ 字里行间将扬抑之心意表露无遗。以上表态还算旁敲侧击，有的奏章更不加遮掩直奔主题，要求对李鸿章加以严惩。七月初三日，由吏部尚书代呈的编修丁立钧《讨日五条折》，直言："李鸿章调度乖方，请旨严予处分。"⑥ 七月十六日，王鹏运的《奏陈军务片》一针见血地指出："李鸿章狃于和议，著著落后，坐失事机。"⑦ 七月二十三日，郎志锐上奏《敌情诈伪及李鸿章衰病无能请简派重臣赴津视查折》⑧，用语尚客气。三天后，自请北上抗日的湘抚吴大澂，指责起老前辈李鸿章来丝毫不见其身为督抚的沉稳："鸿章之老成持重，虑损军威，虑损国威耳。"⑨

战端未开之际，主战派的弹章攻势已经直指李鸿章及其淮系集团，当日作为中国海陆军主力的北洋舰队和淮军统领都遭到了不同程度的质疑和攻击。李鸿章既

---

① 戚其章编：《中日战争》（第1册），中国近代史资料丛刊续编，北京：中华书局，1989年，第67～69页。

② 戚其章编：《中日战争》（第1册），中国近代史资料丛刊续编，北京：中华书局，1989年，第45页。

③ 戚其章编：《中日战争》（第1册），中国近代史资料丛刊续编，北京：中华书局，1989年，第89页。

④ 戚其章编：《中日战争》（第1册），中国近代史资料丛刊续编，北京：中华书局，1989年，第99页。

⑤ 戚其章编：《中日战争》（第1册），中国近代史资料丛刊续编，北京：中华书局，1989年，第101页。

⑥ 戚其章编：《中日战争》（第1册），中国近代史资料丛刊续编，北京：中华书局，1989年，第47页。

⑦ 戚其章编：《中日战争》（第1册），中国近代史资料丛刊续编，北京：中华书局，1989年，第86页。

⑧ 戚其章编：《中日战争》（第1册），中国近代史资料丛刊续编，北京：中华书局，1989年，第123～125页。

⑨ 戚其章编：《中日战争》（第1册），中国近代史资料丛刊续编，北京：中华书局，1989年，第134页。

拥重兵，又在外交事务上有很大的发言权，但其主和的态度和战备的不力，都令朝中清议和主战派不满。故而，朝野以湘代淮及寻干员代李的呼声不曾间断。①

（二）清军入朝与平壤之役

在言路奏章交劾和主战的圣意之下，李鸿章调度四路大军跨越鸭绿江入朝应援叶志超和聂士成统率的牙山孤军，分别为马玉崑所率毅军4营2000人，卫汝贵的盛军13营6000人，副都统丰升阿带领的奉天盛字练军马、步各2营共1500人②，丰岛海战当天起行的左宝贵的奉军3500余人③，内有靖边军5营归聂桂林分统。④ 其中，马玉崑和卫汝贵两军最先入朝，七月初四日抵达平壤，丰升阿、左宝贵、聂桂林等部七月初六抵达平壤。⑤

入朝部队的后勤状况不尽如人意，除了每营必备的军械、帐篷及应急粮饷等分别由海陆起运之外，后勤保障还遭遇到两个困难。首先是粮食供应问题。由于运力有限，清军粮食供应部分靠就地采买。然而，"韩地瘠苦"⑥，加上当时朝鲜正处于秋收前之缺粮时段，新谷还未登场，平壤一带更是粮食缺乏，即便前往平安、黄海、咸镜等道搜集，陆路运输也非易事。⑦ 第二个困难更为严

---

① 石泉在其《甲午战争前后之晚清政局》中对此有所分析，尤其是对张謇与翁同龢往来书信中暗语和谋划有所解读，第96~98页。

② 练军编制依照淮军的营制（淮军亦沿袭湘军），步队一营合营官501人，马队一营马勇250名。

③ 戚其章认为，左宝贵所部"后又招募500人，成立炮队1营，合计4026人"（戚其章：《甲午战争史》，上海：上海人民出版社，2005年，第82页）。但据盛京将军裕禄奏《左宝贵东征军拟请添募炮队折》[戚其章编：《中日战争》（第1册），中国近代史资料丛刊续编，北京：中华书局，1989年，第219~221页]记载，"该军带赴朝鲜马步八营，原只三千五百人"，而该折所请发饷日期即八月十五日，平壤已经陷入激战，而到朱批"另有旨"的八月十七奋死一战的左将军已壮烈殉国。可见，即便成军，新募炮队也不可能入朝，更不可能投入战斗。

④ 其实，靖边军和奉军在多大程度上为一军值得怀疑。日人档案中认为，靖边军是后来加入的，且战前奉军大部在奉天，靖边军则在东边道台（驻凤凰城）指挥之下［见日本参谋本部《明治廿七八年日清战争史》，载戚其章编：《中日战争》（第7册），中国近代史资料丛刊续编，北京：中华书局，1994年，第422、449页］。而且，在平壤，奉军和靖边军的防区也无联系，左、聂之间似乎没有统辖关系。可见，四大军只是当时一般习惯性称呼。

⑤ 以上基本参考戚其章《甲午战争史》以及日人记载相关档案《明治廿七八年日清战争史》[戚其章编：《中日战争》（第7册），中国近代史资料丛刊续编，北京：中华书局，1994年]。

⑥ 陈旭麓、顾廷龙、汪熙编：《盛宣怀档案资料选辑·甲午中日战争》（下册），上海：上海人民出版社，1982年，第189页。

⑦ 陈旭麓、顾廷龙、汪熙编：《盛宣怀档案资料选辑·甲午中日战争》（下册），上海：上海人民出版社，1982年，第175页。

重,甚至很大程度上也是导致买粮不顺的重要原因,即朝鲜本国钱少银贱之金融状况。据晚清驻外使节报告,全球各国官方不铸银钱(即银币)的国家只有中国和朝鲜。①而且,相对于中国的银两和制钱双本位制,朝鲜则基本上只使用铜钱作为通货。②这就导致了银在朝鲜并无通用地位,故而价值不高。朝鲜的这种金融状况,早在壬午和甲申两次兵变之后,已给驻扎朝鲜的清军造成了困难。如李鸿章在光绪十年(1884)上奏称因为"朝鲜银贱钱荒,百物昂贵",导致在朝"将弁士卒艰苦万状"③。次年,他在《议覆开源节流折》所附条议清单中也提到了"派防朝鲜各营"由于"该国银贱物贵,月饷不敷日用"④。不仅在朝清军受"银贱"影响,饷银不敷使用,中国方面代管的朝鲜电报局经费也因此捉襟见肘。时在朝鲜办理交涉通商等事的袁世凯,曾经向李鸿章报告:"盖因朝鲜各物皆贵,银价极贱,虽竭力节省,仍较中国电局费用为多。"⑤由此可见朝鲜"银贱"问题困扰驻朝鲜的中国人员已久。这一问题在承平之日尚不至于造成严重后果,在战时则大大影响清军后勤保障。由于使用和携带方便,清军的军饷和外务费用一般使用银两及进口银元,然而进驻朝鲜的清军则必须使用铜钱交易,这就增加了以银两换铜钱这一步骤。根据叶志超的电报,朝鲜银与钱的兑换比例很低,"以银易钱,库平百两作九十五两,每两合钱七百五十文";与之相比,此时天津的银钱比价则为"每两约合制钱一千四百余文",即白银一两在天津可换得的铜钱几乎是朝鲜可兑换的一倍;清军入朝以后,发到士兵手中的饷银,兑换成日常购物所用之铜钱,竟然缩水一半,难怪叶志超有言"官兵一月应领之饷不敷半月之用"⑥。基于此,兵发朝鲜的清军不得不使用大批车辆装载铜钱运往前线,致使不明就里的法国驻华公使施阿兰(1894年1月至1897年7月期间为法国驻华公使)目睹"清军用一队队车队为军队运送作为军饷和作战费用的铜钱"后,将之称为"古怪现象"⑦。不过,即便耗费了大量的运力运送铜钱,仍然不能解决"东钱缺少,

---

① 崔国因著,胡贯中、刘发清点校:《出使美日秘日记》,合肥:黄山书社,1988年,第299页。
② 有研究表明:"在1876年日本强迫朝鲜开放贸易之前,朝鲜的全国通货是政府铸造的铜钱……18世纪早期,当日本白银通过朝鲜出口到中国时,朝鲜王朝禁止使用白银作为国内的通货,朝鲜所开采的银也大部分供中国使用。"(林满红著:《银线:19世纪的世界与中国》,詹庆华、林满红等译,南京:江苏人民出版社,2011年,第59页。)
③ 顾廷龙、戴逸主编:《李鸿章全集》(第10集),合肥:安徽教育出版社,2008年,第197页。
④ 顾廷龙、戴逸主编:《李鸿章全集》(第11集),合肥:安徽教育出版社,2008年,第136页。
⑤ 顾廷龙、戴逸主编:《李鸿章全集》(第12集),合肥:安徽教育出版社,2008年,第399页。
⑥ 顾廷龙、戴逸主编:《李鸿章全集》(第15集),合肥:安徽教育出版社,2008年,第414页。
⑦ (法)A. 施阿兰著:《使华记》,袁传璋、郑永慧译,北京:商务印书馆,1989年,第31页。

无从预筹"的困境,李鸿章等人甚至准备将铜铅等原料直接运送至朝鲜开炉铸钱。① 朝鲜本地的金融状况,虽似与军情无关,但实际上给入朝清军带来了极大的麻烦,不仅占用了运力,迟滞更多军用物资的转运,而且使前线军心不稳,引发了军纪、士气等其他降低战斗力的问题。

受到后勤等因素困扰的清军,在抵达平壤后的月余时间内,除了一次贸然出击和击退日军小股先头部队外,基本上没有什么作为。至日军进逼,因谎报战功而任诸军总统的叶志超才仓促部署防御:

> 现奉征倭事宜总办李钦差传谕:倭情诡诈,必须严防。现在战守布置,既经会议定局,彼此令互相援。查南门外江南,马总统(玉崑)与盛军一营共扎浮桥;倘有缓急,马总统一营、聂统领(桂林)一营可派队速令应援。自大西门至盛军孙镇(显寅)与马总统营处交界方向,倘有缓急,可使盛军应援。北门外山上,江统领(自康)驻两营;倘有缓急,可使丰总统(升阿)队速援之。从大西门至七星门(静海门)其间,芦榆及山海关戍兵,即正定练军及武毅军古北口练军各营防守之;倘有缓急,盛军卫总统(汝贵)队可速援之。不论何军何营,倘有疏失,一经查出,立照军法惩办!②

作战部署中独不见左宝贵及其统领的奉军较为可怪。戚其章的解释是:"以左宝贵驻城北山顶,仍守玄武门,故命令中未曾提及。"③ 其实,在如此紧张的情况下,按照驻地划分防区理所当然,岂有以"仍守玄武门"而不见于防御命令之理。此说若通,则表明其他诸军皆临敌换防,断无可能。其间还有一事蹊跷,叶志超在前敌曾经发电报言:左宝贵"右偏中风,不能起床"④。李鸿章亲信盛宣怀也去电旅顺告知宋庆,"贯廷中风,卧不能起";同日,他又电询平壤的洪煕:"左贯翁病能治否?"⑤ 后方的淮系人员似深信之,并非糊弄总理衙门;且去电前线询问,又似非叶志超从中捣鬼。李鸿章报告总署称:此事

---

① 陈旭麓、顾廷龙、汪熙编:《盛宣怀档案资料选辑·甲午中日战争》(下册),上海:上海人民出版社,1982年,第195页。关于在朝鲜铸钱的准备和筹划,还可以参见陈崇桥、张玉田主编:《中国近代军事后勤史》,北京:金盾出版社,1993年,第72、73页。
② 转引自戚其章:《甲午战争史》,上海:上海人民出版社,2005年,第88页。
③ 戚其章:《甲午战争史》,上海:上海人民出版社,2005年,第88页。
④ 顾廷龙、戴逸主编:《李鸿章全集》(第15集),合肥:安徽教育出版社,2008年,第24集,第326页。
⑤ 陈旭麓、顾廷龙、汪熙编:《盛宣怀档案资料选辑·甲午中日战争》(上册),上海:上海人民出版社,1982年,第146页。贯廷、左贯翁皆指左宝贵,左氏字冠廷。

得知于叶志超元申电，即十三日傍晚来电。根据《甲午战争史》所引《清日战争实记》，上述临敌布防命令是西历9月13日（即八月十四）发布的。① 如果叶电属实，左宝贵应在病榻上，可能不及与会。同时，翻检史料发现，叶、左交往还颇有值得玩味处。在诸军抵达平壤时，叶志超本就"与盛毅诸将平日分属等夷，今膺总统，同人中或各存意见，不服调度"②；左宝贵则早以"素号英勇"闻名，且同时"大军云集，器械鲜明，士饱马腾，大有指日成功之望"③。诸军之中也数"马、左营规较为整肃，迭论战事，其气甚壮"④；而叶以牙山败军"散漫奔驰……奔波一月余，流离数百里"，绕道而至，情形萎顿，自与奉军等气势呈现天壤之别。叶志超于"敌人之强弱虚实，早已洞悉于胸"⑤；而"宝贵狃于捕马贼之功，颇轻敌"⑥。在随后的一次会商守撤去从的诸将会议上，叶志超建议撤退，左宝贵则力言坚守，豪言："若不战而退，何以对朝鲜而报效国家？大丈夫建功立业在此一举，至于成败利钝暂时不必计也。"⑦ 叶、左之话不投机可见一斑。及至开战之后，左宝贵有"以兵守志超勿令逸"的言辞。⑧ 所以，叶志超所发布的命令中，没有关于奉军的内容，或许是左宝贵卧病在床而未能与议，或许是此时的叶志超已经差遣不了奉军。

在清军纷扰逡巡之际，日军已形成对平壤围攻之势。大岛义昌领第九混成旅团3600余人，挟牙山胜利之余威，突击大同江南清军阵地，攻打平壤南门，其面对的是盛军主力和毅军的共同防线。立见尚文领朔宁支队2400余人，攻平壤东北；从平壤东面登陆的元山支队4700余人，绕道进攻平壤西北；这两支队避开城北的江自康及丰升阿部，专攻左宝贵军。以野津道贯亲领的第五师团本部5400余人，过大同江从西面发起冲击，彼处驻军为盛军另一部和从牙山撤回的芦榆防军。日军投入进攻兵力共16000余人，较清军为众。

战斗概要大致如下：城南日军先攻清军江南阵地，盛、毅军防守得力，还

---

① 戚其章：《甲午战争史》，上海：上海人民出版社，2005年，第88页。
② 顾廷龙、戴逸主编：《李鸿章全集》（第24集），合肥：安徽教育出版社，2008年，第304页。
③ 戚其章编：《中日战争》（第6册），中国近代史资料丛刊续编，北京：中华书局，1993年，第179页。
④ 顾廷龙、戴逸主编：《李鸿章全集》（第24集），合肥：安徽教育出版社，2008年，第24集，第306页。
⑤ 戚其章编：《中日战争》（第6册），中国近代史资料丛刊续编，北京：中华书局，1993年，第180页。
⑥ 赵尔巽等：《清史稿》，北京：中华书局1977年，第12710页。
⑦ 戚其章编：《中日战争》（第6册），中国近代史资料丛刊续编，北京：中华书局，1993年，第180页。
⑧ 赵尔巽等：《清史稿》，北京：中华书局，1977年，第12710页。

曾组织反攻，卫、马两总兵皆在此指挥；城西日军师团主力因路上耽搁，较晚到达，攻击未几，即遇清军骑兵出击，清军进攻也不利，双方僵持，又因大雨，遂停战，所以伤亡很小；城北元山支队先进攻，朔宁支队即投入，连下城外堡垒、牡丹台及外城玄武门，左宝贵死之，日军不能近内城，暂时驻足不前，战斗结束。①

以战果论：城南日军混成旅团死130人（将校6人、士兵124人），伤290人（将校17人、士兵273人）；城西日军第五师团主力死6人（均为士兵），伤26人（将校2人、士兵24人），7人失踪；城北日军元山支队死36人（将校2人、士兵34人），伤144人（将校6人、士兵138人），日军朔宁支队死8人（均为士兵），伤46人（将校3人、士兵43人），5人失踪，城北日军死44人，伤190人。②

无论从战况还是战果来看，城南的战斗是最为成功的，清军在战斗结束时还处于进攻态势，其中战后屡被指为未战先逃的卫汝贵曾亲率士兵过江作战，发起反攻，毙伤日军数最多；城西战场清军骑兵冲击不当，伤亡较大，但好歹"盛军死力拒守，如铁壁铜墙"③，迫使日军停止进攻；恰恰是左宝贵镇守的北面成为日军的突破口，在一上午的战斗中就失门殇将，导致后路见阻，全军士气崩溃，无心恋战，溃围而走。

（三）战后评价与追责

平壤失守的消息传到北京，朝廷震动，未几黄海战罢，水师大损，烽火蔓延入境，清廷"龙兴"之地危急，大为震惊的言官们愤不可抑，言路奏章攻势渐入高潮，矛头直指淮军将领卫汝贵。

---

① 以上战斗序列和战役大致情况，参考《中日战争》（戚其章编：《中日战争》（第1册），中国近代史资料丛刊续编，北京：中华书局，1989年）和《日清战争实记选译》[戚其章编：《中日战争》（第8册），中国近代史资料丛刊续编，北京：中华书局，1994年]相关部分。

② 伤亡统计数字，见日本统计的《平壤战役日军伤亡情况表》[戚其章编：《中日战争》（第7册），中国近代史资料丛刊续编，北京：中华书局，1994年，第573、574页]。戚其章《甲午战争史》引《明治廿七八年日清战史》称：日军将校以下就有"死者约一百四十名，伤者约二百九十名"。其数字出入，是因为《情况表》记录的是总攻击开始后的9月15、16日两天的伤亡，而戚其章先生所引可能包括12、13日小范围接战的伤亡。

③ 戚其章编：《中日战争》（第6册），中国近代史资料丛刊续编，北京：中华书局，1993年，第182页。

九月初三日，《请饬下宋庆破除情面严查卫汝贵临敌先窜情由片》宣称："卫汝贵统带盛军观望不前。敌势汹汹，又复首先逃窜，以致一队奔溃，千军摇心。"① 此后，卫汝贵未战先溃渐渐成为统一口径。御史高燮曾于初六日上奏言："叶志超、卫汝贵两军不战而溃，诸将相率奔逃。"两片相同之处是左宝贵和马玉崑都成为其对立面，其中且有"左宝贵军火不足，赴该军求援，卫汝贵等复置之不顾"②的说法。这是不知从何处道听途说的言辞，其实，当左宝贵在北门殉国时，卫汝贵尚在城南与日军激战。一天后，一份由吏部尚书麟书和徐桐代呈的请罢斥李鸿章的奏折上达天听。在此折中，李鸿章首当其冲，被描述为权奸叛徒似的人物，不仅"比年以来，天下之利权李鸿章绾之，天下之兵权李鸿章主之。朝廷倚李鸿章为长城，李鸿章广蓄私人，以欺罔朝廷"，而且还有"倭米船则放之，倭运开平煤则听之"，私放日本间谍等事。其子李经方"又在日本各岛开设洋行三所"等诸多叛国行径，奏折中甚至称李"闻败则喜，闻胜则忧"，有"虽食李鸿章之肉于事奚裨"之论，其意不仅仅在"迅赐罢斥"。卫汝贵也未逃众怒，被视为李鸿章爪牙之一，称其"望风先逃"，被视作溃逃的始作俑者，就连叶志超也不过是"继之"之从犯，又历数"种种罪状，罄竹难书"，与丁汝昌并列"两巨奸者"③。同日，又有高燮曾要求将卫汝贵、叶志超分别治罪的附片。④ 主战领袖张謇的条陈则先讲卫汝贵得官不正，"卫汝贵之统领，以贿李经迈得之"，又指其诸多劣迹⑤，似从源头上找问题。到九月初十日，御史陈其璋奏请将丁汝昌、卫汝贵、孙显寅三人法办的条陈附片，明言"斩此三人"⑥。

将前线之败归咎于淮军，将淮军之不利归咎于李氏，而左、卫两将则成为勇怯之标志性人物，甲午平壤战役评价的基调已定。⑦ 舆论造势之大，使得西

---

① 戚其章编：《中日战争》（第1册），中国近代史资料丛刊续编，北京：中华书局，1989年，第287页。
② 戚其章编：《中日战争》（第1册），中国近代史资料丛刊续编，北京：中华书局，1989年，第300页。
③ 戚其章编：《中日战争》（第1册），中国近代史资料丛刊续编，北京：中华书局，1989年，第300~305页。
④ 戚其章编：《中日战争》（第1册），中国近代史资料丛刊续编，北京：中华书局，1989年，第1册，第308页。
⑤ 戚其章编：《中日战争》（第1册），中国近代史资料丛刊续编，北京：中华书局，1989年，第311页。
⑥ 戚其章编：《中日战争》（第1册），中国近代史资料丛刊续编，北京：中华书局，1989年，第327页。
⑦ 梁启超《李鸿章传》影响很大，其中就有"卫汝贵克扣军饷，临阵先逃"等语。见马勇编：《梁启超中国近代名人传记丛编》，石家庄：河北人民出版社，2005年，第96页。

方观战者在完全没有搞清楚中日军队作战部署的情况下，就以为"华统领卫汝贵闻日兵之至，先已抱头鼠窜"①。至清廷为左宝贵立祠、卫汝贵被斩首后，人人皆知左宝贵为殉国捐躯之英雄②，卫汝贵则为未战先逃的懦夫。

其实，单就平壤守城战来说，先溃的反而是左宝贵奉军。时左宝贵"登城指挥，中炮踣，尤能言，及城下，始殒，其部将负尸开城走，遇日军，又弃之，于是诸军皆溃"③。随军的栾述善称："奉军正在惊恐之际，见队伍如飞而至，遂成败兵，全军慌乱，轰然溃散。"④根据日军的记录，平壤城北玄武门破时，西、南两方还毫不知情，仍处于苦战之中。此时，指挥城西战斗的日军最高指挥官野津道贯，亦不知玄武门已破、城头有白旗悬起的情况，他所接到的报告都称平壤坚固、清军善战，故而发出"若不幸失败，平壤城下乃我的坟墓"之誓言。日军从被俘清军口中得到的情报如下：左宝贵战死后，其"部下亲兵马队抢先逃跑"⑤。这也证实了城北奉军率先溃逃。由此可见，李鸿章在战后一周所奏《临阵脱逃官弁请予严拿正法》一电，参奉军三名营官"首先开城脱逃"，虽有推诿之嫌，却也是实情，况且此电也提淮军的江自康、孙显寅脱逃之事。⑥ 只是不久后，言路大潮涌动，李鸿章自顾不暇，也就无力维护手下了。

卫汝贵经刑部审判和光绪降旨，于甲午年末被依律问斩。关于此案是否存在冤杀成分，学界有不同意见。⑦ 但是，正反双方都以为卫汝贵在平壤战役中

---

① 蒲雷称左宝贵部力拒大岛旅团。其实，左宝贵在城北，大岛义昌在城南，蒲雷根本没有弄清中日双方部队的位置。《蒲雷东方观战纪实》，戚其章编：《中日战争》（第6册），中国近代史资料丛刊续编，北京：中华书局，1993年，第59页。

② 其实，就左宝贵战殁的形象而言，未尝没有各种势力以其所需添油加醋的成分在里面，比如多宣称左宝贵着黄马褂上城决战。若以上文所言甚真的忧劳中风的话，如此行为的真实性就值得怀疑，但这丝毫不损其为国捐躯的壮烈。

③ 赵尔巽等：《清史稿》，北京：中华书局，1977年，第12710页。

④ 戚其章编：《中日战争》（第6册），中国近代史资料丛刊续编，北京：中华书局，1993年，第182页。

⑤ 戚其章编：《中日战争》（第8册），中国近代史资料丛刊续编，北京：中华书局，1993年，第57、58页。

⑥ 戚其章编：《中日战争》（第1册），中国近代史资料丛刊续编，北京：中华书局，1989年，第250页。

⑦ 持卫汝贵是被冤杀观点的有戚其章《甲午战争中最大的一桩冤案——卫汝贵被杀案考析》，《安徽史学》1990年第1期；廖宗麟《卫汝贵被杀是一桩冤案》，《安徽史学》1991年4期。认为卫汝贵罪有应得的有张剑《卫汝贵是被冤杀的么？》，《探索与争鸣》2011年第11期。

的表现并没有问题，刑部所拟罪状不合实情。① 卫汝贵有克扣军饷和军纪不严，此事即便李鸿章也有所耳闻，其出征前就曾劝诫，盛军到达朝鲜后又多次电告。② 不过，情况也并非全如物议。卫汝贵曾致信盛宣怀，称"韩地瘠苦……兵勇之寻柴觅水亦事之常"③，这显然与入朝军队的后勤保障以及朝鲜当地的物资、金融状况有关。参照上节分析，可知情况属实，并非辩解和托词。卫汝贵还说："丰军亦名盛军，敝军又较他军稍大，以致众恶皆归。"④ 也可谓在理。其时，丰升阿军的确纪律不佳，前线发回的电报称："丰带旗兵不甚精炼，且有骚扰。"⑤ "丰都统为人长厚，所部各营，骚扰百姓异常。"⑥ 丰升阿所率领的盛字练军与卫汝贵统带的盛军，名号接近，或许也有张冠李戴的情况，导致"众恶皆归"。关于卫汝贵被杀，《异辞录》中记录有一段袁世凯为丁汝昌请求抚恤不成之感言：

> 甲午之役，吾身在军中，闻溃卒言：汝贵持刀立阵前，督军力战，日人颇失利；未几，援军大至，势不可当。其败也，譬如机器，以引擎、锅炉、马达速率之不敌，出货固宜不若。仅归咎于出货之一部，谁任其咎？以余观之，朝廷赏罚之公，虽汝贵亦应赐恤，遑论乎汝昌！⑦

另外，如将平壤之役前后，朝野对于淮军集团的口诛笔伐，与之后湘军败绩对比，多少也显示出宽紧不公。湘军一些部队的作战之勇，或许还不及盛军，却鲜有如此咬牙切齿的奏章和舆论攻击。

甲午战争，除中日军事交锋外，还有以翁同龢为首的主战清流与李鸿章为首的淮系集团之间的矛盾。有评价称：惜乎松禅老人（即翁同龢———笔者按），读词不熟，昧于乡先生之绪论，不为清廷立自治之策，而徒以觝排合肥

---

① 认为卫汝贵不算被冤杀的张剑承认："在刑部相关卫汝贵平壤之战的罪名中，大多是不切实际的，不是过分的苛求，就是莫须有的'捏造'。"见张剑《卫汝贵是被冤杀的么？》，载《探索与争鸣》2011年第11期，第37页。文章认为卫汝贵该杀的主要问题是军纪，但是根据刑部"按失误军机与失陷城寨二罪均应拟斩"以及光绪谕旨中"临敌节节退缩，贻误大局，并有克扣军饷，纵兵抢掠情事"来看，杀卫的主要理由还是战事，克扣军饷和军纪问题只是"并有"而已。
② 顾廷龙、戴逸主编：《李鸿章全集》（第24集），合肥：安徽教育出版社，2008年，第322页。
③ 陈旭麓、顾廷龙、汪熙编：《盛宣怀档案资料选辑·甲午中日战争》（下册），上海：上海人民出版社，1982年，第189页。
④ 陈旭麓、顾廷龙、汪熙编：《盛宣怀档案资料选辑·甲午中日战争》（下册），上海：上海人民出版社，1982年，第189页。
⑤ 这是盛星怀、王锡祉平壤来电，非卫汝贵辩辞。陈旭麓、顾廷龙、汪熙编：《盛宣怀档案资料选辑·甲午中日战争》（上册），上海：上海人民出版社，1982年，第98页。
⑥ 顾廷龙、戴逸主编：《李鸿章全集》（第24集），合肥：安徽教育出版社，2008年，第306页。
⑦ 刘体智：《异辞录》，北京：中华书局，1988年，第129页。

(即李鸿章———笔者按)为能事也。① 平壤之战发生于两派斗争的大背景下。战前,李鸿章、卫汝贵、丁汝昌等人就遭到了种种质疑和指责。清军入朝以后,由于后勤和朝鲜实际情况等因素,处境艰苦,不能自持,一定程度上引起了军纪松懈,进而成舆论、奏章攻击的材料。平壤一战,城南尚能相持,北门过早失守,因退路被切断而引发溃退,国内舆论更是口诛笔伐,将矛头集中于率领淮系盛军的卫汝贵,不少文字基于义愤,歪曲了战役过程的事实真相,影响了日后关于此战的历史书写。

(作者:张晓川,湖南大学岳麓书院副教授,本文曾发表于《四川师范大学学报》2015年第3期)

---

① 黄濬:《花随人圣庵摭忆》,上海:上海古籍书店,1983年,第177页。

课程教学改革

KECHENG JIAOXUE GAIGE

中国古代史课程教学中
有关藏族起源问题

藏族作为生活在青藏高原上的古老民族之一，其悠久的历史、璀璨的文化、纯朴的民风，成为我国民族之林中一道亮丽的风景线，深深地吸引着人们。藏族自称为"博"，这见之于众多古代藏文典籍和传说故事。学术界对"博"的含义有多种说法，一说来源于"苯教"；一说与从事游牧民族的部落和地区"卓巴"相对应，指从事农业的部落和地区；一说源于游牧民族遇见自然灾难或野兽侵袭时相互联系的声音，称为"博巴"，后又演化成地名，于是"博"兼具民族和地域的内涵。"博"的起源问题同样引来了学者对藏族族源研究的多种争论。今天在涉藏地区既流传着许多口头的文学形式，包括神话、传说、民间故事、歌谣等作品通过口传的方式记录了藏族历史上的风俗及文化特性，同时也流传着很多记载藏族起源的资料典籍，这为探寻藏族的起源提供了丰富的材料。

（一）藏族起源之外来说观点

关于藏族族源的争论大都集中在两大观点，即藏族到底是由外部迁徙而来，还是起源于青藏高原本身。外来说的观点在过去长期占主导地位，持此观点者认为，被称为"世界屋脊"的青藏高原荒野千里、严重缺氧且山高地寒，这种自然环境在古代不可能有人类繁衍生息，因此藏族的远祖只能从别的地方迁徙进来。外来说的观点有诸如藏族起源于印度、羌人、鲜卑、缅甸、马来西亚等，其中"印度说"和"羌人说"最流行，在越来越多证据显示藏族源起于本土的情况下，这两种观点依然常常被提及。

"印度徙入说"严格说来主要是关于藏地王族成员来源的一个传说，但在相当一部分藏文史籍中它被演绎成了全部藏族起源的传说。此说最早在敦煌藏文文献中已经初见端倪，而后在藏传佛教后弘期被当作"伏藏"流传的《遗训首卷录》（又译为《柱间史》《西藏的观世音》）、《玛尼宝训集》《档案文书》等史籍中也有较详细的记载，后来经《布顿佛教史》的转述而开始流行。其核心说法谓藏族"是嘉森王的五个王子与十二支凶悍的敌军交战的时候，汝巴底领着他的军队约一千人，乔装为妇女逃遁到雪山丛中，逐渐繁衍而成的"①。《新红史》亦说："在净之初，嘉森王之第五子，当他打败茹扎军时，有名叫茹西王者，他乔扮女装随军逃往西藏，居于雪山之中，遂由此形成一些人类。"② 这两段论述皆有将藏地王族的起源与藏族的起源混为一谈之嫌。类似记载还有《红史》《西藏王统记》《青史》《如意宝树史》《雅隆尊者教法史》等。由此可见，这种藏族的起源之说有很大的推测性，认为吐蕃王族可能是上古部落战争中印度嘉森王之子汝巴底带着一支数千人的溃散军队逃到雪域悉勃野之地，统摄当地土著，逐渐形成了藏族。嘉森和汝巴底都是印度化的名字，此说无疑是早期藏族史家对印度文化崇敬的表现，应该是佛教传入西藏以后逐渐兴起的观点。

对于"印度徙入说"，四川大学历史文化学院石硕教授有过如下评论："印度徙入说显然并非一种出自藏地本土的传说，它极有可能是在佛教传入的背景下，由藏族史家和佛教学者基于对佛教的信仰而衍生出来的一种说法。"③ 藏族学者南喀诺布则从文化心理上对这种敬仰印度的观念作了如下阐释，他说："藏族史家们普遍将吐蕃王室的起源归溯于几个藏区以外的王统。产生这种现象的主要原因是因为藏族笃信印度佛法，就对印度其他学科也有一种亲密感，从而对印度悠久的历史文化传统，也进行了比较深刻的探求。同时也开始了将藏族历史文化的起源追溯于印度的做法。"④ 法国藏学家卡尔梅·桑旦坚赞也指出："藏王印度出身的神话，开始形成的具体日期尚不能确定，在佛教编史家中得以流传并非简单地由于藏传佛教徒对第一位藏王是一个释迦族后裔的说法感到满足——释迦牟尼也出身于同一个氏族；而是由于它对藏传佛教的宣传有着重要的意识形态及战略上的目的。"⑤ 实际上，藏族自印度徙入说在历史上也曾遭到藏族学者中有识之士的批判和摈弃，如16世纪的藏族史家巴俄·

---

① 布顿·仁钦珠：《布顿佛教史》，北京：中国藏学出版社，1988年，第180页。
② 班钦·索南扎巴：《新红史》，黄颢译，拉萨：西藏人民出版社，1984年，第14~15页。
③ 石硕：《论藏族关于自身族源的三个传说及其价值》，《西藏研究》，2001年第3期，第97页。
④ （意）南喀诺布著：《论藏族古代史中的几个问题》，才旦太译，《中国藏学》，1988年第2期，第60页。
⑤ （法）卡尔梅·桑旦坚赞著：《〈五史册〉披露的第一位藏王出身的神话（上）》，李登贵、仓决卓玛译，《西藏研究》，1999年第2期，第123页。

祖拉陈瓦就指出："遍知布顿用《殊胜神赞注释》为依据说藏族来自汝巴底，是未见到正确之说。"① 所以，今天的藏学家普遍认为："无论从历史，还是从事实方面，这种说法没有任何根据。"②

"西羌说"是藏族外来说中的又一重要观点，赞同此观点的学者把藏族古老的族源传说、宗教文化、风俗和语言全部都归入羌人的范畴，说藏族是持各种蕃语的西羌人。有史书亦记载吐蕃王朝是魏晋以后陆续进入西藏的羌人牦牛部、苏毗部建立的政权，如此等等。持这种观点的以中国学者居多，他们凡论及藏族必会谈到羌，凡探求藏族族源必言西羌。之所以如此，追根溯源在于《唐书》及之前的《后汉书·西羌传》中关于羌、西羌与吐蕃的记载。"羌"字在我国早已创用，最早见于公元前16世纪至前11世纪殷商时期的《甲骨文书》。甲骨文中的"羌"字形像是一个被缚跪之人，如同牛羊一样被当作奴隶和献祭牺牲，甲骨文"羌"字的创意是殷商奴隶主将征战中被俘之人或有罪者和卖身为奴之人充作奴隶的形象。除此之外，作为氏族姓氏的"姜"字反映的时代比甲骨文的"羌"字还要早很多，有学者认为黄帝是活动于姬水的羌人，炎帝是活动于姜水的羌人，他们在长期活动中变成了今天华夏族的共祖，而"羌"则是炎黄部落的部落属民共称，"羌"与"姜"古时也谐音。

藏族主要外来于羌人观点中的"西羌"则与传说中的羌人领袖无弋爰剑有关，其次也与许慎解"羌"字为"西戎牧羊人"相关。《后汉书·西羌传》是记载西羌历史最早最详细的传记，其载：秦厉公（前474—前443年）时，羌人爰剑被秦人捕获为奴，羌人自称奴隶为"无弋爰剑"，爰剑逃脱后为躲避秦人追逐藏于岩洞，秦人用火焚烧，当时"有景象如虎，为其蔽火，得以不死……诸羌见爰剑被焚不死，怪其神，共畏事之，推以为豪。河湟间少五谷，多禽兽，以射猎为事，爰剑教之田畜，遂见敬信，庐落中人依之者日益众，其后世世为豪"③。于是，《后汉书·西羌传》成为一些学者推断羌藏渊源关系的依据之一。此外，《旧唐书·吐蕃列传》则直接指明藏源于羌，云："吐蕃，在长安之西八千里，本汉西羌之地也。其种落莫知所出也，或云南凉秃发利鹿孤之后也。利鹿孤有子曰樊尼……及蒙逊灭，樊尼乃率众西奔，济黄河，逾积石，于羌中建国，开地千里。"《新唐书·吐蕃列传》云："吐蕃本西羌属，盖

---

① 恰白·次旦平措、诺章·吴坚、平措次仁著：《西藏通史：松石宝串》，陈庆英、何宗英、格桑益西等译，拉萨：西藏古籍出版社，1996年，第13页。
② 转引自恰白·次旦平措、诺章·吴坚、平措次仁著：《西藏通史：松石宝串》，陈庆英、何宗英、格桑益西等译，拉萨：西藏古籍出版社，1996年，第13页。
③ 范晔：《后汉书》，刘龙慈等点校，北京：团结出版社，1996年，第844页。

百有五十种,散处河、湟、江、岷间,有发羌、唐旄等,然未始与中国通。居析支水西。祖曰鹘提勃悉野,健武多智,稍并诸羌,据其地。蕃、发声近,故其子孙曰吐蕃,而姓勃窣野。或曰南凉秃发利鹿孤之后……樊尼率兵西济河,逾积石,遂抚有群羌云。"这是汉文古籍明确肯定西羌与吐蕃渊源关系的最早记载,亦是后世众多学者认定"蕃人是操蕃语的羌人""吐蕃是西羌后裔发羌所建立之政权"的主要史证。

建立于历史典籍记载的藏族源于西羌的论说看似有据,但就其本质而言存在很多问题。因为在没有考证历史典籍真实性和可靠性的前提下,即便经过严密推理,得出所谓十分"真实、可靠"的结论,但结果仍会是谬之千里,毕竟推理的前提就是不真实的。"西羌"说就是典型,《后汉书》谈到的西羌各部落事实上是在不同历史时期西迁,而且他们迁徙的具体地望从未经查实,所以在此基础上推断结论会有很多不确定性。然而,沿袭《后汉书》的新旧《唐书》很明显也没有严格考查吐蕃和西羌的真实关系,因此,在还没有充分资料补充的情况下运用这些记载是不严谨的。

(二) 藏族起源于本土的观点

地质学家告诉我们,"在三四百万年前的第三纪晚期,喜马拉雅山北坡一带气候温暖,潮湿多雨,森林遍野,古树参天,四季葱茏,属于亚热带的自然环境"①,完全能够满足人类进化发展所需要的自然环境条件。新中国成立后,党和国家对藏文化的继承和发展给予了极大的重视和关怀,众多藏文古籍得以挖掘、整理和利用,同时涉藏地区考古工作取得重大进展。1964年中国学者在青藏高原科学考察中在西藏定日、聂拉木、那曲、阿里北部、墨脱和青海黄河、湟水流域先后发现各种石器、骨器和陶器等,它们分别属于旧石器和中石器时代,说明青藏高原远古以来就有人类活动。尤其是后来,昌都卡若文化、拉萨曲贡文化、藏北高原细石器文化以及青海孙家寨卡约文化的发掘意义更加重大,考古资料证明在距今3000年至4000年的新石器时代这些地区已经有了高级的文明。也就是说,藏族源于本地的说法是有相当科学前提的。在关于藏族源于本土的观点中,"猕猴和罗刹女造人说"和"卵生说"是最主要的。

猕猴与罗刹女交配繁衍西藏人是涉藏地区传说中流传最广和最具代表性的

---

① 中国科学院青藏高原综合科学考察队:《西藏气候》,北京:科学出版社,1984年,第55页。

传说，而且在1990年对拉萨曲贡新石器时代遗址的发掘中，曾出土了一件附着于陶器上的猴面贴饰，其贴饰为浮雕样式，猴的眼、鼻孔和嘴均由锥刺出，形象逼真，造型生动①，考古材料间接证明了该传说的悠久历时性。当然，最重要的是该传说在大量的藏文典籍中都有记载，如《佛教史大宝藏论》《玛尼全集》《西藏王臣记》《西藏王统记》《贤者喜宴》等。布顿大师在《佛教史大宝藏论》中记载："又西藏的传说故事中说，（西藏人）是由猴和罗刹女交配而来的。"②五世达赖喇嘛著《西藏王臣记》亦云："凡雪域所宏传之《大悲观音法类》虽有多种，然均同一旨趣，皆说西藏人种系猕猴与岩魔交配所生子嗣，为赤面食肉之种。"③藏族"猕猴变人"的传说认为，由猕猴和岩魔女结合传出藏族人种。最初他们居住在雅鲁藏布江畔泽当地方，以树叶为衣，野果为食，后来懂得了种植、吃食物，时间长了逐渐褪去了身上的毛和尾巴，变成了人。后来《贤者喜宴》进一步记载："《遗训》一书曾提及最初仅有一猴雏。《总遗教》则载述，初始有六猴雏。总之，俟后繁衍众多，分为四部，并彼此发生争执，此即西藏之四人种：斯、穆、桐及冬等四种血统。尚有一说：增加查、楚等，谓之六人种。"即吐蕃之人大多数都由这四大族姓分化而来。

对于猕猴和罗刹女结合的传说，学者们已经从民族学、人类学、历史学等多学科进行解读，大都认可其中隐含的藏族起源的真实可能性。石硕曾撰文指出此传说并非神话，而是藏族重要的族源传说，是关涉藏族起源真相的具有实际含义的文本。传说中的猕猴与罗刹女是血缘图腾符号，罗刹女种系人群应为藏地土著，猕猴种系人群则出自东部横断山区，二者结合的传说实际上隐含着远古两地氏族之间的联姻。这一内涵与藏文史料中关于藏地最初四大或六大氏族中曾存在藏地腹心地区同横断山区氏族相互联姻的史实记载一致，二者逻辑结构、族群背景与地望均完全对应。④李静等则认为对罗刹女与猕猴结合传说的性别角色分析，可以看出传说对藏族传统文化中社会两性性别角色划分、社会角色获得及藏民族女性社会地位产生的深远影响。⑤

关于藏族起源，还有"卵生"一说。此说最早见于苯教的历史文献中，在

---

① 中国社会科学院考古研究所西藏工作队、西藏自治区文物管理委员会：《西藏拉萨市曲贡村新石器时代遗址第一次发掘简报》，《考古》，1991年第10期，第890页。
② 布顿大师著：《佛教史大宝藏论》，郭和卿译，北京：民族出版社，1986年，第167页。
③ 五世达赖喇嘛著：《西藏王臣记》，刘立千译注，拉萨：西藏人民出版社，1992年，第8页。
④ 石硕：《一个隐含藏族起源真相的文本——对藏族始祖传说中"猕猴"与"罗刹女"含义的释读》，《中国社会科学》，2000年第4期，第167页。
⑤ 李静、戴宁宁：《藏族起源"罗刹女与猕猴结合"传说与藏族社会性别角色》，《西北民族大学学报》，2007年第3期，第28页。

混沌初开之际，由土、水、火、风和空等五大元素聚合而成一个蛋形的大世间，此大世间又逐渐产生出18个蛋形大世间，藏族就产生在其中一个世间里。对此，14世纪大司徒·绛求坚赞撰写的《朗氏家族史》做过细致生动的描述："庶民世系。五大（地、水、火、风、空）之精华形成一枚大卵，卵的外壳生成天界的白色石崖，卵中的蛋清旋转变为白螺海，卵液产生六道有情。卵液又凝结成十八分，即十八枚卵，其中品者系色如海螺的白卵，从中一跃而出一个希求之心的圆内团，它虽无五识（眼、耳、鼻、舌、身），却有思维之心，（他）认为应有能观察之眼，遂出现慧眼；（他）思虑到应有能识别香臭之鼻，遂鼓起嗅香味之鼻；（他）想到应具备能闻声之耳，遂耸起听受声音之耳；（他）思忖到应具有牙齿，遂出现断除五毒之齿；（他）认为应具备尝味之舌，遂生出品味之舌；（他）欲望有手，遂长出安定大地之手；（他）希望有脚；遂出现神变行路之脚。总之，一有希求遂立实现。他给自己取名，由于原先就具有希求之心，故叫门米桑巴·隆隆朗朗（意为'有希求之心的圆肉团'），因他本有欲望，故取名耶门杰波。"① 又如有学者在《西藏"形成史与原人起源的关系"之辨析》一文中也有类似的描述。②

对于苯教的这种神话，有学者认为它带有明显的印度文化色彩，如藏学家噶尔美曾评论道："这一神话的起源，某些西藏作者认为已找到了。所以，娘若尼玛悦色（1136—1204年）认为，一名被称为'非佛教徒'并从大食（伊朗）地区来到吐蕃的苯教徒接受了这一理论，几乎在同一时代，另一位苯教徒西饶琼那（1178—1241年）也认为这一理论属于印度教教理，尤其属于湿婆教理。此观点（尤其是最后一种）被西方学者们沿用。"③ 法国藏学家石泰安曾具体地解释说："这种宇宙起源论（非生物—生物—卵—由其各部分组成的世界）早在印度的某些古老文献《婆罗门教经文和奥义书》中就已经出现了。"④ 这反映了藏族族源的"卵生说"是受到外来观念影响而产生的一种本土观。

从关于藏族起源流行的各种传说可以看到，在一种更为广泛的意义上看待每个民族对自身起源的传说，只要它确实是该民族自古流传下来的传说，便都

---

① 大司徒·绛求坚赞著：《朗氏家族史》，赞拉·阿旺、余万治译，陈庆英校，拉萨：西藏人民出版社，1989年，第4页。

② 陈金钟：《西藏"形成史与原人起源关系"之辨析》，《中央民族大学学报》1995年第6期，第42至45页。

③（英）桑木丹·噶尔美著：《黑头矮人出世》，耿昇译，《国外藏学研究论文集（第5辑）》，西藏人民出版社，1989年，第240页。

④（法）石泰安著：《西藏的文明》，耿昇译，北京：中国藏学出版社，2005年，第273页。

或多或少地包含着某种反映该民族早期生活状态及与其起源有关的某些真实历史内容。尽管神话传说本身并不等同于史实，但在相当一部分古代神话传说中存在着某些真实历史事件或历史成分的变形则是毫无疑义的，而且随着新史学的转向，神话传说的地位越来越得到重视。

（三）历史教学中如何把握藏族起源问题

在历史学习过程中，下述几个方面是正确认识藏族起源问题时需要注意的：

一是厘清族源研究中的基本概念。比如在藏羌关系研究中，很多观点并未对基本概念进行界定。"羌"这个词实际上在不同历史时期代表着不一样的含义，而且其所指的范围是十分宽泛的。有时候指古代的"部落"，有时候是指现代意义的"民族"，而且由"羌"述及"西羌"其中又经历了太多变迁。又如，在藏族内部有很多分支，一个地区的藏民受到附近文化影响，并不能说明其他地方也出现这一结果。比如四川大学的霍巍教授就从考古人类学和考古文化学的角度考察后认为，西藏的种族和文化不是单一的，是由许多不同的部族和民族集团长期融合而成的，在不同区域的藏族地区实际上经历了不同的人类学变种类型。藏东地区受西北地区、黄河上游一带影响明显，而藏南雅鲁藏布江一代的河谷地区则并不明显，而且现在考古成果进一步证实源于雅鲁藏布江地区的"悉补野部"才是藏族的核心部分。所以把藏族源起完全和羌人联系的观点值得商榷。吴均先生就曾指出：汉文史料对藏族的界定存在无视地域之区别，无视羌蕃之渊源，更不顾历史的时空存在，侈谈道听途说之传说。

二是族源的研究需要有时代意识。从建构主义观点来看，民族是一个建构的过程，也是一个动态发展的过程，藏地先民在藏地经历了几千年的生活历史，藏族绝不是一夜之间就突然出现了，而是经历了一个长期的发展过程。所以，在藏族的族源研究中，以某一个事件或者物品的出现推断之前的历史是不科学的，也是不恰当的。比如藏族族源之猕猴和罗刹女结合的猜想不是开始于最初的文本记载的那一刻，只能说相关的记载在后期不断地重述过程中持续发挥着影响。因此，在对待现有的研究观点时，若不考虑其引用材料出现的时代，有些材料的时代背景与所要论证的主题会明显出现漏洞。

三是综合运用多学科思维，谨慎处理研究对象模糊与结论精确之间的矛盾。族源的研究应该是一个多学科的问题，单靠一个理论或模式很难得出令人

信服的结论,他需要将多学科领域的理论和材料予以综合运用,尤其还需要借鉴现代科学技术和手段,综合诸如考古学、历史学、人类学、遗传学等知识,也只有综合考虑地理状况、民族迁徙、民族融合和战争状况等多方面因素,研究结论的可靠性才会比较高。既然民族的概念也是一个存在争议的概念,那么关于其源起的研究必然也是一个边界模糊的问题,因此论说藏族族源便是以一个精确化的网络去收罗一个模糊的对象群体,其间必然存在冲突和矛盾,因此在下结论时一定要谨慎,切忌武断。

四是族源研究也需要建立成果规则意识。人文社会科学研究不同于自然科学研究,其研究结论无法通过实验得到反复验证,因为对研究调查结果会存在一定的差异;对历史典籍的解读也会因时代背景和个人知识储备有所差异。为了避免非学科的分歧,在研究相关问题时有必要把握下述几个原则:(一)研究并不能推出绝对正确的结论,只有可靠程度高低的区分,只有最接近的,没有绝对正确的。(二)论证过程中需要避免使用小概率的历史材料去反驳大概率的历史材料。例如《后汉书》、新旧《唐书》中对藏羌同源的只言片语的记载不能说明真实的情况,而神话传说的描述又不能反驳科学的考古或者可靠史料的记载,近期的历史材料与远期的历史材料之间也存在优劣之分。(三)族源研究不应该有个人的偏见或情感因素,尤其在藏族族源问题上很容易受到民族感情、政治因素的影响,坚持"藏羌同源"的观点。或者出于宗教信仰的因素,先入为主地认可藏族在佛教背景下形成的"印度徙人说"或者贬低藏族的苯教背景下的"卵生说",个人的偏见或感情因素很可能导致其在对藏族古代文明无知的情况下得出谬之千里的结论。因此,针对藏族族源问题必须抛弃个人的偏见和现成的观点,以求实、豁达的态度进行实事求是的研究,反对出于民族感情或者宗教倾向或者政治动机下的武断判断。

(作者:何文华,四川师范大学历史文化与旅游学院副教授)

中国史学史课程的教学改革

中国史学具有悠久的历史,然而,中国史学史还是一门正在建设中的年轻学科。从梁启超提出史学史的做法到现在,尚不足百年。若从历史教学的角度来看,民国学者虽编写了几部中国史学史讲义,并正式出版了三部中国史学史著作,但中国史学史教学在民国时期的大学课堂上毕竟尚未普及。新中国成立七十年来,中国史学史在学科建设、教材编纂和课程教学方面均已取得了长足的进展。然相较于丰厚的史学遗产而言,中国史学史教学在经验、理论和方法等方面仍需不断改革和完善。如何实现形式的选择和能力的培养相统一,是一个需要教学者自觉思考和深入实践的重要课题。

(一)让中国史学史生动起来

中国史学史虽已被列入大学历史学专业必修课程,但一些高校并未系统开设这门课程。早在 1914 年,日本学者内藤湖南就在京都大学讲授中国史学史了。新中国成立后,北京师范大学、暨南大学、南开大学等高校较早开设这门课程。暨南大学历史系教授朱杰勤指出:"一个历史系没有中国史学史一科,一个学习历史的人而不知中国史学的发生和发展及其基本内容,就无从探索学习中国史学的途径和批判地继承我国的丰富文化遗产,也就不能符合历史系培养学生的规格。"[①] 所以,中国史学史的教学是历史学专业大学生培养的一个重要的、不可或缺的环节。中国史学史课程使史学专业的大学生明白史学的历史。中国史学史课程的宗旨之一是提升同学们的历史专业素质,让同学们认识到中国史学的发展趋势。由此观之,作为一门必修课程来说,中国史学史所承担的任务是很重的。

---

① 朱杰勤:《中国古代史学史》,郑州:河南人民出版社,1980年,《说明》部分第1页。

问题在于,如何讲授中国史学史呢?这里面自然可以有多种答案。但有一点大概是可以取得共识的,即生动是对中国史学史教学的重要要求,也是衡量中国史学史教学成败的一个重要标准。

讲授中国史学史与讲授客观历史不同。乍看上去,中国史学史要比中国通史、断代史枯燥些。实际上,如果我们注意从中国史学史的丰富遗产出发,选取那些有代表性的史料加以分析,以会通的眼光剪裁和阐释史料,辅以灵活多样的讲课技巧,是能够让中国史学史变得更加生动的。如在讲授"《春秋》笔法"时,有多种讲法,可以从理论上阐明,也可以根据多种中国史学史著作中的论述来讲解。这两种讲法的局限在于无法让同学们真正体会"《春秋》笔法"的意义、价值和局限。如果以典型史学案例为主干,加以深入浅出地讲说,则效果可能会好些。如选取"赵盾弑其君"为例。《左传·宣公二年》记载:

> 乙丑,赵穿杀灵公于桃园。宣子未出山而复。太史书曰"赵盾弑其君",以示于朝。宣子曰:"不然。"对曰:"子为正卿,亡不越竟,反不讨贼,非子而谁?"宣子曰:"呜呼!《诗》曰:'我之怀矣,自诒伊戚。'其我之谓矣。"孔子曰:"董狐,古之良史也,书法不隐。赵宣子,古之良大夫也,为法受恶。惜也,越竟乃免。"

史官董狐明知是赵穿杀害了晋灵公,却判赵盾为杀人凶手。不仅如此,董狐还把这一记载公示于朝。赵盾自然要为自己辩白。可是,董狐说他身为正卿,逃亡而未出国境,回朝也不捉拿赵穿,从道理上讲,赵盾就是凶手。赵盾听后只好默许。孔子既称赞董狐是良史,也称赵盾是良大夫。这就是"《春秋》笔法"在事实之真与义理之真之间的选择与取舍。同学们听后会觉得很有味道。玄而又玄的"《春秋》笔法"也就不难理解了。

生动地讲授中国史学史,就不能忽视中国史学家的情感,要讲出名篇名著的魅力。冷冰冰的史学论述之所以没有温度,缺乏吸引力,是因为我们有意无意地忽略了史家的感情,不能用自己的语言再现名著的风采。这里以司马迁与《史记》为例略做说明。《史记》是历史学专业同学的必读书,但很多同学却慑于它卷帙较大又是文言文,对它敬而远之。其实,《史记》是基于时代使命感和家族荣誉感而撰写的发愤之作。在课堂上,可以《史记·太史公自序》和《报任安书》为文本,剖析司马谈临终之前执子之手而留下的遗嘱、司马迁在李陵之祸后痛不欲生又不甘心沉沦的心情。《史记》善于刻画各阶层人物。司马迁写项羽与刘邦的性格,可谓入木三分:"项羽大怒,伏弩射中汉王。汉王伤胸，乃扪足曰：'虏中吾指！'"①刘邦的急中生智给读者留下了深刻的印象。《史记》写著名的酷吏张汤，开篇就是：

> 张汤者，杜人也。其父为长安丞，出，汤为儿守舍。还而鼠盗肉，其父怒，笞汤。汤掘窟得盗鼠及余肉，劾鼠掠治，传爰书，讯鞫论报，并取鼠与肉，具狱磔堂下。其父见之，视其文辞如老狱吏，大惊，遂使书狱。父死后，汤为长安吏，久之。②

这里写张汤幼年因鼠盗肉而被父责打，以及张汤挖老鼠洞、审盗鼠，栩栩如生，明乎此，也就不难理解张汤后来何以能成为酷吏了。讲授者把《史记》中的《游侠列传》《刺客列传》《李斯列传》等名篇从史学的角度解读一番，会给同学们留下想象的空间，带来美的享受。这样生动的事例在中国史学名著中并不少见。司马光的《资治通鉴》是中国史学史课堂上不能忽略的内容。如何让同学们领会《资治通鉴》高超的叙事艺术呢？空说无力，还是要善于选择名篇加以揣摩。《资治通鉴》记李愬征讨吴元济，本是一场雪夜急行军的攻城战，但在司马光的史笔下，却绘出了一幅农家田园的小景，有鸡鸣，有鹅鸭水塘。通过这样的讲解，同学们会对《资治通鉴》产生亲切感和阅读的兴趣，于无形之中也就达到了我们教学的目的。

（二）传承与培养优良的学风

中国史学史重点讲授关于史书、史家、史学现象、史学思潮的内容。从课程属性和学科特点上来说，中国史学史不同于史部目录解题。中国史学史的课堂还应宣扬优良传统、培养优良学风。近年来，论文抄袭、学术腐败的现象已经引起了学术界甚至全社会的广泛关注。这都与学风败坏密切相关。大学阶段是锻造一个史学工作者学术品行的重要时期。因此，在大学阶段养成良好的学术风格、健康的学风意识，是中国史学史课程应当承担的责任。中国史学史课程要加强对学风问题的阐述，让同学们认识到学风之于学术研究的重要性。在授课中，笔者有意专门讲述学风问题，意即在此。

学风是看不见、摸不着，但又无时无刻不影响着学术的发展的。学风凝聚

---

① 司马迁：《史记》卷8《高祖本纪》，北京：中华书局，1982年，第376页。
② 司马迁：《史记》卷122《酷吏列传》，北京：中华书局，1982年，第3137页。

在一部部扎实的著作中。这里以清代史学上的优良学风为例，稍加阐述。清代史学是我国传统史学的集大成者。它继承了丰厚的遗产，又在历史考证学和史学理论方面有所突破。这一切都离不开优良的学风。清代史学家在学风上有三点是值得我们关注的。首先是锐意创新，成一家之言的学术追求。清代史学的开山鼻祖顾炎武在他的《日知录》中已经明确传递出这种学风：

> 愚自少读书，有所得辄记之。其有不合，时复改定。或古人先我而有者，则遂削之。积三十余年，乃成一编，取子夏之言，名曰《日知录》，以正后之君子。①

这不到七十个字有着丰富的内涵。顾炎武勤于札记，有心得即录于笔端。他还勇于修订自己的学术观点，长期探索。更为难得的是，一旦发现自己的观点与前贤重复，便毫不犹豫地删去自己的札记。顾炎武这样做体现了怎样的学风呢？可以概括为一个词——"创新"。顾炎武之后，乾嘉史学家在学风的建设上也颇多值得称道的地方。关于创新的学问精神，在乾嘉时期并未中止。钱大昕治学"间与前人暗合者，削而去之"②。这显然受到了顾炎武作《日知录》的影响。乾嘉史家反对人云亦云，批评耳食之言，不蹈袭他说。今天的史学工作者当可以从前辈史家身上受到学风的教诲。

历史研究要服务于社会。史学工作者不能置身于社会之外。顾炎武说写文章要有益于天下。"文之不可绝于天地间者，曰明道也，纪政事也，察民隐也，乐道人之善也。若此者，有益于天下，有益于将来，多一篇，多一篇之益矣。若夫怪力乱神之事，无稽之言，剿袭之说，谀佞之文，若此者，有损于己，无益于人，多一篇，多一篇之损矣。"③顾炎武强调学者写的文字应当有所担当，其眼光和胸怀都是卓尔不群的。晚清，列强入侵，魏源、林则徐、黄遵宪等将经世致用的史学精神发展到了一个新的阶段。我们在讲《海国图志》《日本国志》时，除了二书的内容、编纂体例等外，还要向同学们分析它们所体现的经世学风。这样，对于大学生优良学风的养成、奋进的人生观和世界观的树立都有积极的作用。

古代史家的优良学风在 20 世纪的史家那里也有所发展。20 世纪 30 年代，日寇侵华，顾颉刚创办《禹贡》半月刊，研究边疆地理。顾颉刚等人还编写大鼓词以及宣传抗日的小册子，充分发挥了史学的社会功能。近些年来，社会上

---

① 顾炎武：《日知录》卷首小引，上海：上海古籍出版社，2006 年，第 1 页。
② 钱大昕：《廿二史考异·序》，上海：上海古籍出版社，2004 年，第 1 页。
③ 顾炎武：《日知录》卷 19《文须有益于天下》，上海：上海古籍出版社，2006 年，第 1079 页。

常常有人询问史学工作者一个问题,"学历史有什么用?"这个问题让历史专业的大学生很苦闷、尴尬。这里面有社会对史学工作的误解,存在着评判有用、无用的标准问题。但同时也应该有一种自觉的意识,即史学工作者要胸怀天下,有用于世。这无关乎某一个史学工作者是否愿意,而是我们的研究是否有生命力的大问题。

(三)训练学术鉴赏与评论的眼光

学术如同艺术品一样,同样需要鉴赏和评论,历史学也不例外。民国史学界曾经集中讨论过历史学是科学还是艺术的问题。其时,这个讨论可谓热烈、持久,但至今仍有分歧,这说明历史学具有多重属性,它是一门实证性学问,也是一门带有艺术性的学科。基于这样的判断,笔者以为历史学的教学和研究都需要一定的学术欣赏和评论能力。

因此,中国史学史课程应适当加强对学术评论的引导,训练史学专业大学生的学术鉴赏、评论素养。鉴赏是一种眼光和见识,只有通过大量的阅读,积累丰富的文史知识,再经过严格的训练,恪守鉴赏的基本原则,然后才能品鉴史学,别出心裁。从史学史上看,学术评论始终伴随着中国史学发展,不明白学术评论,也就很难理解中国史学的演进。从当代史学建设的状况来看,史学界尚缺乏公开、公允、健康的学术评论和正常的学术商榷,爱听赞美之词,不爱批判之语,这样下去,无益于中国史学的发展。

在课堂上,对史学个案的鉴赏、评论做深入的分析是非常有必要的。郑樵是两宋时期著名的史学批评家。他对司马迁、班固、陈寿、范晔等众多史家都进行过评论,阐发了他的"会通之义"主张。但郑樵在史学批评上也有瑕疵,如说:"迁之于固如龙之于猪。"① 把司马迁比作龙,把班固喻为猪。这不仅不符合事实,也是超越了学术范畴的人身攻击,不是一位史学批评家所当为。在讲完《通志·总序》后,可组织同学们自由发言。大家会有一个同感——史学批评要有宽广的学术胸襟,遵守史学批评的基本准则。从郑樵向上追溯,可重温唐代史学批评家刘知幾的"才、学、识"史家三长说,由郑樵而下,可以延伸出《文史通义·申郑》,对章学诚提出的"史德""心术"说有所认知。

清代史学家给我们树立了史学鉴赏和评论方面的榜样。钱大昕在写给好友

---

① 郑樵:《通志·总序》,北京:中华书局,1987年,第1页。

王鸣盛的一封信中,谈到评论的原则与艺术,说:"议论须平允,词气须谦和……言之不足传者,其得失固不足辩,既自命为立言矣,千虑容有一失,后人或因其言而信之,其贻累于古人者不少。去其一非,成其百是。古人可作,当乐有诤友,不乐有佞臣也。"① 如何批评,需要"平允"的心态;评论付诸语言文字,应在字里行间显示出"谦和"的"词气",否则就会变成学术上的"佞臣"。"议论"表达的是一种思想认识;"词气"属于文字表述的层面。这就对史学评论的心态和表述提出了明确的要求。

钱大昕的《廿二史考异》既是一部考证名作,也蕴含丰富的史学评论思想。他在序言中阐发了关于如何开展史学评论、为何开展史学评论的认识。"史非一家之书,实千载之书,祛其疑,乃能坚其信,指其瑕,益以见其美。拾遗规过,非为齮龁前人,实以开导后学。……文致小疵,目为大创,驰骋笔墨,夸曜凡庸,予所不能效也。更有空疏措大,辄以褒贬自任,强作聪明,妄生痕瘢,不卟年代,不揆时势,强人以所难行,责人以所难受,陈义甚高,居心过刻,予尤不敢效也。……惟有实事求是,护惜古人之苦心,可与海内共白。"② 这段话精炼地概括了史学评论的意义与艺术。倘若史学工作者秉持"实事求是,护惜古人之苦心",那么这样的史学评论有百益而无一害。这些优秀的遗产对当前的史学研究和史学评论都有借鉴意义。

要切实体会并践行前贤在史学评论上的理论,具备前代史家在学术鉴赏上的能力,还要请同学们进行具体实践。比如,列出十本近年来出版的史学著作,请同学们撰写书评。由老师逐一批阅,择要点评。这样的交流有助于提高学生的评论功夫。

生动并不是中国史学史课堂的最终目的。生动是为了让同学们投入这门课程中来,去学习中国史学的丰富遗产。在这个课堂上,具体的史学知识和理论都将被转化为历史研究的能力与素质,这就包含着优良的学风和学术评论的见识。如果说生动是中国史学史教学之形貌的话,那么能力和学风则可被称为中国史学史教学的精髓。形神兼备,才是中国史学史教学追求的境界。

(作者:刘开军,四川师范大学历史文化与旅游学院教授)

---

① 钱大昕:《潜研堂文集》卷35《答王西庄书》,载《嘉定钱大昕全集》(增订本)第9册,南京:凤凰出版社,2016年,第569~570页。

② 钱大昕:《廿二史考异·序》,上海:上海古籍出版社,2004年,第1页。

中国文化史课程教学改革

四川师范大学"中国文化史"课程是为适应师范大学本科生"宽口径，厚基础"的素质教育的需求，面向理工科各类专业开设的一门通识教育必修课。在当前"文化热"与"素质教育"的推动之下，如何使当代大学生对中国传统文化进行基本的了解，掌握中国传统文化的基本精神和国情，提高自身文化素养；如何在教学方法和手段、教学考察机制方面探索出一条适合文化史教学要求的教学改革之路，满足完善学生知识体系结构、增强个性发展及综合能力和培养创新意识的需要，都是值得深思的课题。笔者经过几年中国文化史教学的实践探索，对以上问题形成了一些自己的思考和看法。

（一）确立明确的教学目标，明确该课程在现代大学的教育价值

党的十八大报告提出，"文化是民族的血脉，是人民的精神家园"；要"建设优秀传统文化传承体系，弘扬中华优秀传统文化"。中国文化，博大精深，上穷天文，下究地理，中探人文与社会，无所不包。中华民族上下五千年的历史，创造了辉煌灿烂的中国文化。这其中有精美绝伦的各式器物，风格独特的建筑体系，生动活泼的节日礼俗，独具特色的语言文字，浩如烟海的文化典籍，影响深远的文官制度，泽被后世的四大发明，充满智慧的哲学思想，完备深邃的伦理道德，周密严整的礼仪规范，气象万千的诗词歌赋，匠心独运的书法绘画，绚丽多姿的音乐舞蹈……中国文化如此丰富多彩，博大精深，是东方文化的轴心，在世界上独树一帜。

如此丰富的中国传统文化内容，面临着教学内容多和教学时间少之间的矛盾。如何通过1学期24个课时，将其基本精神传授给学生，培养和提高学生的人文素质和精神，这就要求首先要确立明确的教学目标，明确该课程在现代

大学的教育价值；然后在现有教材的基础上，编写一套针对各自教学对象的能力鉴定标准，科学设置教学模块和教学内容。

第一，确立明确的教学目标。中国文化史课程意在给本科生提供一个了解祖国悠久、丰厚的文化遗产的简明文本，使其对中国文化的特征有所把握并对中国文化的继承和创新问题有所思考。因此，我们将教学目标定位于旨在培养和提高理科类学生的人文素质和精神，提升其文化素养和品位。具体说来，通过1学期的教学和课内外实践，使学生掌握中国文化的基本精神、显形表现、物质形态、最具民族特色的文化表现、制度文化，以及文化的走向；学会在日常生活中重视民众文化、地域文化，对各种文化现象能够作出深入准确的评价和鉴赏，提高自身的文化素养和文化品味，并从传统文化的学习中寻求有益的借鉴，继承和发扬优秀的传统文化，将文化认知与文化传承相结合，将文化史的学习与师范生的素质训练、专业学习和社会实践相结合。

第二，明确对中国文化史课程的性质、功能的定位，确立文化史教学在现代大学的教育价值。笔者认为应当着眼于文化知识的认知、文化情怀的熏陶、文化价值的衡判和文化生活的创造。在当今功利主义泛滥、科学至上的时代，人文主义的教育相当重要，为全面发展学生素质所必不可少。因此应将中国文化史的功能定位为一门帮助学习者实现文化自觉的基础课，一门跨学科、超学科的综合课程。应不断提高该课程的人文内涵与人文魅力，明确文化史教学在现代大学的教育价值。

中国历史上并不缺乏人文主义大师与人文主义精神。在传统文化中，儒家文化重"公利"的社会道德原则，注重诚、信、勤俭的社会美德，"匹夫不可夺志"，富贵不能淫，威武不能屈和"君子以自强不息"的人格意识；"究天下之际，通古今之变"的积极进取精神；"为天地立心，为生民立命，为往圣继绝学，为万世开太平"的社会责任感、使命感；孟子"民为贵，社稷次之，君为轻"、荀子"水则载舟，水则覆舟"等说法，体现出民本思想；还有如"位卑未敢忘忧国""先天下之忧而忧，后天下之乐而乐""人生自古谁无死，留取丹心照汗青"等，则体现出传统知识分子强烈的以天下为己任的忧患意识。中国传统文化中还有独特的人文精神和品格，"独在异乡为异客，每逢佳节倍思亲""慈母手中线，游子身上衣"，体现出的乡愁、乡情与崇高天伦；"天行健，君子以自强不息"的不屈不挠精神；"仁者爱人"的高尚道德；霍去病"匈奴未灭，何以家为"，王昌龄"秦时明月汉时关"，体现出伟大的功业抱负。也有像"感时花溅泪，恨别鸟惊心""人闲桂花落，夜静春山空"这样天人共鸣的境界……这些都是西方文化望尘莫及的。而中国传统文化的这些东西，必将成为世界文化中极其珍贵的部分。

在高等教育全球化、国际化、现代化的大背景下，中国传统文化中丰富的人文思想是我们取之不尽、用之不竭的源泉，它们不仅可以陶冶学生的情操，让学生学会用人文主义的观点看待问题，而且能够让他们深切地关注人自身的和国家民族的前途命运，从而实现文化史教学在现代大学的教育价值。

第三，科学设置教学模块与教学内容。

根据中国文化史课程的教学目标及其功能、性质，我们从文化的基本概念出发，将中国文化的基本精神、中国文化的显形表现、中国文化的物质形态、中国的制度文化、中国文化的走向等内容设置成五大模块，每一模块主要包括以下基本内容：

中国文化的基本特征；

中国文化的物质形态——如青铜器、陶瓷、石雕石刻、玉器、古建筑等；

中国文化的制度层面——家族制度、婚姻制度、教育制度、职官制度等；

中国文化的行为层面——衣食住行、节日娱乐、禁忌习俗、人生礼俗等；

中国文化的精神层面——文学艺术、哲学宗教、科学技术等。

在此基础上，设置本课程的能力鉴定标准，设置每一模块的应知、应会目标。这个鉴定标准应以能力为标准，建立有效、可靠、灵活、公正的鉴定原则，建立观察、口头提问、课堂讨论、平时作业、书面考试、参与态度、调查报告、陈述素材等多形式相结合的鉴定方式。

（二）精心设计课堂教学内容和教学方法，利用多种教学方式与教学手段

如何实现在中国文化史教学中弘扬中华文化理念；弘扬什么样的中华文化理念来滋养大学生的精神世界、提高大学生的人文素养；如何培养学生对文化知识的认知、文化价值的衡判和文化生活的参与。这些都是"中国文化史"课程教学过程中所要思考和解决的问题。

一方面要求任课教师认真备课，广泛收集资料，善于不断总结与摸索；讲课精益求精，改革求新，资料丰富，深入浅出，语言生动，注意运用多种体态语言和学生进行情感交流，善于启发学生思维，注重培养学生的素质和能力，形成文、图、声、象、形、情巧妙结合的讲课风格，以达到更好的教学效果，并及时进行总结与反馈。另一方面，教师要将理论教学和实践教学穿插进行，

互为补充。通过理论与实践的紧密结合，使学生积极参与课堂教学互动，及时反馈教学效果信息，巩固理论知识，及时鉴定学生的应知能力目标和应会能力目标。

从教学方法和内容来看，这门课有多种教学方法，比如可以侧重传授知识，介绍中国古代社会生活中一些文化常识，比如礼仪、制度等；也可以侧重介绍中国古代的学术思想、文化成就，或者常规地介绍一下中国古代的文学、艺术、宗教、哲学、政治、社会生活等方面的内容。以上这些知识性的内容非常重要，也都是目前大多数大学生们所欠缺的。但是在笔者个人看来，现在是一个资讯特别发达的时代，学生完全可以收集整理、整合这些客观性的信息，从而达到了解中国文化的目的。在有限的课堂教学里不可能做到面面俱到。因此在教学方法和教学内容的设置上应做到以下几个方面：

第一，确立重点难点。中国文化史课程的重点主要有以下三个方面：一是熟悉和掌握中国文化中的主流儒、释、道三家的发展、演变历史和主要内容，以及其对中国文化的影响；二是熟悉中国文化发展史上不同阶段的文化成就，包括物质文化、精神文化等各层面的内容；三是掌握中国文化发展的基本特征。难点主要表现在以下几点：一是教学任务重而教学课时少。中国文化史课堂讲授的内容博大精深，但1学期的授课时间却只有24课时。二是如何通过认识中国文化来认识中国国情，学生觉得很抽象，觉得中国文化史课程没有那么大的作用。三是儒、释、道三家的思想内涵对于学生而言过于抽象。

针对以上重点难点，我们一方面要组织好课堂教学，科学规划、设置课堂教学内容、教学方法。另一方面要与课外实践相结合。如针对难点一，解决办法之一是列出大量参考书目，并推荐相关视频节目，要求学生课后阅读或观看，并写出书评或观后感一篇，作为平时成绩列入总评成绩；针对难点二，解决办法就是从传统文化在当代社会的积淀入手，说明今天的中国就是历史中国的发展，要认识今天的中国，首先必须认识历史的中国；针对难点三，解决办法就是用大量图片，配合相关知识进行讲解，甚至可以鼓励学生直接去佛、道两教文化圣地参观，这种解决方式就非常直观、具体。

第二，在教学过程中，要坚持以新文明文化史观来看待问题，组织教学内容。新文明文化史观是对近代以来"西方中心论"主导下的文明文化史观进行反思、结合越来越多的考古发现再进行综合研究的成果。在新文明文化史观的指导下，在教学过程中，教师要认真分析中国文化诸现象产生的社会历史背景，并对其做出客观评价，从而培养学生树立起对民族文化的自信。要让学生明白，"拒绝历史，必然为历史所拒绝，一个不尊重本地历史、不能发扬光大自己文化传统的民族是没有未来的。在文化交往的过程中必须注意保存自己的物质的和非物质的、文字的和口传的文化遗产,永远不失故我"①。

中华民族特定的自然条件造就了特定的生存本能,其生产工具、技术方式等无不与自然发生关系,同时在生产中产生的社会组织、机构、制度等也无不发挥着有效功能。正是在此基础上,中国文化形成了鲜明的特征,中国文化史中长期存在的儒家思想、宋明理学、家族制度、科举制度、婚姻制度等,皆是如此。如从家族制度来看,李大钊曾说:"中国以农业立国,在东洋诸农业本位国中占很重要的地位,所以大家族制度在中国特别发达。原来家族团体一面是血统的结合,一面又是经济的结合。……中国的大家族制度,就是中国的农业经济组织,就是中国两千年来社会的基础构造。一切政治、法度、伦理、道德、学术、思想、风俗、习惯,都建筑在大家族制度上作他的表层结构。"②因而在教学过程中,要认真分析其产生存在的社会历史背景,以及其对基层社会的管理与稳定起到的重要作用,强调中国文化的地域性与民族性,从而对传统社会的家族制度做出客观评价。

第三,多种教学方式与教学手段的利用。在教学过程中,注意采取中西对比的方式来深化学生对中国传统文化特征的认识。如讲到中国文学艺术的特点,即从中西文学艺术的区别入手,强调中西天人观念的不同。③ 在西方文化中,主张"天人对立",在文学样式上的表现,就是叙事文学的发达;西方文艺从一开始,就把"模仿自然"规定为文艺的本质,西方绘画的代表"油画",外形逼真是它最基本的要求;西方戏剧无论是舞剧或是话剧,总是分幕的,其目的就是根据剧情的发展,随之更换人物服饰和舞台背景,使之看上去更逼真。而中国的文艺,在"天人合一"的哲学观念和"言志抒情"的文学主张之下,不太注重反应外在的"真实",这就使得中国古代叙事文学不太发达;中国古代的绘画技法,最具代表性的"写意画",往往以简练的线条勾勒而成,并不要求完全逼真,重神似不重形似;中国传统戏剧,无论哪个剧种,都有一个共同的、不同于西方戏剧的特点,即没有"形似"的背景,追求的是写意化、虚拟化、象征化的艺术氛围。在基督教文明和儒家文明的背景之下,也使得东西方文化呈现不同的特点,在中国传统社会,伦理道德被看作调和人际关系的准绳和维系整个社会秩序的精神支柱。伦理道德在中国威力之强大,影响

---

① 《尊重文化多样性,共建和谐世界》,《人民日报》,2005 年 11 月 10 日,第 8 版。
② 李大钊:《李大钊全集》第三卷,北京:人民出版社,2006 年,第 185～192 页。
③ 王锦贵主编:《中国文化史简编》,北京:北京大学出版社,2006 年,第 152～165 页。

之深远，是其他民族不能比拟的。如果说长期以来欧洲曾经是神学统治的天下，中国则是伦理道德主宰的世界。

另外，中国文化既具有华夏文化的统一性，又有地域文化的差异性。因此在教学过程中也要注意对此有所体现，特别要注意融入大量的地方特色文化资源内容，尤其要突出巴蜀文化的特色。如讲到青铜器文化，四川的三星堆、金沙遗址的文化遗存就是典型代表；讲到传统建筑，四川的古城镇建筑别具一格，如风水之城阆中、"山顶一只船"的犍为罗城古镇等；讲到传统戏曲，川剧独特的表现手法、五大声腔、绝技表演等是中国传统戏曲的一朵奇葩；讲到佛教、道教，佛教圣地峨眉山、乐山大佛和道教圣地青城山可为学生获得直观认识提供源泉。诸如此类，都是课堂上讲到相关内容时的典型例子。地方特色文化资源内容的引入，让学生感受到中国传统文化的无处不在。

在教学手段运用方面，要充分发挥现代教育技术手段，进行立体化教学实践。就中国文化史课程而言，可以把那些用语言难于描述的古代文化成就的物化成果如遗迹、建筑、出土文物、古籍、书法、绘画等等，以图片、动画、音频和视频等多媒体的形式展现出来，使抽象的文化和知识形象化，教学内容也更加生动活泼、明白易懂。

（三）从阅读和实践入手，将课堂教学和课外实践活动有机结合起来

中国文化史课程是为让学生了解中国文化，提高自身文化修养而设定的，但是，中国传统文化内容广博，难以对其有全面了解。正如前所述，中国文化史课程教学的难点之一就是教学任务重而教学课时少，且绝大部分的文化古迹遗存、文物书画作品等实物资料、戏曲作品等学生都没有见过，也没有更多的时间在课堂上展示。如何解决这个矛盾，最好的办法就是从阅读和实践入手，将课堂教学和课外实践活动有机结合起来，使课外知识拓展成为该课程教学的重要组成部分。教师要引导学生阅读相关参考书，观赏有关中国传统文化的电影电视节目和网络视频，了解各种物质与非物质文化遗产，有条件的可以参与各地具有特色的民俗文化事象中去。在此过程中，教师应充分发挥引导作用，将课外实践活动与课堂教学有机结合。具体表现如下：

其一，课堂上，将理论教学和实践教学穿插进行，互为补充。如讲述佛教的中国化进程，是教义、教派的发展变化进程，到隋唐时期，是佛教中国化完

成的时期，也是中国佛学的鼎盛时期，其最鲜明的宗教理论征象即为"宗派化"的凸现与"佛性论"的展开；宋元明清时期，是佛教的延承时期，佛教出现世俗化趋向；而天台宗、华严宗、禅宗、净土宗等佛教宗派的出现，就说明了佛教中国化的进程。这个进程，也可以从佛教早期的摩崖造像（如敦煌石窟、大同云冈石窟、洛阳龙门石窟等），到隋唐以后摩崖造像（如乐山大佛、安岳石刻、大足石刻等）的变化来说明。因此在教学过程中，既要给学生从理论上讲清楚，还要配上大量的图片，以佛教早期的摩崖造像，到隋唐以后摩崖造像的变化，来说明佛教的中国化、世俗化进程，将理论化的知识与直观的图片结合起来。讲到佛教、道教的崇拜对象及各自特点，可以以道教圣地青城山、青羊宫等，佛教圣地峨眉山及昭觉寺、文殊院等为例子进行具体说明。诸如此类，都可以将抽象的理论与具体形象的物质载体结合起来，让学生获得直接的认识和体验。

其二，利用网络或其他途径（如电影电视等）拓展课程内容，如中央电视台的纪录片频道、科教频道等，就为获取中国传统文化知识提供了重要渠道。教师可以指定具体节目，引导学生观看。如讲到古代器物文化中的青铜器、瓷器，可以推荐学生看纪录片《青铜时代》《青色诱惑》《哥窑谜案》等；讲中国古代建筑，可以推荐观看纪录片《中国古建筑》等；讲中国的戏曲表演艺术，可以推荐学生看《昆曲六百年》，也可鼓励学生到现场去欣赏川剧等，让学生领略传统戏曲的魅力与风采。教师在课堂上列出与课程相关参考书目，并指定篇目，要求学生阅读后写出书评或读后感。为了体现效果，不流于形式，课后的这些拓展知识还要与课堂教学结合起来，以分组讨论、课堂提问、平时作业等形式抽查。

其三，鼓励学生了解并参与各地独具特色的民俗文化事象当中，如鼓励学生了解中国的传统节日、人生礼俗、家族发展史、戏曲文化等各种物质与非物质文化遗产；鼓励学生参观博物馆，以开阔眼界，加深认识。

其四，将课堂与课外实践的成果与考核结合起来，完善教学评价机制。目前对本课程的考核方式，仍然以开卷考试为主要方式，对学生的成绩评价方式不尽科学合理。如能将期末考试成绩与平时成绩结合起来作为最终的考核成绩，将更为合理。因此，可以将考核内容与方法分为以下几个部分：（1）课堂提问和讨论情况。由教师根据鉴定目标提出课后思考问题，下一次课采用随机抽查方式要求学生回答，根据被抽学生回答的准确度及思想性对全体学生掌握程度做出判断，以查漏补缺。对被提问学生回答情况进行打分，期末折算后计入该生总评成绩。（2）案例搜集与评析作业。要求学生通过平常的课外实践活

动,如阅读、观赏、参与各种文化活动,了解各种物质与非物质文化遗产,并写出读书笔记、观后感、调查报告等形式的作业。这类成绩占期末总评成绩的50%左右。(3)期末考试。通过期末试卷测试的方式进行,采用百分制来评定成绩,学生所得成绩按一定比例计入本课程总评成绩。考核方式进一步多样化。

通过这几年对中国文化史教学实践的摸索,使学生们收获良多,喜爱中国传统文化的学生越来越多。通过课堂内容的学习和课外实践活动的开展,学生们观看了大量有关中国文化的电视片。这两年来的实践表明,大部分学生为了写书评要看两本以上的书。不少同学通过实地参观中国文化古迹遗存,加深了印象。如有同学通过到佛教圣地、道教圣地去参观考察,对佛教建筑布局、道家和道教"道法自然"及洞天福地神仙思想有了直接而深刻的体会和感悟。2011级地理学院学生李雨珂,将自己参加朋友及笄之礼的照片与老师分享,并自己制作了关于汉服的PPT。每次观看有关中国文化的电视片之后,都有学生写下心得体会与老师交流。对于学生们的这些收获,作为任课教师的笔者感慨良多,同时也十分欣慰,说明学生们已经能够对各种文化现象做出较为深入准确的评价,自身的文化素养和文化品位得到了提高,而这也正是本课程教学所要实现的目标。在这个过程中,笔者认识到,文化史教学,它不是纯粹靠技巧,也不只是靠简单的常识,而是应该站在"文化复兴"的高度,以对人类文化的关怀为己任,去完成文化传承这个伟大的使命。

(作者:王雪梅,四川师范大学历史文化与旅游学院副教授)

外国经济史课程的教学改革

经济史可以从两个角度来认识，一个是经济学的，另一个是历史学的。此处我们讨论的是后一种，即用历史学的方法研究历史中的经济现象。约瑟夫·熊彼特认为经济分析有三项基本功：历史、统计、（经济）理论。其中历史最重要，"如果一个人不掌握历史事实，不具备适当的历史感或历史经验，他就不可能理解任何时代（包括当前）的经济现象。……经济分析中所犯的根本性错误，大部分是由于缺乏历史的经验，而经济学家在其他条件方面的欠缺倒是次要的。"[①] 我国历史上多数时期都是世界经济大国，因此加强对经济史的了解是必要的，甚至是必须的。虽然经济史是19世纪晚期才成为历史学科的一个独立分支，但是却发展迅猛，英美法德等国大学都开设有相关课程，并且多是设在历史院系。对于我国而言，本国经济史的相关研究开始较早（如《史记·货殖列传》），但对外国经济史的关注度却不高，限制了国人对世界问题的认知和把握，所以应该加强各级学校相关课程的教学。由于师范院校担负着为中小学培养教师的重要职责，更应该有所侧重。下面笔者就大学外国经济史的几个教学问题谈一些感想，希望对不断变革中的中学历史教学有所助益。

（一）经济决定论仍然存在

中学历史新课改提出了历史课程的新标准，确立了历史教学的三维目标，即知识与能力、过程与方法、情感态度与价值观，倡导把学科知识融入生活主题。新标准对教与学都提出了很高的要求，且不能偏废。然而，传统的经济史教学却无法满足这些要求。"长期以来我国历史教学在内容安排上存在着重政

[①] （奥地利）约瑟夫·熊彼特著：《经济分析史》第1卷，朱泱等译，北京：商务印书馆，1991年，第29页。

治史（尤其是阶级斗争史）、轻经济史和文化史的偏颇。近年来情况虽有所转变，农民起义史压缩了一些，文化史内容增加了一些，但经济史薄弱的状态却依旧如故。主要表现是：除古代史按照经济、政治、文化三个板块安排内容，通史体例较为鲜明外，中外近现代史基本上是按革命史或政治史的框架来构建体系、选择史料、安排内容的。经济史基本上附属于政治史。讲经济史往往只是为了说明重大政治事件发生的原因或影响。"① 新课改之后采用模块式教学，缓解了内容安排上的失衡，但经济史服务于政治史的状况却没有得到根本性转变。这种情况不仅不能使学生获得全面的历史知识，而且会扭曲学生们的分析能力，一旦遇到经济史的问题便一律套用阶级斗争理论。这种现象在每年的高考试卷中都存在，无论是新课改之前还是之后。

经济与政治的关联度很高，这是毋庸置疑的。但是，"经济基础决定上层建筑"的理论并不是放之四海而皆准的。卡尔·哈达赫提出："经济史不仅反对任何知识的单一化，更重要的是它坚信决定命运的不是经济，而是政治。"② 吴承明也认为："经济史研究中要充分考虑非经济因素，其中最重要的是政府。在某些范围内，政府具有决定作用。"③ 为此，赵德馨建议改变经济史课程以阶级斗争或生产关系变化为主线，而代之以经济现代化为主线。④ 虽然他是以开设"中国近现代经济史"课程为出发点提出的建议，但不满足于现有经济史教学主线的思路是确定无疑的。⑤

既然现实中的中学教育是以应试为主要目的的，那么教学和考试必然导向"本本主义"，严守教材，不敢越雷池一步。推行新课改的初衷之一就有改变教材不适应新形势下中学教育要求的因素。2003年教育部制订的《普通高中历史课程标准（实验）》中要求"扩大掌握历史知识的范围……学会运用科学的理论和方法认识历史和现实问题，逐步形成科学的世界观和历史观"⑥。这就要求教师和学生们要更加全面地掌握史实，要横向、纵向地分析历史事件。"经济史要注意不同于传统的新经济因素的出现及其发展"，"任何新的经济因素，必须能引起制度的改革，它才能持续发展。大量的、具有划时代意义的新

---

① 冯一下：《加强和改进经济史教学》，《历史教学》，1993年第6期，第38页。
② （德）卡尔·哈达赫著：《二十世纪德国经济史》，扬绪译，北京：商务印书馆，1984年，第1页。
③ 吴承明：《经济史学的理论与方法》，《中国经济史研究》，1999年第1期，第117页。
④ 赵德馨：《对中国经济史教学改革的两点建议》，《经济学动态》，2001年第5期，第33页。
⑤ 赵德馨：《对中国经济史教学改革的两点建议》，《经济学动态》，2001年第5期，第34~35页。
⑥ 中华人民共和国教育部制订：《普通高中历史课程标准（实验）》，北京：人民教育出版社，2003年，第4页。

的经济因素，不仅需要一般的经济制度（如商法、税法、租佃、雇佣等）的改革，还需要有体制的和 constitutional 的革新来保证它，它才能持续发展。这种革新，需要创始集团和社会群体两种力量，才能实现。一般说，制度的良窳决定经济的盛衰，制度的革新保证经济的革命性转变。"① 对不同历史时期出现的"新现象"着重予以关注是把握历史脉络的重要方法，也可以提高学生们的历史认识和分析能力，使其形成新的历史观念。当然，"思想变迁不是与经济变迁如影之随形"，我们需要耐心去改变人们对经济问题的认识偏见，"必须破除经济决定论"②，这样才能真正做到"实践出真知"。

真知不易得。新课改之后的高中教材中，相对于政治史甚至文化史专题，经济史专题显得更加枯燥，学生的学习兴趣也普遍不高。教师们也因为缺乏足够的经济学知识而无法对经济现象做出深刻的阐释，从而降低了经济史的深度，导致"经济决定论"泛滥。为了解决这个问题，加强大学经济史的教学是中学历史课程改革的需要，也可以满足中学历史教师课堂实践的要求，更可以满足社会要求中学培养具有正确经济认知的公民的期望。

于是，破除"经济决定论"便成为外国经济史教学的一个重要方向，也是其使命。通过外国经济史，我们应该还原经济的本来面目，应该还原经济史的本来作用。中学历史教学强调"由一般化的教学模式向学科化的教学模式发展"③，教授经济史应该按照历史学的模式来讲，而不能照搬政治学。新课改明确提出重视学生学习方式的转变，关注对学生"历史意识"的培养，同时体现历史学科知识的包容性和开放性。

（二）重概括而轻叙述

《全日制义务教育历史课程标准（实验稿）》中对"知识与能力"的要求如下：掌握基本的历史知识，包括重要的历史人物、历史事件和历史现象，以及重要的历史概念和历史发展的基本线索。在掌握基本历史知识的过程中，逐步形成正确的历史时空概念。④ 很明显，"标准"要求在历史教学过程中必须发

---

① 吴承明：《经济史学的理论与方法》，《中国经济史研究》，1999 年第 1 期，第 116 页。
② 吴承明：《经济史学的理论与方法》，《中国经济史研究》，1999 年第 1 期，第 117 页。
③ 叶小兵：《论中学历史教学模式》，《课程·教材·教法》，2004 年第 7 期，第 54 页。
④ 中华人民共和国教育部制订：《全日制义务教育历史课程标准（实验稿）》，北京：北京师范大学出版社，2001 年，第 4 页。

挥学生的主动性，让他们自己去想，去分析，形成自己的观点。这与传统的课程教学出入很大。传统课程教学的一个弊端就是习惯于从教育者的理想出发，强调社会对人的一般性要求，"规定要教给学生什么，必须让学生知道什么，而不考虑时代的发展、学生的需要以及个性与差异"①。与理科教学不同，历史没有固定的认识，也不应该有绝对一致的观点。我们应该认识到："历史知识的获取其实就是学生与前人在思想上的交流、认知上的切磋、感情上的交融的过程，也是学生思想塑造的过程。"② 我们不应该人为破坏这个过程。

经济史教学中却恰恰存在这种倾向。我们的中学历史课本充斥着结论性的总结，而缺少支撑这些结论的史实描述。于是学生们便只能死记硬背这些所谓的正确规律。中国经济史情况稍好，由于学生们对中国历史知识掌握比较多，可以凭借这些"存货"自我消化课本中的条条框框。但是一旦涉及外国经济，多数学生对外国历史知之甚少，无法理解其中真味，只能人云亦云，根本体现不出对历史能力的培养和使用。

造成这种困境的原因不能完全归结为中学生和中学教师自身的不足。新课改形成的模块化、专题式教材本身是存在问题的："一个完整的历史事件和过程被人为的分割在不同的专题中去学习，使学生难以对历史知识有整体的把握和认识。""教材在编排的过程中历史发展的时序性及因果关系被人为的打乱了"，"在经济史专题教材中知识点出现了较大的跳跃性和断层"。③ 因为"经济史的研究对象不可避免地要深入上层建筑领域，触及某些因素"④，又由于世界各地的经济状况不同，各地的政治、社会、文化、宗教等也纷繁复杂，能够大体地描述清楚各地的具体情况已属不易，又怎能从中概括出众多符合史实的结论呢？

鉴于无法修改中学历史课本的现实，我们只能从教师这个环节入手来缓解这种矛盾。既然中学课本没有提供足够的史实，那么在大学教学中就应该着力予以弥补。在大学外国经济史教学过程中，世界各个主要国家或区域的经济史都应该有所涉及，并且这些经济史所涉及的内容是从古至今的，不能越过历史的积累就直接进入近现代的经济实践，这不符合历史的规律，也不符合历史的方法。由于经济史是史学的一部分，因此史学的研究方法当然也是经济史研究

---

① 余伟民：《历史教育展望》，上海：华东师范大学出版社，2002年，第69页。
② 赵亚夫：《历史课堂的有效教学》，北京：北京师范大学出版社，2007年，第40页。
③ 佟吉宇：《高中经济史专题教材版本比较及使用建议》，东北师范大学硕士学位论文，2013年，第12～13页。
④ 樊亢、钟成勋：《世界经济史学的若干理论性问题》，《世界历史》，1985年第6期，第16页。

的基本方法。传统的史学是叙述式的,长于现象描述,经济史的目标之一便是将过去的经济实践清楚地展现给世人;经济史关注的重要领域是经济制度、经济事件等,定性分析是其主要的方法,也是传统史学所擅长的方法;由于传统史学注重史料,经济史同样不能忽视对史料真实性的考察,不能以理论代替史料。[①] 吴承明指出:史料是史学的根本,绝对尊重史料,言必有证,论从史出,这是我国史学的优良传统。治史者必须从治史料开始,不治史料而空谈历史的不是史学家。由于史料并非史实,必须经过考据、整理,才可以接近史实,方能使用,因此史料学和考据学的方法可以说是历史学的基本方法。无论乾嘉学派,还是兰克学派,中外史家都力图通过考证分析,弄清历史记载的真伪和可靠程度。[②] 对大学生的要求可以不必这么高,但了解基本的史实却是必须的。在教学中多采用叙述而非概括的方法是达到这一目的的有效途径,并且可以为其未来的中学课堂教学提供更为丰富翔实的资料。

再者,在"课堂中有意识地培养学生的历史思维方式和思维能力同传授历史知识一样成为教师进行教学设计的重点"[③],脚踏实地从史实出发来认识各国经济的历史,才是正确的历史思维方式。

(三) 忽视时代和区域差异

从高中历史新课标来看,对于外国经济的讲述是从新航路开辟开始的,该专题的题目是"新航路的开辟、殖民扩张与资本主义世界市场的形成与发展"。中国之外的世界其他国家的古代经济不在高中考察范围之内,这与某些"世界经济史"的大学教材不谋而合。这些教材认为:"'世界经济'是指人类社会生产发展到一定历史阶段而形成的客观经济实体。它建立在资本主义生产方式和世界市场形成的基础上,是世界各国通过世界市场而形成的相互联系、相互依赖、共同运动的有机整体。所以,'世界经济'是一个特定的历史范畴。研究世界经济的产生、形成、发展和演变过程的历史,乃是16世纪以后的事情,亦即主要是近代和现代历史上的事情。……世界经济史……即形成统一的有机

[①] 李伯重:《历史上的经济革命与经济史的研究方法》,《中国社会科学》,2001年第6期,第179~180页。
[②] 吴承明:《论历史主义》,《中国经济史研究》,1993年第2期,第1~9页。
[③] 王越旺:《中学历史新课改与高师历史教学》,《保定学院学报》,2010年第1期,第109页。

整体的世界经济的历史。"①虽然"在所有社会科学中，对历史学影响最大的是经济学"②，但是经济学绝对不是历史学，也不能取代历史学。所以这种课标的出现显然违背了历史学研究的准则，也必然不利于历史的教学活动。

外国经济史教学中的一个难点就是时间跨度大。古代两河流域和古代埃及的历史都能够追溯到公元前3000年，从那时起两大地区都产生了辉煌的人类文明，这种成就是以繁荣的经济做支撑的。这两大文明地区虽然都出现过文明中断的现象，但是当地的经济活动却并未中止，整个区域的经济史是持续完整的。相对于中国经济史可以从容地按照朝代更替为标准进行讲述，这两大古代文明地区的经济史却只能在很短的课时内笼统地勾画其概貌，并总结一些特点来加深学生的印象，以与其他地区进行区分。虽然古代经济变化缓慢，但总是采用太长时段的概括不免让人没有底气，学生们也充满疑惑。如果没有课下的大量补充阅读，学生们的这些困惑是无法被消除的。

新课标在很大程度上减轻了一些教学负担，让大学教学可以更加偏重于近现代经济史，但同时也造成了更多的混乱。人类不能像孙猴子那样从石头缝儿里蹦出来，人类的历史必须有个开始，我们也一直在探寻这个开始。具体到外国经济史，地理大发现确实改变了整个世界的格局，世界各地的居民史无前例地被整合到一起。但不能就此而否认人类在之前的历史过程中存在交流，否则关于古代丝绸之路的历史便是伪史。为什么会出现丝绸之路，为什么西亚、欧洲购买中国的丝绸，为什么丝绸之路不是一直畅通无阻的？这些问题显然不是仅凭中国经济史的教学就能让学生明白的。这样一来，外国古代经济情况便是必须要知晓的内容了。这是新版教材的不足，在缩短历史长度的同时也忽略了不同时期的历史差异。高中生囿于课本的编排，无暇了解这部分被削减的历史，但未来的高中教师却肯定要通晓，以便在高中教学中对课本进行扩展，让高中生明白古代中外经济交流的具体情况。

另一个难点就是地域跨度大。顾名思义，外国经济史是针对中国以外所有国家或区域的经济的历史。又因为中国自古以来就与其他地区有经济往来，近代以来联系的广度和深度还在继续加强，所以其中不得不牵涉中国经济，于是在某种程度上就有了全球经济史的味道。地域广泛带来的负担就是对各地经济的差异性必须有所警惕，不能以偏概全，也无法用某种规律去硬套某个地区的

---

① 宋则行、樊亢主编：《世界经济史》（修订版）上卷，经济科学出版社，1998年，《绪论》第1~2页。

② （英）杰弗里·巴勒克拉夫：《当代史学主要趋势》，上海：上海译文出版社，1987年，第75页。

经济以适应自身的理论体系或价值体系。例如，国营经济的存在或国家垄断经济行为是否是衡量国家政治形态的标准之一？这些现象在不同国家的表现形式是不同的。苏维埃强征私人经济形态变成国营或集体所有，可以被视为社会主义改造；而英国中古和近代早期都存在国王的产业，也允许特许公司的存在，长期推行的重商主义加强了对经济的全面控制，这不应该被看作是国王和国家在为民众谋福利，而更可能只是增强了王权而已。

时间和地域的扩大导致对历史认识的笼统化倾向，忽视了其中的差异性。新课改受到新的历史思潮的影响，加强了全球史观的渗透，从而束缚了其专题的设置，被迫对早期经济史和部分地区经济史采取主动忽略的方式，更加剧了弱化差异性的弊端。另外，"经济史研究的重点，是经济发展尤其是制度改革导致的社会变迁，诸如家族制度、缙绅势力、社会等级、社会习俗等变迁。这种变迁并不与经济发展和制度改革同步，因为还有导致或阻碍社会变迁的其他因素"①。这样，忽视经济差异性的做法又会波及历史教学的其他两类专题，使学生无法对历史真正形成的一个整体认识，从而阻碍了新课改目标的达成。

由于经济史教学是完善大学教育的重要途径，所以只能加强，不能偏废。如何加强呢？途径应该有很多，这里只提两点。其一，增设外国经济史课程，增加外国经济史的课时。中国一个国家的经济史都可以开设一门课程，那么其他国家就没有理由不开设一门外国经济史。其二，以国家或区域为标准来讲授经济史，不能像中学历史新课改中的专题那样过分概括和笼统，以使大学生对各国或各个区域的经济过程形成完整的认知，在此基础上再结合全球史观的方法来认识整个人类社会的经济发展脉络。若非如此，这些未来的中学教师连自己都对外国经济史搞不明白，谈何教书育人。

如此一来，对外国经济史教学的重视与否就上升到一个培养哪种老师的高度。"师范教育是培养教师的工作母机，树立什么样的教学理念关系到未来教师的培养目标与方向。"② 这个工作来不得一点马虎。一个人能够遇到好老师，是他一辈子的福气。李伯重在《"资本主义萌芽情结"》一文中提出对我国资本主义萌芽研究的质疑，认为这是西方中心论的产物。③ 众所周知，吴承明"在中国资本主义萌芽研究方面具有至高无上的地位。其研究代表了此项研究的最高水平。他……明确表示以往讨论的资本主义萌芽问题，事实上许多是市场问

---

① 吴承明：《经济史学的理论与方法》，《中国经济史研究》，1999年第1期，第117页。
② 王越旺：《中学历史新课改与高师历史教学》，《保定学院学报》，2010年第1期，第108页。
③ 李伯重：《"资本主义萌芽情结"》，《读书》，1996年第8期，第63~70页。

题，因此以后应当强调的是市场经济研究，而非资本主义萌芽研究。他后来在学术会议上也提出了这个看法，说自己将不再使用资本主义萌芽这样的词汇"①。李伯重运气好，遇到了良师吴承明。广大中学生同样需要像吴先生这样的好老师。那么，就让我们从开设并开好外国经济史开始培养合格的中学教师吧。

（作者：张松韬，四川师范大学历史文化与旅游学院讲师）

---

① 李伯重：《良师难遇——回忆吴承明先生》，《中国经济史研究》，2012年第2期，第31页。

从英国工业革命看世界妇女史课程教学

英国工业革命时期妇女积极参与慈善、教育事业等活动，投身工厂、农业等领域，为维权、争取选举权、反对奴隶贸易和奴隶制等展开政治斗争，忍受新技术时代对其身份和贡献边缘化的现实，她们对英国社会的转型和发展做出了重要贡献。正如有学者认为的："资本主义的发展不仅依赖于熟练技师，而且也依赖于非熟练的低工资的劳动力（女性在那时占了相当比例）。"[①] 妇女是社会变迁中的行动者，她们不应该被视为男性的陪衬和男性活动的背景。[②] 世界历史教学也应该还原历史本真，揭示女性在人类社会发展中的能动作用和地位。本文以对英国工业革命时期妇女史的解读为例，一方面能使我们对那些占人口半数的妇女的生活经历和思想意识有更为全面的了解，另一方面也加深我们对工业革命多样性的认识，深化理解工业革命的历史价值。更为重要的是，说明世界历史教学中妇女史的重要性，以期能推动当今中国高等院校世界历史教学中缺失妇女身影现象的改变。

近代早期，英国迈出走向现代福利国家的第一步，即富人通过教会向贫民实施救济，但慈善施舍基本上是男人们的事。18世纪时，女性慈善活动逐渐活跃起来。她们的行为并非出于经济目的，而是履行基督徒的职责。[③] 19世纪，慈善活动的重要特征之一是妇女社团的发展，这些社团不是靠社团外捐赠者的资助开展活动，而是妇女们将自己的认捐资金或者说是会费，作为向穷人施舍的经济来源。1780—1850年间，在伯明翰的妇女捐赠者约占捐赠者总数

---

① Sally Alexander, *Becoming a Woman and Other Essays in Nineteenth and Twentieth Century Feminist History*, London: Virago, 1994, first published in *History Workshop Journal*, 1 (1976), p. 276. 王政、杜芳琴主编：《社会性别研究选译》，北京：生活·读书·新知三联书店，1998年，第84页。

② 杜芳琴：《妇女史研究：女性意识的"缺席"与"在场"》，《妇女史研究论丛》，1996年第4期。

③ Amanda Vikery, *The Gentleman's Daughter*, *Women's Lives in Georgian England*, New Have: Yale University Press, 1988, p. 256.

的 10%。① 但是，妇女们的慈善工作还没有得到承认，因为她们的捐赠都是记载在其丈夫的名下。② 新济贫法实施后，妇女还努力促使新济贫法中不合理的成分诸如对劳动院以外的穷人不实施救济等规定的废除。由于诸如林肯郡的波切丽特女士、潘丁顿的查尔斯夫人等为代表的妇女的争取，1886 年，英国政府终于对济贫院外的妇女和儿童实施救济。③ 19 世纪末，妇女们对济贫院穷人的施舍逐步扩大到了对监狱的囚犯、工厂的低薪工人和医院病人的赈济。④ 同时，还包括投资兴建动物保护所、驿马的公共饮水站，为盲人安家，等等。⑤ 由于大量中产阶级妇女加入慈善者行列，英国这项古老的传统活动在质量与数量上都发生了变化，因而"从根本上改变了慈善事业的形象和方向"，"她们的慈善工作讲究实效，不作空谈"⑥，使得"做好事变为时尚"。甚至还有不少妇女认为行善积德、施舍穷人、照顾病人、赈济老人的活动是"把家庭内的相互关照、互相同情和行为模式带到社会"⑦。这种方式对社会稳定和贫弱阶层的社会保障做出了贡献。这一时期，妇女参与的主要活动如下：

第一，妇女积极参加办学、教学等活动，为工业化进程发展中教育事业的建设尽了绵薄之力。宗教改革前，修道院、教会是教育的最主要承担者，僧侣是唯一掌握文化知识的阶层。17 世纪的英国革命对教育发展产生了重要影响。1649 年，国会通过法案，在威尔士设立免费学校，并从没收的教会财产中每年拨款两万英镑补助教育。⑧ 此举使许多私立学校纷纷建立。1781 年，传教士罗伯特·瑞克斯创办了主日学校，为英国初等教育的发展产生过积极的作用。随后，在 1803 年成立的主日学校联合会的影响下，许多主日学校由教堂的牧师及其妻子和女儿组织建立起来。⑨ 著名教育家汉娜·莫尔在其中的贡献值得一提。1789 年，莫尔与她妹妹玛莎建立了主日学校，在缺乏足够教育的蒙底

---

① Frank K. Prochaska, *Women and Philanthropy in Nineteenth-century England*, Oxford: Clarendon Press, 1980, pp. 242-245.

② Leonore Davidoff, Belida Westover, ed., *Family Fortunes: Men and Women of the English Middle Class, 1780-1850*, London: Routledge, 2002, p. 432.

③ Sandra Burmand, ed., *Fit Work for Women*, London: Croom Helm, 1979, p. 49.

④ Frank K. Prochaska, *Women and Philanthropy in Nineteenth-century England*, Oxford: Clarendon Press, 1980, pp. 138-181.

⑤ Sally Mitchell, *Daily life in Victorian England*, London: Greenwood Press, 1996, p. 253.

⑥ Frank K. Prochaska, *Women and Philanthropy in Nineteenth-century England*, Oxford: Clarendon Press, 1980, p. 223.

⑦ Yaffa Clair Drazanin, *Victorian London's Middle-class Housewife*, London: Greenwood Press, 2001, p. 146.

⑧ 刘新科：《国外教育发展史纲》，北京：中国社会科学出版社，2002 年，第 117 页。

⑨ （英）奥尔德里奇：《简明英国教育史》，北京：人民教育出版社，1987 年，第 70~80 页。

普斯的矿区和村庄里进行扫盲教育。① 1795年，莫尔已经建立了九所学校。其中三所学校和她分别在谢普汉姆和切达所建立的妇女利益俱乐部一直存在到了20世纪。她为索姆斯特的初等教育做出了比其他任何个人都大的贡献。②

1833年，英国政府才开始以立法的形式干预教育，它强迫家长送子女入学，并在全国拨款两万英镑建小学校舍。由此引发了对教师数量和质量的新要求，培训女教师的学院应运而生。创办该类学院的著名代表人物有弗兰西斯·巴斯。1850年，23岁的她创办了女王学院的分院，命名为北伦敦学院学校，因其教学质量较高而得到社会认可。1854年建立的切滕汉姆女子学院也是类似的教师培训学院，19世纪该校两任校长均为女性。③ 1884年，伦敦学校委员会（简称LSB）首创小学教师半工半读的培训形式，由于其在小学教师培训方面的卓越成效而著名，萨拉·杰·班尼斯特被任命为女小学教师培训学校校长，该校直到1908年才解散。萨拉·杰·班尼斯特60多年的办学和教学生涯表明，她在小学教育和教师教育中的贡献是积极的。妇女办学挑战了男人主校的传统意识，同时也使社会各阶层人士认识到男女都应该获得正式的学校教育。④ 当时编写教材，研究教学方法、教育学原理等方面的代表人物及其著作有汉纳·莫尔及其编写出版的著作《愉快地研究》（1773）、《女性现代教育制度的束缚》（1799）、《各类学科的论文》（1777）。⑤ 夏罗特·M.杨格及其所著的《1877年的女性》，玛利亚·格利和伊米利·希里弗及由其合写的《妇女自我文化的思考》（1850），爱纪沃斯及其《法国的女教师》（1801）⑥，等等。安尼·玛丽所写的《年轻女士指导书》于1778年出版，后连续再版9次，成为汉诺威时期著名的教育手册。女教师伊林·迪威斯夫人出版了关于英汉语法和地理方面的教材。马格利特·布椤夫人于1797年出版了《天文学讲义》一书，该书的读者大多是女性；1806年，布椤撰写并出版了《自然哲学讲义》《化学

---

① Sue Morgan, ed., *Women, Religion and Feminism in Britain, 1750-1900*, London: Macmillan, 2002, p. 30.

② Sue Morgan, ed., *Women, Religion and Feminism in Britain, 1750-1900*, London: Macmillan, 2002, p. 30.

③ Pamela Horn, *Victorian Countrywomen*, Oxford: Basil Blackwell, 1991, p. 60.

④ Hannah Barker, Elaine Chalus, ed., *Gender in Eighteenth-century England, Role, Representations and Responsibilities*, London: Longman, 1997, p. 125.

⑤ Hannah Barker, Elaine Chalus, ed., *Gender in Eighteenth-century England, Role, Representations and Responsibilities*, London: Longman, 1997, p. 124.

⑥ Ellen Jordan, *The Women's Movement and Women's Employment in Nineteenth Century Britain*, London: Routledge, 1999, p. 108.

讨论》(1806)、《理解天文》(1815)等书。① 这些著作主张妇女应该从传统的、只招收男生学校传授的古典语言提供的知识范畴中走出来，接受更为近代的英国和欧洲的文字、历史、地理和自然科学知识教育；同时，它们还倡导女性的自治和独立，强调对女性进行理性论证、演绎思维的训练。②

1870年初等教育法颁布后，小学教师的需求量增加很快，教师的数量也随之扩大。教育改革后女教师的社会地位和待遇并没有得到多大的改善。"教师"成为中下层阶级妇女，尤其是乡村女性选择的职业。③ 1899年通过了女王学业考试的女性有7572人，而男性只有2556人。④ 1875年，小学女教师中有57%的教师获得执业资格，1914年，这个数字下降到32%。1901年，全英国也只有1/4的教师通过了女王学业考试而取得就业资格。⑤ 这一方面说明教师培训和教育管理制度的不足，另一方面也说明女教师默默地对教育事业做出了贡献。

第二，妇女们积极投身手工工场、作坊、农业劳动等经济领域的工作中，参与到了工业化的发展。评价妇女的经济活动并非易事，男性意识为主的统计机构要么对行业的归类没有明确的标准，要么把妇女的有偿劳动计入男性的工作中；再者妇女偶然性和季节性的工作常常被忽略。虽然史料缺乏，但通过研究教会法庭记录、税收记录、行会记录、洗礼登记、个人日记、文学作品等可以分析、总结出妇女们的业绩和贡献。1851—1911年间，15—24岁就业女性的人数从以下统计表格中可反映出来：

---

① Hannah Barker, Elaine Chalus, ed., *Gender in Eighteenth-century England, Role, Representations and Responsibilities*, London: Longman, 1997, p. 124.

② Ellen Jordan, *The Women's Movement and Women's Employment in Nineteenth Century Britain*, London: Routledge, 1999, p. 110.

③ Ellen Jordan, *The Women's Movement and Women's Employment in Nineteenth Century Britain*, London: Routledge, 1999, p. 73.

④ Ellen Jordan, *The Women's Movement and Women's Employment in Nineteenth Century Britain*, London: Routledge, 1999, p. 72.

⑤ Pamela Horn, *Victorian Countrywomen*, Oxford: Basil Blackwell, 1991, p. 209.

表1　1851—1911年15—24岁就业妇女的百分比情况①

年份	1851	1871	1891	1911
妇女就业总数（名）	1,755,105	2,148,542	2,884,756	3,354,792
农业雇工	3.86	0.441	0.36	1.11
帽饰、缝纫	1.64	5.79	7.32	6.37
棉织业	11.36	10.88	9.69	9.18
制造业	24.73	23.28	25.52	28.07
住宿业	27.08	35.82	36.44	35.86

表2　1891年英格兰、威尔士男女就业人数（单位：人）

职业	女性	男性
鞋、靴、木鞋、木底鞋等制作	46,141	248,789
农业劳动、农场仆人	24,150	709,283
商业职员	17,859	247,229
煤矿工	3,267	513,843
普通劳动者	1947	594,128
铁匠、银匠	500	139,524
海员、进出口贸易、商业服务、领航员	389	107,445
木匠	348	220,661
无用家畜的收买者、灭害虫者	152	2,082
砌砖工人	66	130,380
猪场看守人	3	13,814

工业革命前，凡是从事手工行业的人都要经过学徒期的学习，出师后，才能自己独立经营或带徒弟。女性一般只能跟着家人学手艺，也有接受教区招募或在他人家学艺的。在16—17世纪的城市，从学徒与雇主签订的学艺合同中反映出，有学徒的行业包括地毯业、缝纫业、银制品业、面包业、布匹业、管

---

① Ellen Jordan, *The Women's Movement and Women's Employment in Nineteenth Century Britain*, London: Routledge, 1999, p. 76.

子工、鞋匠、饰边制作、筛网制作、室内绘画等。① 学徒所学行业的不同因地区差异而不同，例如，在约克郡没有女学徒学烤面包，而考文垂就有面包师傅招收学徒。② 学缝纫的女孩多半随其家庭成员学艺而不是由教区安排。③

18世纪末19世纪初，使用廉价的、不受行会约束的女性和移民劳动力，在产品规模生产的行业中比使用新技术更能降低成本。整个英国，相当多的老年妇女从乡村涌入城市寻找工作。④ 18—19世纪，制帽业和衣服缝纫是妇女从事的主要行业。行业内部又划分为三个等级：学徒、计时工和学徒实习工。学徒一般住在雇主家，由女雇主带徒，有时也有奖金。住自己家的"全日工"学徒则每天前往雇主家，这种学徒随时可能被解雇。住在女雇主家的学徒实习工多来自农村，她们没有奖金也没有工资。⑤ 女工的工时虽不完全相同，但都很长。例如，据1863年的相关记载，制衣业的女工在旺季时，每天工作18小时。如遇婚庆或葬礼需赶制衣帽时，将加班至深夜。⑥ 其中缝制成衣的女工被称为"苦力劳动者"，她们是缝纫业中地位最低的。一位辞掉家政业，在家从事缝制马甲工作的单身女工发现，自己的收入不足以供其年长父母和她共进一顿丰盛的午餐。⑦ 但是，据统计，1852年在乡村售出的每四套服装中就有三套是出自伦敦或其他大城市的该种女工之手。⑧ 拿破仑战争时期的军服主要是由

---

① K. D. M. Snell, *Annals of the Labouring Poor: Social Change and Agrarian in England, 1660-1900*, Cambridge: Cambridge University Press, 1985, pp. 270-319. Sara Mendelson, Patricia Craword, *Women in Early Modern England*, Oxford: Clarendon Press, 1998, p. 329.

② Lindsey Charles, Lorna Duffin, ed., *Women and Work in Pre-industrial England*, London: Croom Helm Ltd., 1985, pp. 112-113.

③ Maxine Berg, *The Age of Manufactures, 1700-1820: Industry, Innovation, and Work in Britain*, London: Routledge, 1994, p. 151.

④ Kathryn Gleadle, *British Women in the Nineteenth Century*, London: Palgrave, 2001. p. 98.

⑤ June Purvis, *Hard Lessons: The Lives and Education of Working-class Women in Nineteenth-century England*, Cambridge: Polity Press, 1989, p. 32.

⑥ June Purvis, *Hard Lessons: The Lives and Education of Working-class Women in Nineteenth-century England*, Cambridge: Polity Press, 1989, p. 33.

⑦ June Purvis, *Hard Lessons: The Lives and Education of Working-class Women in Nineteenth-century England*, Cambridge: Polity Press, 1989, p. 33.

⑧ June Purvis, *Hard Lessons: The Lives and Education of Working-class Women in Nineteenth-century England*, Cambridge: Polity Press, 1989, p. 33.

家庭作坊的女工生产的。① 19世纪末，随着市场对产量需求增加，工厂和规范化生产的形成，家庭作坊式工人的数量不降反增，而其中主要是妇女。② 按照D. 伯斯耳（Duncan Bythell）所说："直到19世纪的最后15年，制造业中做工的妇女多半是这些工人。"③ 显然，她们在成衣业的贡献不小。

在男性为主的车轮制造、地毯生产、小五金制作、制鞋、制革业中，熟练女工涉足这些家内手工业的贡献被低估了。18世纪，妇女们就活跃在以上的行业。在布阿里克地区、伯明翰的金属制品市场，妇女们的铁链制品占有一定比重。④ 典型的例子还有：1870—1880年间，伍德斯多克的埃伦·莫莱继承丈夫的遗产经营铁匠铺，状况良好。⑤ 1891年8月，56岁的克日娅·维藤夫人（Mrs Kezia Whitton）的丈夫去世后，她继续经营丈夫的铁匠铺，并同时经营一家邮局。1898年，夫人去世时，铁匠商家产达到1700英镑资产。⑥ 掌握这些手艺的成长周期是比较长的，但男性社会的偏见和价值观阻碍了对这些行业女工的广泛认同和给予一定的经济回报。

由于土地兼并和资本发展的结果，农忙时节需要大量的短工，失地的妇女成为其有力的补充。女农工还参加豌豆、小麦、油菜等作物的种植。在收获季节，她们拔萝卜、挖土豆、拾遗穗、耕地、锄草、间苗、采摘水果。甚至许多城市妇女在夏天来到农村从事拾蛇麻草和整理花园的雇佣工作。⑦ 有学者研究后得出结论：东部地区的史实证明，男性在农业经济中的影响力增强，但在北部很多地区沿袭季节雇佣制和年雇佣制，这一方面说明结构性和季节性的失业

---

① 19世纪晚期，成衣制造业愈益集中在伦敦和利兹时，伦敦大量的劳动力是妇女，男缝纫工则相对集中于利兹。此时的生产以三级合同制形式进行，其形式日益复杂。其中第一级为批发商，第二级为小工厂和生产作坊主，第三级是家庭手工业者和苦力劳工。第一级与第二级、第二级与第三级分别签约生产。Angela John, *Unequal Opportunities*: *Women's Employment in England 1800-1918*, Oxford: Basil Blackwell, 1986, p. 117.

② Elizabeth Robert, *Women's Work*, *1840-1940*, Cambridge: Cambridge University Press, 1995, pp. 40-42.

③ Katrina Honeyman, *Women*, *Gender and Industrialization in England*: *1700-1870*, London: Macmillian, 2000, p. 90.

④ Maxine Berg, "What Difference Did Women's Work Make to the Industrial Revolution?", *History Workshop Journal*, 35 (1993), pp. 22-44.

⑤ Pamela Horn, *Victorian Countrywomen*, Oxford: Basil Blackwell, 1991, p. 185.

⑥ Pamela Horn, *Victorian Countrywomen*, Oxford: Basil Blackwell, 1991, p. 185.

⑦ Sally Alexander, *Becoming a Woman and Other Essays in Nineteenth and Twentieth Century Feminisy History*, London: Virago, 1994, pp. 52-53.

相对缓慢，也证明了女性更圆满地完成着农业劳动。①

具有讽刺意味的是，从1881年开始，农民妻子不再统计入拥有收入的职业人群中。这种统计方法在1871年和1908年的生产统计中再次得到证实：1871年，有187029位妻子和92187位女性亲戚在农场工作，同时，有225569位男性农民和畜牧业者以及男性亲戚76466名在田间劳动。相反，1911年人口统计，各种年龄段的妇女们以及其他女性亲戚仅仅只有56856名帮着干农活。②

此一时期，妇女参加农业劳动的作用往往被忽视。有学者认为这有以下原因：其一，妇女只适合做家务，不适合农业经营。其二，女性因为没有公民权，像汉雷特·迈克尔库汉姆经营着格切斯特500英亩的农场，每年向国家交税，但其政治地位还不如其地上的男工。③ 其三，经营农产品是通过市场交易完成的，市场那种公共场合不适合女性。其四，人们普遍认为妇女在小型私立学校或从家庭教师那儿得到的知识不能适应农业技术和农业科学种植的需求，农业协会和农工俱乐部排斥妇女，妇女也就得不到这些组织提供的学习农业科技知识的机会。④

第三，妇女积极参加维权、争取选举权、反奴隶贸易和奴隶制等政治斗争。19世纪中叶前后，英国社会的改革运动此起彼伏，妇女们为争取权益而战，诸如改革婚姻法、争取选举权，等等。她们也积极参与诸如反奴隶贸易和奴隶制度的斗争中，和北美人民遥相呼应，为奴隶制的废除做出了自己应有的贡献。

在19世纪中叶，卡洛林事件引发了妇女们向婚姻法发起冲击。这场运动比起之前的社会主义运动而言，其范围狭窄，但又更"广阔"。因为运动虽然主要由中上层的妇女发动，但又是一场由更多阶层的妇女甚至男人参加的运动。⑤ 而且，这场斗争的成果更为显著，它包括高等教育向妇女开放；医学领域的工作向妇女敞开；废除了传染病条例；妇女选举权运动有了进展；改革了婚姻法（男女离婚的自由平等权利）；已婚妇女拥有了财产权；母亲有了对孩

---

① K. D. M. Snell, "Agricultural Seasonal Unemployment, the Standard of Living, and Women's work" in Pamela Sharpe, *Women's Work: The English Experience 1650-1914*, London: Arnold, 1998. pp. 105-108.

② Pamela Horn, *Victorian Countrywomen*, Oxford: Basil Blackwell, 1991, p. 114.

③ Pamela Horn, *Victorian Countrywomen*, Oxford: Basil Blackwell, 1991, p. 125.

④ Pamela Horn, *Victorian Countrywomen*, Oxford: Basil Blackwell, 1991, p. 127.

⑤ Barbara Taylor, *Eve and the New Jerusalem: Socialist and Feminism in the Nineteenth Century*, London: Virago Press, 1983, p. 17.

子的监护权；允许受迫害的妻子离开丈夫；地方政府行使权力维护受虐待的、被遗弃的妻子，等等。

在此仅以妇女参加的反奴隶贸易和奴隶制度的斗争为例。早在1788—1792年，辉格派的、福音派的妇女们就开始活跃在反奴隶制贸易的斗争中，她们挨家挨户地组织签名，向议会呈递请愿书，印刷并散发宣传册，以激起人们对反奴隶制行为的同情和支持。[1]

1823年，妇女们积极参与反奴隶制的运动，禁止在美国殖民地尤其是西印度群岛实行奴隶制。反奴隶社团（Anti-slavery Society）收到妇女捐款1093英镑，到1826年，社团收到捐款达2933英镑，主要用于印刷期刊，开展其他一些反奴隶制的活动。她们还向"朋友会"（The Society of Friends）捐了1500英镑。

1825年4月8日，伯明翰黑人奴隶救济女士社团（the Birmingham Ladies'Society for the Relief of Negro Slaves）成立，其宗旨是"在英国法律制度下，改善非洲儿童尤其是女黑奴的不幸遭遇"。路丝·汤赛德（Lucy Townsend）是其领袖。作为全国性的反奴隶制组织，其在各地分会的主要工作是收集基金，并采取措施激励当地各界人士参与。1827年，该社团举行了35000次宣传演讲，用500英镑出版反奴隶制文学作品。到1830年代，主要的福音派宗教团体给反奴隶制运动以极大的支持，在大中小城市，反奴隶制女士社团纷纷成立。据1831年统计，全国有40个类似的社团先后成立。其中，谢弗尔德（Sheffield）女士反奴社团有80名会员，它的入会费用极低，参与者主要是穷人。[2] 女社团购买了17%的反奴隶社团的作品。妇女的积极作用被男性废奴者认识。[3]

妇女还以抵制购买奴隶制盛行地区产品的行动来反对奴隶制。[4] 例如，1792年，据统计，有40万的英国人拒绝使用来自西印度群岛生产的糖，其中

---

[1] Jane Randall, *The Origins of Modern Feminism: Women in Britian, France and the U. S., 1790-1860*, London: Macmillian, 1985, p. 246.

[2] Jane Rendall, ed., *Equal or Different Women's Politics 1800-1914*, Oxford: Basil Blackwell, 1987, p. 84.

[3] Jane Rendall, ed., *Equal or Different Women's Politics 1800-1914*, Oxford: Basil Blackwell, 1987, pp. 84-86.

[4] Jane Rendall, ed., *Equal or Different Women's Politics 1800-1914*, Oxford: Basil Blackwell, 1987, pp. 90-91.

至少有一半以上的人是妇女。① 1824 年，雷切斯特（Leicester）的伊丽莎白·海利克（Elizabeth Heyrick）撰写并发行了一本小册子，呼吁全英国有良知的妇女拒绝使用奴隶生产的产品。该小册子题为"迅速废除奴隶制"（Immediate Not Gradual Abolition），它的主题是从抵制西印度群岛由奴隶生产的产品到强调解放黑奴，这与当时男性废奴主义者主张以渐进形式废除奴隶制的思想形成鲜明的对比，从而震撼了大西洋两岸的人民。1826 年，海利克的小册子散发了 2000 册。1830 年代，妇女反奴隶制组织在联名上书议会立即解放奴隶的活动中起了重要作用。其中一次有 18.7 万人签名的请愿书上呈议会，组织者是两名妇女社团的成员。1833 年，人们终于迎来了"解放法令"（the Emancipation Act）的通过，英国殖民地的奴隶制废除了。

此后，妇女组织又转向支持废除美洲奴隶制的工作。首先，她们努力废除西印度盛行的黑奴学徒制。1837 年 10 月，"英国女性请愿书"（English Female Address）得到 50 万人的签名，它被呈递到了女王手中。在达林顿（Darington），由 14 名成员组成的委员会专门从事走家串户地反奴隶制的宣讲，最后汇集了 5315 份反黑人学徒制的请愿书。谢菲尔德的妇女社团玛丽·洛森发表了一封激情昂扬的信，信中声称，如果男士们不支持妇女们，妇女们定将单独行动。显然，妇女社团成为"英国和外国反奴隶社团"（British and Foreign Anti-slavery Society）组织的积极助手，旨在推翻全世界的奴隶制和奴隶贸易。② 1837 年，在波士顿举行的第四次美国反奴隶制的商品义卖会上，英国妇女送去了大量商品销售，以支持美国的姐妹们。③ 经过努力，1839 年，美国学徒制终于被废止。

1850 年代，从格拉斯哥的废奴妇女社团中分离出来的一部分人组成了新女士废奴协会，直接向纽约一个废奴组织"治安维持会"（New York Vigilence Committee）提供经济资助，以帮助黑奴逃亡。1853 年，该会向纽约治安维持会提供了 400 英镑，后者年收入仅为 711 英镑，这为大量黑奴逃到英国起了促进作用。④ 会址在英国的"帮助黑奴逃亡妇女协会"

---

① Eliabeth Eger, Charlotte Grant, Cliona O. Gallchoir, Penny Warburton, ed., *Women, Writing and Public Sphere, 1700-1830*, Cambridge: Cambridge University Press, 2001, p. 144.

② Jane Rendall, ed., *Equal or Different Women's Politics 1800-1914*, Oxford: Basil Blackwell, 1987, p. 93.

③ Jane Rendall, ed., *Equal or Different Women's Politics 1800-1914*, Oxford: Basil Blackwell, 1987, p. 94.

④ Jane Rendall, ed., *Equal or Different Women's Politics 1800-1914*, Oxford: Basil Blackwell, 1987, p. 100.

(Ladies'Society to Aid Lugitive Slaves)则为黑奴提供食物、住宿、教育和就业机会,她们还帮助少量的黑人逃到加拿大。

正是反奴隶制运动中的妇女形象,使后来的女权主义者们认识到她们的母亲、祖母们为女权主义思想和行动奠定了基础。

1918年,妇女可以拥有选举权的原则得以确定。1928年,英国妇女终于拥有了与男性平等的选举权。最早研究妇女选举权运动的人是雷·斯特拉克(Ray Strachey),他于1928年撰写并出版了《原因》(The Cause)一书,但这本书的大众认可度不高。1931年,斯尔维亚·潘克赫斯特的著作《选举权运动》(The Suffragette Movement)影响了以后对妇女选举权运动的研究和评价。1970年代,英国广播公司对妇女的这一重要运动才公开做出评价:妇女社会和政治联盟(The Women's Social and Political Union,缩写为WSPU)是运动的核心组织,潘克赫斯特家族又是其中的重要成员。1986年,桑德拉·斯坦勒·霍尔顿的著作《女权主义和民主主义:1900—1918年英国妇女选举权运动和改革的政治》(Feminism and Democracy: Women's Suffrage and Reform Politics in Britain 1900-1918)成为妇女选举权运动编年史中的转折点,人们研究新的档案材料,对"全国妇女选举社团联盟"(the National Union of Women's Suffrage Societies,缩写为NUWSS)的贡献和作用进行了重新认识。有学者认为,1986年前的史学家们多半把妇女争取选举权运动看成是1832年、1867年和1884年改革运动的延续,之后的研究者们则认为它是妇女解放运动,即争取教育、就业和家庭公平地位斗争的一部分。①

1880年代,英国妇女开始在政党政治中活动。1880年代,妇女自由协会(Women's Liberal Association)建立。1887年,妇女自由联盟(Women's Liberal Federation)建立,1892年,从中分裂出全国妇女自由协会(Women's National Liberal Association)。1888年,妇女自由联盟者协会(Women's Liberal Unionist Association)成立。1884年,托利派的妇女成立报春花联盟(Primrose Heague),它主要在全英国女士咨询委员会(the Ladies Grand Council)名下展开活动。1884年和1893年,两个社会主义政党的雏形社会民主联盟(the Social Democratic Federation)和独立劳工党(the Independent Labour Party)分别成立,两党主张各政党要坚持平等原则,包括政党内男女地位的平等,但实际上妇女们处于服从地位,因为在他们的党章

---

① Harold L. Smith, The British Womens Suffrage Campaign 1866-1928, London: Longman, 2010, p. 82.

中是排斥女性的，在两党的中央委员会里，妇女只有列席的席位。

无论以上组织的特征和本质是什么，它们都在争取妇女权益的过程中起到了积极作用。① 到维多利亚时期末叶，英国妇女们所面临的形势已经发生了很大的变化。她们逐渐认识到比起男人们，她们应该要求获得更多的权益，应该有异样的声音发出呐喊。在全国性的妇女运动中，她们增强了自信，自信有能力挑战在心理上、体力上对妇女的不平等待遇。从反传染病法案到选举权运动，她们组织了起来，领导了运动，在英国的政治世界，她们向传统的天定命运发起了冲击。

第四，英国工业化期间，技术变革的过程是妇女被社会定位为低技能者、无技能者的过程，边缘化的角色定位使她们在历史的撰写中被遮蔽了。妇女即便是通过实践掌握了技术，并且成为技术的操纵者，她们也会被"父权制的社会准则"宣传和鉴定为"缺乏技术竞争力"的群体，这样的观念成为女性身份的一部分。"进入技术领域"甚至在有些女性看来自然成了对其女性身份的威胁。"有技术"的身份成为一种社会机制，通过它的运行，男性与技术之间的自然联系得以复制。② 手工技术与机械化生产并存是英国工业化多样性特征的重要表现，新机器的使用与新的手工工具的使用并驾齐驱，劳动按性别重新分工的过程成为工业变革的重要组成部分。妇女为此做出了积极的贡献，更付出了代价。

从作坊向工厂的转变是一个渐进的过程，在这一过程中，妇女作为廉价劳动力成为劳工和雇主之间平衡利益关系的砝码。因此，妇女们获得纺线工作的机会实际上是一场性别斗争的结果。有学者认为，一般的纺纱女工虽然不是工业革命的英雄，但却是工业革命成功的必备条件。③

在此，笔者以奶制品生产的转型为例说明妇女经历了从控制奶制品生产技术领域主体地位的劳动者演变成为被动的、无技术能力的群体的过程。她们最终被抛出了劳动队伍，成为"无所事事"的穷人。

在英国西北、西南部地区、萨福克和约克郡的部分地区，农家的妻女自制奶油、奶酪。在格罗切斯特郡、切郡、诺夫克郡等地的大型农庄里，其劳动的

---

① Jane Rendall, ed., *Equal or Different Women's Politics 1800-1914*, Oxford: Basil Blackwell, 1987, pp. 165-170.

② 刘霓：《西方女性主义技术研究》，上海市社会科学规划办公室、上海社会科学院信息研究所编：《国外社会科学前沿》，上海：上海社会科学院出版社，2004年，第414～421页。

③ Deborah Valenze, *The First Industrial Women*, Oxford: Oxford University Press, 1995, p. 78.

分工也是妇女们（女主人和女仆）亲自操作奶酪和黄油的制作，男人们管理购买牲畜、饲料以及销售奶制品。制奶业中性别角色分工与社会普遍认可的分工正好相反，整个制作过程不是由男性指挥，而是由一名女主人管理，2~20位女仆（每个仆人管理 10 头牛）从早晨 4 点一直干到晚上，只有 1~2 位男工或男孩帮忙，而且男工一般是非熟练工，只在需要的时候，他们的体力才派得上用场。

牛奶在什么温度下、以多少的数量加入牛犊胃内膜中（因为牛犊胃内膜自身可使牛奶和乳霜产生化学反应而成凝乳），什么时候清洗牛胃等等问题都只能依靠妇女们的经验得以解决，经过几代人传下来的经验几乎没有模仿的可能性。当时有人说："挤奶和制奶酪的细节可写出一本书来，但对他人可能没有指导意义。"① 而直到 19 世纪晚期，人们还弄不清牛犊胃内膜所含的成分。以至于农学家与奶品女工之间有关如何酸洗、烘干和清洗牛胃的方法争论了一个半世纪。② 致使"奶场女主人拥有专断的权威，而且也可以使奶场的女仆成为理所当然的管理者"③。

18 世纪末，上至伦敦王室协会（the Royal Society of London）的成员，下至各省的独立协会都倡导农业的科学化、理性化，这不仅是追求农业生产利润的反应，也是一股强大的意识流，它冲击着农村中传统的关于自然的生物属性、生产和消费的观念。作为"科学代言人"的男人们宣称：奶制品的生产程序、制作过程是可以通过重复的经验和标准化的手段完成的，它应该是一项科学的、非神秘的技术。这种假设在有形和无形中改变着奶场及其集体的社会关系，造就着一种新的权威等级关系。他们把奶品女工看成与新的、科学的方法抗衡，固守传统的、搬弄迷信的守旧者；同时，他们也无视奶场之间分工协作，以完成市场需求量大、工效要求高、质量要求上乘的现实。他们深知妇女工作的必要性和重要性，但从权威性角度讲，他们又在"塑造着"男性的世界。

例如，1787—1798 年，威廉·马歇尔出版的著作很详细地介绍了奶制品业的生产细节和妇女在生产中的积极作用。但是，他强调要获得这一制作工艺

---

① Deborah Valenze, *The First Industrial Women*, Oxford: Oxford University Press, 1995, p. 56.

② Deborah Valenze, *The First Industrial Women*, Oxford: Oxford University Press, 1995, p. 56.

③ Deborah Valenze, *The First Industrial Women*, Oxford: Oxford University Press, 1995, p. 54.

的知识并非易事。首先是制奶工作间属于女性，它正像原始宗教的祭坛，奶制品业是女性的舞台。他比较奶酪生产和种地后认为农业耕种是"公共就业"，奶酪是"私人制造"。① 事实上，人们常常是以一个镇为单位，每天将各家各户的牛奶汇集在一起，共同加工成奶酪，这并不是秘密完成的。奶酪不仅作为一种食品，而且也在精神上把妇女的功劳与人们的生活紧密地联系在一起了。威廉·伊利斯（William Ellis）在其游记中记载了如下的事实："海豚奶酪"是用木制海豚模型铸制成形的，它作为一种吉祥物、装饰品放置在产妇房间，象征着生命的平安降临，起着驱邪避害的作用。由于模型很少，邻里之间互相借来使用，"海豚奶酪既是美好愿望的象征，女性艺术的反映，又是维持生计的物质来源"②。

另外，奶制品业也不像后来的工业资本的操作模式，体力和脑力常常是分离的，马歇尔说道："那时的奶制品业既是妇女们体力又是其脑力的劳动的体现。"③ 1790年代，一些大型奶场开始引进机械化生产，在搅拌凝乳的过程中，男工可能起到了一定的作用，但包括复杂工艺经验和知识的挤奶程序仍然由妇女们完成。即便在1870年引进美国机械化制作奶酪的模式后，奶品女工的价值也并不逊色于她们挣钱养家的丈夫们，因为她们生产的产品质量得到社会承认，并且这种质量被当时的权威人士认为是"家庭式奶制品生产管理下的结晶"④。

尽管妇女的作用如此重要，但有关奶制品业的话语却对妇女不利。在威廉·马歇尔的游记中，记录了一位叫布戈兰德（Mr Bigland）的男士，他能买下一半以上由贝克勒（Berkeley）地区生产的奶酪，并养了50头牛。"他把所有的秘密都告诉我，每一个生产环节他都向我公开，因为他对此总是抱有自由交流而非隐瞒的态度。"⑤ 马歇尔把他称为具有科学头脑的人，相比之下，另一位令他崇拜的奶场主妇威德夫人（Mrs Wade）则没有那么幸运了。她养了

---

① Deborah Valenze, *The First Industrial Women*, Oxford: Oxford University Press, 1995, p. 58.

② Deborah Valenze, *The First Industrial Women*, Oxford: Oxford University Press, 1995, p. 59.

③ Deborah Valenze, *The First Industrial Women*, Oxford: Oxford University Press, 1995, p. 60.

④ Deborah Valenze, *The First Industrial Women*, Oxford: Oxford University Press, 1995, p. 62.

⑤ Deborah Valenze, *The First Industrial Women*, Oxford: Oxford University Press, 1995, p. 62.

40~50头牛，并已经有二三十年的养牛经验。但是，威廉描述该夫人"'自夸'是富有经验的，掌握了技术的人"等语言传递给读者的信息时，使人们感到夫人的行为似乎有不道德的一面。而且，坚持现代科学精神的马歇尔用大量篇幅描述布戈兰德的奶制品生产的同时，该地区享有盛誉的第一批从事奶制品业的威德夫人（Mrs Wade）居然没了踪影。詹姆斯·安德森（James Anderson）在其手稿《农业消遣》（Recreations in Agriculture）中谈道："我妻子在奶制品方面的知识是经过我的笔而传播出去。"同时他又以道德哲学的观念削减妻子们对奶制品科学技术体系的形成做出的独立贡献。"妻子们对其有帮助的男性同伴很少交流制作的知识，从这个意义上讲，妻子们是有愧的。"①

在引进先进技术的同时，人们对以妇女为主的家庭行业的态度也发生着转变，从普遍承认其劳动成果，到重新定义妇女们的技艺，以适合男人们的主流话语。在马歇尔的著作中，他大肆宣传的是那些奶酪的代理商人，这些人在奶酪生产集中的地区收购奶酪，然后再批发给全国各地的销售商。由于信息渠道的畅通，在决定什么样的奶品适合市场需求方面他们可以起到调节产品生产的作用，于是在人们看来他们才是奶制品行业的领军人，而不是妇女。

1870年代，在美国制奶技术的冲击下，中部等地农业协会（The Midland Agriculture Society）展开了建奶酪厂的计划，一方面旨在生产高质量的、标准化的奶酪，另一方面旨在减少普通家庭制奶酪的女主人的劳动。但事实上，没有妇女们经验的积累，没有代理商和妇女们共同对商场做出的适应性的反应，没有这种动态的信息的碰撞，奶制品生产的科学理论难以形成。

综上所述，英国工业革命期间，妇女对英国社会转型产生的影响是不容忽视的，在世界历史演进过程中的重要作用是显而易见的，缺失妇女史的世界历史教学是不妥当和不完整的。

（作者：王晓焰，四川师范大学历史文化与旅游学院教授）

---

① Deborah Valenge, *The First Industrial Women*, Oxford: Oxford University Press, 1995, p. 65.

比较近代日本和西方的两次交流

日本近代的崛起一直是史学界热论的话题。部分学者认为，在明治维新以前，日本一直学习中国。之后，日本开始学习西方，并步步追赶西方。通过明治维新短短几十年的改革，日本成为东亚甚至东方首个资本主义强国。其实，这是一种模糊的、简单的历史分段概念，日本西化以及走上资本主义道路并非一步到位，而是一个渐进的过程。

在近代（20 世纪前），日本与西方进行过两次意义重大的交流。第一次是 16—17 世纪的日西交流，这段历史亦称"切支丹时代"或"南蛮贸易时代"。[①] 第二次为 19 世纪日本开国、明治维新时期的日西交流。史学界对明治维新前后的晒交流有较多、较深入的研究，但对 16—17 世纪的交流讨论较少。如果将两次交流进行对比，就会发现它们既有相同，也有不同。最主要的是，两次交流均产生了深远影响，具有特殊意义。

（一）背景之比较

两次日西交流的背景的不同之处在于：1542 年西方人初到日本之时，日本正处于战国分裂状态。[②] 16 世纪末，日本才逐步由分裂走向统一。17 世纪初，德川幕府建立，但日本的封建统治尚待巩固和完善。从总体上看，16—17

---

① 16 世纪 40 年代，欧洲人（葡萄牙人）首次登陆日本。其后他们在日本开展了长达百年的布道和经商活动，部分史学者称这一时期为"切支丹时代"或"切支丹世纪"。日本人称西方人和葡萄牙人为南蛮人，称英国人、荷兰人为红毛。德川幕府锁国前，对日活动的主角是南蛮人。参见：John Whitney Hall, *The Cambridge History of Japan*, Volume 4: *Early Modern Japan*, Cambridge: Cambridge University Press, 1991, p. 302.

② Christóvam Ayres de Magalhães Sepúlveda, *Fernão Mendes Pinto: Subsidios Para A Sua Biographia E Para O Estudo Da Sua Obra*, Lisboa: Por ordem e na Typographia da Academia, 1904, p. 34.

世纪的日本政治尚处于不稳定状态。这一时期，无论是九州大名、还是三大统一者（织田信长、丰臣秀吉、德川家康）都没有采取"闭关锁国"的态度，他们甚至欢迎西方人来日经商。但在1853年美国人培里叩关之时，德川幕府已经统治日本200多年。日本的封建化，或者说日本的封建专制制度已经发展到巅峰。此时的日本已经锁国多年，他们只与中国和荷兰保持有限的联系。由此看来，16—17世纪的日本人表现得更为主动，一些大名甚至允许外国传教士前来布道。但在19世纪，日本却是被迫打开国门。相比19世纪，西方人在16—17世纪的日本面临更多机会，受到更少限制。

16—17世纪，大名、统一者以及德川将军是日本的实际统治者，天皇没有实权。西方人到达日本后，迅速发现天皇仅是傀儡。但在19世纪培里叩关后，以老中阿部正弘为首的幕府当权者，不仅"宽容地"对待培里，还破例向皇室和诸侯征询意见。如此一来，天皇的地位便得到提高，公卿贵族也有权力参政议政。19世纪，日本天皇的权力正在逐步恢复。如果说16—17世纪日西交流（日方）的主角是大名和将军，那明治维新时期天皇则成为交流的主角之一。

就日本面临的外部环境来看，16—17世纪，西方正在经历三大运动（文艺复兴、宗教改革和大航海活动），西欧正处于历史转型时期。信仰天主教的西、葡两国尚未完全退出海洋争霸的历史舞台，信仰新教的英、荷已经或正在经历资产阶级革命，他们刚刚登上争夺海权的舞台。而东方却对这一新动向知之甚少，中、朝、日的封建专制制度都发展到了顶峰。就综合实力而言，东方还强于西方。而在19世纪，西方（包括美国）已经完成资产阶级革命甚至工业革命，其政治、经济和文化以空前的速度发展。西方最终在综合实力上超越东方，曾经强大的远东封建王国走向衰亡。

无论是16—17世纪还是19世纪，日本同中国的关系也有不同变化。16—17世纪，中国曾是日本膜拜的强大邻国。明朝中期，中日勘合贸易虽然被禁，但西方人迅速成为替补，日本还是可以得到来自中国的商品。而且日本一直想与中国恢复关系，德川家康统一日本后，以谦恭的态度请求大明皇帝重开勘合贸易。明末清初（16—17世纪）的中华帝国依然强大，即便西方人有大船和火器，也无法敲开中国大门。但在19世纪，英国人终于用船坚炮利轰开了中国大门，两千多年的封建帝国被褪去"神光"。中国在鸦片战争中的失败给日本敲响了警钟，日本学习、模仿和崇拜的对象彻底转向西方。

16世纪初和19世纪初，日本对西方的了解程度大不一样。16世纪初，无

论是日本人对西方的了解,还是西方人对日本的了解都相当少。种子岛①人从未见过西方人,日本人对外界的认识也仅限于东亚和东南亚地区,对西方的进步一无所知。西方也只知道东方有个金银岛。因此,日西的初期交流只是试探性的接触。但在培里叩关前,日本一直保留了出岛这扇小窗口。② 日本通过与荷兰的接触、交流,初步了解到西方文化。日本甚至还出现了"兰学",这一线曙光让日本人受益匪浅。因此,在19世纪当西方列强再次登陆日本的时候,日本人对西方先进文化的吸收比其他东亚国家都要快。19世纪日本的大门被欧美炮舰轰开时,有些人是有准备地迎接西方人再次登陆的。

就背景的相似之处而言,16世纪初和19世纪初,日本国内的形势都比较混乱。16世纪初,日本正处于战国分裂状态。室町幕府的统治岌岌可危,不但天皇无权,室町将军也无法控制局势。19世纪初,德川幕府的统治同样出现了问题,武士的内部分化日益加剧,商人逐步走上历史舞台,日本社会正处于转型的关键时期。

16世纪以前,日本接受了中国的儒家文化。当时的日本人崇尚内敛,而非外扬。除了与中国交流,他们很少接触其他地区或国家。日本虽有对外扩张的想法,但忌惮中国的威慑力,16世纪侵朝战争的失败便是教训。因此,西方人的到来正好让日本人有了接触外界的机会。同样,在培里叩关前,日本已经锁国多年,他们仅通过长崎的出岛保持与中、荷的联系。19世纪,西方人再次打开日本大门,日本人又一次迎来了拥抱外来文化的机会。可见,无论是16还是19世纪,均是西方人首先尝试与日本建立关系。这样看来,比较被动的日本人抓住了其中一次机会,但正是这一次机会便带来了成功,使日本走上了强国道路。

(二) 内容之比较

就内容来说,两次交流的不同之处在于:16—17世纪,日西的交流集中

---

① 葡萄牙人首登日本的地方。参见:Olof G. Lidin, *Tanegashima — The Arrival of Europe in Japan*, Copenhagen: NIAS Press, 2002, pp. 185-188.

② 1636年(另说为1634年),德川将军为了禁绝基督教,令长崎商人出资修建出岛,控制西方商人(葡、荷)的活动。参见:Philipp Franz von Siebold, *Manners and Customs of the Japanese, in the Nineteenth Century*, New York: Harper & Brothers, 1841, p. 27;村上直次郎:『日蘭三百年の親交』,東京:富山房、1915年、42頁。

于宗教和贸易。更重要的是，日本与西方是互为交流、交往，任何一方都无法以绝对优势压倒另一方。英国人亚当斯初到日本时记载道："日本人平时比较和善，但在战斗中很英勇。日本的律法健全，幕府的统治秩序井然有序。"[1]可见，16—17世纪的日本政治尚处在封建制度的发展轨道上，他们只是选择性地接受了西方的部分文明。而19世纪的明治维新是日本对西方文明的全盘吸收，因为西方从各个方面超越了东方，日本的改革注定是全方位的。

在两个不同的时代，来日活动的西方国家有一定区别。16世纪，信仰天主教的西、葡人首先到达日本。17世纪，信仰新教的英、荷又与日本建立联系。总体来说，在日西的初期接触中，天主教国家对日本的影响大于新教国家的影响。19世纪，叩开日本大门的是美国人，之后与其签订条约的还有英、荷等新教国家。相比以往的西、葡等旧教（天主教）国家，日本在19世纪接触的西方国家是当时世界最先进文明的代表。

在与西方的两次交流中，日本人的地位也发生了变化。16—17世纪，日本人与西方人的地位基本平等，或者说日本人的地位更高、主动性更强。大名虽然请求西方人来日经商，但随时可以烧毁其船只，甚至杀死外国人。丰臣秀吉更是以高傲姿态驱逐了外国传教士，葡商对秀吉也非常敬畏。德川幕府建立后，家康为了垄断外贸，实行了丝割符[2]、朱印船[3]和限银制度[4]（政策），西方商人的活力受到限制。最重要的是，在16—17世纪，西方人不敢、也不愿意在日本建殖民地，他们没有能力征服这个拥有悠久历史的封建国家。但在19世纪，培里以武力叩开了日本大门，不久便与日本签订了不平等的《日美和亲（亲善）条约》（1854年），条约规定：日本对美国开放港口；日本保证

---

[1] C. R. Boxer, *Portuguese Merchant and Missionaries in Feudal Japan*, 1543-1640, London: Variorum Reprints, 1986, pp. V-19.

[2] 简单地说，丝割符制度即葡商运来的生丝先由三地日本豪商（后来发展到五地）垄断购入，然后再分配给其他日商。最初的三地为堺、京都和长崎，后来大阪和长崎加入。日商垄断购买生丝的价格通常较低，从而掌控贸易主动权。岩生成一：『日本の歴史・14・鎖国』，東京：中央公論社，1968年、150頁；中西啓：『長崎のオランダ医たち』，東京：岩波書店，1993年、5頁。

[3] 朱印船制度可以追溯到室町幕府时代，在秀吉统治时期以及德川幕府时代，朱印状成为海外贸易的凭证，有学者称朱印状相当于外交执照。日本实行朱印船制度的原因如下：鼓励外贸、避免葡商垄断贸易、恢复与中国官方的贸易。大森金五郎：『国史概説』，東京：日本歴史地理学会，1910年、494頁；岩生成一：『日本の歴史・14・鎖国』，東京：中央公論社，1968年、196頁。

[4] 17世纪初，幕府实行"限银政策"，这是幕府控制外贸、把握贸易主动权的重要举措。限银政策并非限制日本白银被运出，而是限制日本精炼银（也可称优质银，以灰吹银和石见银为代表）的生产和输出。（日）速水融、宫本又郎编：《日本经济史1：经济社会的成立17—18世纪》，厉以平等译，北京：生活·读书·新知三联书店，1997年，第138—142页；岩生成一：『日本の歴史・14・鎖国』，東京：中央公論社、1968年、161頁。

向美国船舰提供所需物资;美国可在两个港口设领事馆,日本给美国最惠国待遇等。随后英、俄、法、荷也同日本签订了类似条约。可见在19世纪初,封建、落后的日本只能屈服于先进、强大的资本主义国家。与16—17世纪相比,后一阶段日本人的地位已不可同日而语。想必当时的日本人一定不服这种地位的改变,于是奋发图强,以求扭转被动局面。

西方宗教在两次交流中扮演了不同角色。准确地说,16—17世纪,西方人在日本坚持"商教一致"原则,企图以商贸活动推动传教,让传教活动服务于商业。不过,日本统治者越来越难以容忍教商的亲密关系,最终决定锁国,驱逐西方人。① 而在19世纪,西方列强明确地表示,对日建交的目的即是通商,虽然也伴随着布道活动,但传教士的地位及作用已经大不如从前,教商之间已经没有必然联系。

就内容的相同点而言:日西的两次接触均产生了互动。在16世纪,西方人发现了中日贸易被禁后日本市场的商机,他们主动从中国和东南亚采购商品,然后运到日本出售。同时,日本人也试着与西方人进行贸易,百姓可以从西方人那里买到生活必需品,商人可以获得利润可观的商品,大名更是可以获得提升实力的各种货物。19世纪的情况也是这样,西方人试图打开日本市场,掠夺资源、倾销商品。日本人也为了摆脱被殖民的危险,模仿、学习西方的先进文明。双方各有所图,相互利用。

(三)意义之比较

两次交流的不同意义在于:16—17世纪的日西贸易为日商提供了历史舞台,通过日西贸易,日本人接触到西方的资本主义,当时的日商在外贸中发挥了巨大作用。16—17世纪,随着商人阶层的崛起,日本手工工场的发展有了长足进步。随着贸易的开展,日本在纺织、铸造(造币、造枪)、制造(造船)和农业等方面都有发展。日本的资本主义开始萌芽。三大统一者正是依靠商人的扶持和资助,才完成了统一。虽然商人展示了他们的能力,但在幕府稳固统治后,封建的"重农抑商"思想阻碍了其发展,商人们仍然受到封建统治者的压制。从这层意义来说,日商没能突破封建束缚。他们只是在日本经济贸易史上扮演了一次重要角色,他们没有革命的冲动,没有相关的理论基石,更没有

---

① 张兰星:《论切支丹时代在日耶稣会与葡商之关系》,《澳门理工学报》,2013年第3期。

可以跟随的领袖。16—17世纪,很多日本人需要的生活品都依靠进口,于是金融资本家(或者说拥有巨大财富的豪商)发挥了重大作用。这些商人将重金用于买卖商品或开展借贷活动,却没有将其用于发展手工工场业,因此日本的近代工业没能发展起来。同时,葡、西、荷也不是西方制造业发达的国家,虽然英国人想在日本倾销他们的工业产品——呢绒,但最终失败。① 因此,16—17世纪的日本没有走上现代化工业的道路,带有资本主义萌芽的手工工场未能得到发展。19世纪的明治维新对日本商人的影响是全面而深远的。首先,明治政府推行了"四民平等"政策。将藩主以下的武士改为"士族";取消"秽多""非人"等贱民称呼,将士族与过去的农、工、商统称为平民;准许武士从事工商业,平民也可以担任文武官职。其次,明治政府对官营工厂投入大量资金,输入先进设备,在铁路、矿山、造船、机械、水泥、玻璃、纺织、制丝等产业,建立了数十家近代工厂。再次,日本鼓励民间资本仿效政府,投资近代工业、兴办工厂。1880年起,明治政府颁布《出售官营工厂条例》,将许多官营企业低价处理给与政府关系密切的特权商人。最后,政府还进一步扶植私营企业,并以多种形式贷款给民间企业和个人。可见在明治时期,商人终于获得了应有的权利,日本的资产阶级正式登上了历史舞台,而且日本的金融、工业资本主义均得到全面发展。

从两次交流的结果来看,17世纪的日本最终选择锁国,初期的日西贸易没有动摇日本的封建基础,未能让日本走上资本主义道路。丰臣秀吉虽然统一了日本,但侵朝战争却遭遇失败,当时日本的造船航海业还比较落后,他仅是尝到了"炮利"的甜头,没有体会到"船坚"的好处。德川家康虽然鼓励朱印船贸易,但其子孙为了维持统治,没有将家康的远见和意志继承下来。② 从这层意义上来看,16—17世纪的日西交流没有对日本产生质的影响。但大和民族是一个好战、好强的民族,他们不甘于落后,他们具有善于模仿和勇于创新的精神。这次交流虽然没有让日本走向强国道路,但却成为日本19世纪逐渐"西化"的根源。有学者还将第二次世界大战后日本的重建(1945年以后)看作日西的第三次交流。三次交流都对日本产生了重大影响,任何一次交流都不

---

① 有关17世纪初英国对日贸易失败的原因,请参见:张兰星:《17世纪初的英日贸易及其失败原因》,《史林》,2012年第3期。

② 家康努力发展外贸,允许西方各国来日经商,并给予相应自由。学者穆多齐认为:"实际上,17世纪初的日本是非常开放的国家,家康不但想与所有亚洲国家建立关系,还希望与欧洲建立联系。这从家康的宗教容忍就可看出,他对基督教(天主教)的容忍连一些欧洲国家都无法做到,这确实令人敬佩。" James Murdoch, Isoh Yamagata, *A History of Japan*:*During the Century of Early Foreign Intercourse* (1542-1651), Kobe:Office of the "Chronicle", 1903, p. 585.

能被忽略。① 有了 16—17 世纪的经验，19 世纪的日本虽然经历了 200 多年的锁国，仍然能够重新崛起。位于世界最东方的岛国终于"转型成功"，他们加入了强国的队伍，其政治、经济、文化得到飞速发展，并始终处于世界先进水平，直到今天。

　　两次交流的共同意义在于：它们均对日本政治产生了重要影响。1542 年，葡萄牙人初登日本。西方人带来了火枪火炮，这对处于战乱的日本大名非常重要。大名们从西方人那里购买了不少火枪，还以很快的速度仿制成功。② 日本国内的战争模式因火枪而发生了改变，逐步从冷兵器时代过渡到热兵器时代。一些擅用火枪的大名（织田信长、丰臣秀吉）因此变得强大，并最终完成统一大业。除了火枪火炮，西方人运来的黄金、丝绸又为大名们提供了必要物资。从某种意义上说，西方人的到来加快了日本统一的步伐，从客观上推动了日本历史的发展。同样，在明治维新前夕，日本虽然被美国人轰开了大门，并遭受屈辱，但他们迅速从西方文明中吸取"营养"，在政治、经济、文化各方面得到发展。日本很快完成了从封建专制到君主立宪的转变，并迅速摆脱了被殖民、被奴役的危险。明治维新对日本政治的积极影响毋庸多言。

　　两次日西的交流都暴露出日本人殖民海外的欲望。16 世纪末 17 世纪初，当日本人依靠火枪完成统一后，其侵略扩张和海外殖民的野心便有所表露。如果说日本的侵略扩张始于明治维新后，那一定值得商榷。日本历来就有殖民海外的想法，日本资源的匮乏是这种动力的根源。倭寇骚扰中国沿海、丰臣秀吉征服朝鲜等就是最好的例证。西方人到来后，日本人的殖民想法进一步加强。17 世纪初，德川幕府实行朱印船制度，鼓励日商到东南亚开展贸易，日本与东南亚国家建立了比较稳定的商贸关系，各港口都有一定数量的日本人。家康还试图通过马尼拉贸易，打通美洲航线。由于海外日本人增多，他们在亚洲各地的聚居点也开始增加，葡属马六甲、澳门以及荷属巴达维亚的统治者一度担心，过多的海外日本人会带来威胁。高岛诚一在其著作《新体商业史》中曾用"国民的飞跃"来描述当时日本与世界展开的交流。他说："那时的日本人极具冒险精神，他们不但到东南亚等地进行贸易，还参与各国各地的政治、军事活动。原田孙七郎担任了吕宋经略，山田长政在暹罗朝廷身居要职，伊达政宗到

---

　　① Michael Cooper，"Japan and the West，1543-1640"，in Ainslie T. Embree，Garol Gluck，eds.，*Asia in Western and World History: A Guide for Teaching*，New York：M. E. Sharpe，1997，p. 443.

　　② 张兰星：《"切支丹时代"欧洲火枪在日本的传播和影响》，《史林》，2010 年第 2 期。

欧洲探访。这些活动反映了日本人勇于探险的精神。"① 而在明治维新后，日本人的扩张野心更是一发不可收拾。如果说 16—17 世纪的日本人对中国还有所畏惧，那 19 世纪末的日本人便显得更加猖狂，因为他们最大的竞争对手已经在走下坡路。

两次交流对两个时代的影响同等重要。在中外史学界，很多学者认为日本由封建落后走向文明先进是在明治维新之后。不可否认，明治维新是日本历史上具有深远意义的大事，维新的效果是明显和全面的。但在日本通往强国的道路上，明治维新只是一个里程碑。毫不夸张地说，在 16—17 世纪，日本人对外来文化的吸收，以及日本人表现出的积极态度毫不逊色于明治时代，他们在宗教、贸易和文化上广泛地与西方人进行了交流。可能有学者认为，16—17 世纪的日西贸易太过短暂，其时间的延续性和影响的深远度不及明治维新，两者的可比性不大。其实，我们应该以历史的辩证态度看待此问题，必须把比较放在一定的空间、时间内。诚然，明治时代的日本在商业、文化和政治等方面受到欧美强国的全面冲击，当时的西方已经使用汽船，他们将世界上最先进的技术传入了日本。但同时也应该看到，在明治时代，日本人是被迫接受西方文明和文化的，他们如果想摆脱被殖民和被奴役的危险，就只有选择改革。相比之下，在 16 世纪，葡萄牙的船只每年仅到日本一次，他们带来的各种有关西方的信息已经过时一两年了。即便到了 17 世纪，即使日本人的视野有所扩展，但这些信息仍然是二手信息，并非日本人亲眼所见或亲耳所闻之事。由于地域、航海、政治等方面的限制，16—17 世纪的日西交流具有较大局限性。尽管如此，我们也应该注意到，16—17 世纪的大名以及日本统治者对外来文明（除了基督教）一直持欢迎态度。丰臣秀吉虽然禁教，但没有限制贸易。德川将军仅仅是因为害怕基督教颠覆幕府统治，才最终选择闭关。从这点我们可以看出，当时的日本人并不排斥外来文化。相反，他们更愿意尝试接受西方的先进文明。16—17 世纪的日本人似乎更开放，更主动。博克舍曾经大胆猜测："如果 1639 年的日本没有闭关，如果日本一直与众多西方国家保持正常关系，如果日本能够保持宗教宽容，那么培里叩关时，日本将是何等状况？可能培里会告诉他的子孙后代，日本是西方国家在东方必须面临的可怕对手，其在政治、军事和经

---

① 高島誠一：『新体商業史』、東京：六盟館、1911 年、60 頁。

济上都处于世界领先地位。"① 17世纪的日本虽然锁国了,但他们并非一无所获。通过日西贸易,日本人获得了资源和技术,学到了先进文明。

(作者:张兰星,四川师范大学历史文化与旅游学院副教授)

---

① C. R. Boxer, *Portuguese Merchant and Missionaries in Feudal Japan*,1543-1640, London:Variorum Reprints, 1986, pp. Ⅴ-62.

如何从英国档案看《田中奏折》及其影响

《田中奏折》作为抗日战争史乃至中日关系史研究中的重要问题一直备受关注。中日两国学者围绕该奏折争论不断,其真伪问题一直是两国学者争论的焦点。长期以来,大部分日本学者认为该奏折是伪造的,包括井上清、江口圭一在内的很多进步学者也同意这一看法。[①] 但江口圭一同时也指出:"《田中奏折》的真伪,和是否存在与《田中奏折》类似的计划、方针以及总体上对田中外交的评价等是不同的问题。"[②] 也就是说,日本右翼否认《田中奏折》的着眼点在于否认对华侵略的事实,而进步学者对《田中奏折》的质疑则是出于学术上的思考。

有的中国学者对《田中奏折》的获取途径表示怀疑,认为其"许多内容严重失实,以及它的行文风格和格式不符合日本公文程式……很难说是一国总理大臣的公文书,更难说是外交政策的奏章",但又指出其内容所述确是日本侵略中国的真实写照,"因此对于有些仅根据其中的一些错误,就完全抹杀其存在的做法,是很难同意的"[③]。因此,《田中奏折》的真伪问题至今仍然没有彻底淡出研究者的视线。

进入21世纪以后,关于这一问题又产生了新的研究成果。日本学者服部龙二详细梳理了《田中奏折》从出现到21世纪在全世界流传的过程,指出中日双方围绕日本侵略计划性的争论依旧存在。[④] 然而可惜的是,该书就美国方面对《田中奏折》的态度着墨较多,但有关英国对此问题的关注则付之阙如。

英国对《田中奏折》又有什么样的认识呢?

---

① 井上清:『日本の軍国主義』,波書店,2004年。
② 江口圭一:『日本帝国主義史論 満州事変前後』,青木書店,1975年,301頁。
③ 邹有恒:《对蔡智堪取得田中奏章的质疑》,《外国问题研究》,1987年第4期,第1~7页;邹有恒:《〈田中奏折〉真伪论》,《外国问题研究》,1994年第1期,第1~16页。
④ 服部龍二:『日中歴史認識:「田中上奏文」をめぐる相剋 1927—2010』,東京大学出版会,2010年,314頁。

战后比较有代表性的是英国海军史专家马丁·布莱斯（Martin Brice）的论述，他在 1973 年出版的《皇家海军与中日战争 1937—1941》一书中说："我们可能永远无法知道其是否于 1927 年出自田中首相之手，又或者它是伪造品。它可能是由日本官方渠道借田中之名所发布，也可能是中国方面对日本可能行为的一种想法。可以确定的是，许多日本人也持有与《田中奏折》中所表达的相同的思想……《田中奏折》成了日本版的《我的奋斗》。"① 无独有偶，一位有长期在华经历的英国记者布鲁诺·肖（Bruno Shaw）也将《田中奏折》视为"可以和希特勒的《我的奋斗》相比的征服世界的蓝图"②。

笔者在英国国家档案馆（The National Archives）搜集相关资料时，注意到一些有关《田中奏折》的资料散见于英国外交部（The Foreign Office）的相关报告以及英国陆军部（The War Office）汇总的相关文件中。通过阅读和分析这些资料，了解英国是如何看待《田中奏折》的，这也许能够为理解相关问题提供一个不同的视角。

一

英国档案中对《田中奏折》的最早记录出现在 1931 年 4 月 21 日，这一时间比《田中奏折》在中国报纸上的公开晚了一年多。③ 从中我们可以看出，英国是在"九一八"事变前不久才开始关注《田中奏折》的。英国陆军部下属的陆军情报局总处获取了一本由中国评论周报社印行的英文小册子，题为《日本与下一场世界大战：关于中国东北、蒙古、中国、美国和世界的秘密备忘录（第 9 版）》。④ 这份被英国称为"田中备忘录"的小册子即《田中奏折》。1931 年 5 月 6 日，陆军情报局的一位未署名的少校将这份文件转给英国陆军情报局远东分局进行分析评估："我在此附上这份来自奉天的文件，此件由某某（姓名被故意隐去——引者注）从一位在奉天兵工厂任职的陶贝男爵（Baron

---

① Martin Brice, *The Royal Navy and the Sino-Japanese Incident* 1937-41, London: Ian Allan, 1973, pp. 17-18.

② John J. Stephan, "The Tanaka Memorial (1927): Authentic or Spurious?", *Modern Asian Studies*, Vol. 7, No. 4 (1973), p. 734.

③ 1929 年 12 月号的《时事月报》刊登了中文版《田中奏折》的部分内容。

④ Japan and the Next World War: Secret Memorial Concerning Manchuria, Mongolia, China, USA and the World, 9th edition, WO 106/5604.

Taube)① 处获得的。陶贝告诉某某这份文件的日文原版来自一位在日本军校读书的中国学生，这个学生又将其交给了张学良领导的奉天当局，被奉天当局先后译为汉语和英语。……我个人严重怀疑这究竟是不是一篇译文，以我的观点来看，这是一份极其聪明的宣传品，目的不外乎在东北激起反日情绪……但如果此件为真，那么将对了解日本在东北的政策提供极大帮助。"② 值得注意的是，这里提到的《田中奏折》来源与我们通常认为的由蔡智堪从日本皇室藏书库中抄录而来不同。从以上英方的报告来看，其认为这份文件系中方伪造的宣传品，主要是由于它的公开与中国东北当局关系密切。

1931年7月3日，远东分局汇报了其对《田中奏折》的初步判断："我们对这份文件很感兴趣，这主要是因为它可能是日本在东北和内蒙古的政策指南，但我们认为其标题可能不确。从文本的大意及对当时一些事件的描述判断，如果此件为真，这份备忘录似应作于1929年的上半年……这份文件中的一些观点是某些日本军官经常公开主张的，因此其基本信息应该来自日本陆军大学校（Japanese Staff College），我们知道这里有中国学生学习，但并不被允许参加所有讨论。我们怀疑是某些中国学生获知了这类讨论的部分信息并将其传递给了奉天当局，最终作为宣传材料予以公开。另一方面，由于其中包含的信息大都可以从公开渠道获知或者可以从已知信息推导出来，所以这份'备忘录'也可能是彻头彻尾的宣传品。无论此件是真是假，它都可以被认为至少代表了一派日本人的政策主张。"③ 也就是说，他们认为《田中奏折》中的一些观点是真实存在于部分日本人之中的，而这些观点被中国人综合、加工成为《田中奏折》，其本质上是一份宣传品。

英军的驻日武官也认为《田中奏折》只是代表了部分没有掌权的日本人的意见。1931年8月7日，英国陆军情报局负责情报分析工作的鲍登（H. Plowden）少校收到其驻日武官辛姆森（Colonel Simson）上校的报告，文中称："日本的外交政策从1929年起发生了巨大转变，越来越倾向于脱离参谋本部（General Staff）的控制（原文如此——引者注），但这份文件却模糊地提出同时与美国、苏联和中国为敌，参谋本部不可能做出如此规划。尽管日本内部总有人希望比目前控制的更多，但这份文件所提出的计划远远超过了日本最激进的人所能正常设想到的程度。日本目前还主要是维持现状，其不会重蹈德

---

① 根据现有资料，可以判定此人为服务于中国东北武器工厂的瑞典籍专家。
② Secret File from MI1c, 21 Apr. 1931, WO 106/5604.
③ Pamphlet, "Japan's Positive Policy in Manchuria", WO 106/5604.

国在第一次世界大战时的覆辙，挑战远比它强大的敌人。总之，这份文件颇有奇怪之处，它很可能代表了一部分日本人的思想，不过这些人并未掌握政权。"①

二

1931年"九一八"事变后，有英国人把"九一八"事变和《田中奏折》联系了起来。尽管英国政府并未明确反对日本的侵略，只是表示希望双方通过谈判解决争端，但是仍有一些英国驻华外交人员希望通过强调《田中奏折》的真实性和重要性，以促使英国积极应对"九一八"事变乃至日本在远东的扩张。

1931年11月2日，英国驻北京公使蓝普森（Miles Lampson）亲自向英国外交部报告，称"九一八"事变后亲赴东北调查的英国驻北京公使馆武官索恩希尔（Colonel Badham-Thronhill）上校发回报告，指出："鉴于目前的满洲事态，《田中奏折》具有非同寻常的重要性。"② 索恩希尔指出，此前有一种说法认为太平洋国际学会的一位成员最早获得了《田中奏折》并将其译为英文，但张学良在与索恩希尔的会谈中透露了关于获得这份文件的内幕消息。张学良亲自询问索恩希尔对《田中奏折》真伪问题的看法，然后对在座的顾问端纳（W. H. Donald）说，他是花费了14000美元从日本外相币原手中获取的这份文件。张学良还表示希望不要将这个消息外传，因为他已经对外宣称是通过在日人员获取的这份文件。索恩希尔称，他认为张学良说的是真的，因为没有说谎的必要。③ 张学良透露通过日本外相币原喜重郎获得《田中奏折》这一信息，与其他对《田中奏折》的来源解释完全不同。无论是王家桢还是蔡智堪都宣称受到了日本内部人士的帮助而抄取了《田中奏折》。④ 但张学良的这一说法缺乏其他证据支持。在此难以认定张学良是否有意欺骗英国人，因为毕竟他只是对其私人顾问做出的上述表态。不过，从英国驻华武官和驻华公使报告的态度来看，他们显然认为"九一八"事变已经在一定程度上印证了《田中奏

---

① Letter to Major H. Plowden, 7 Aug. 1931, WO 106/5604.
② F 7649/1391/10, Colonel Badham-Thronhill to Sir M. Lampson, 28 Oct. 1931, FO 371/15506.
③ F 7649/1391/10, Colonel Badham-Thronhill to Sir M. Lampson, 28 Oct. 1931, FO 371/15506.
④ 沈予：《关于〈田中奏折〉抄取人蔡智堪及其自述的评价问题》，《近代史研究》，1996年第3期，第282~301页。

折》内容的真实性。

英国等国对"九一八"事变的关注迫使日本不得不进行自我辩护。1931年 11 月 12 日，日本驻国联代表团对国联理事会提出照会，原因是"一份重要的日内瓦报纸刊载了《田中奏折》的部分内容"①，为了向国联理事会主席和各理事国解释此事，日本国际联盟局局长泽田节藏在照会中指出："日本政府早已知晓这份文件的存在，但是鉴于其内容存在明显错误以及对读者所具有智慧和常识的信任，认为无须对其进行书面否认。另一方面，尽管不断地秘密传播这份文件，尤其是在 1929 年召开的太平洋国际会议上，中国宣传部门也从未敢于正式发表这份文件。"②

实际上，日本曾正式否认过《田中奏折》的真实性，日本驻华临时代理公使重光葵也曾于 1930 年 4 月 7 日就此向中国国民政府外交部部长王正廷提出过抗议，并要求中方对相关宣传予以取缔。中方表示会尽可能地取缔与之相关的宣传品，但很难彻底禁止一切相关小册子的发行，中国官方报纸可以引用"日方公文"加以说明，这一建议得到日方同意。③ 1930 年 4 月 12 日的国民党机关报《中央日报》以《田中密奏的真伪问题》为题刊登了报道，称有"提倡中日亲善者"历数《田中奏折》的错误，并指出："该项小册子之所载，既如是颠倒矛盾，若任其广事流传，诚恐有影响于中日之邦交，是固不得不有以善处之云云。"④ 实际上《中央日报》对"提倡中日亲善者"的上述观点（即日本方面的观点）并未置评，反而在标题下添加"以小册子形式在中国各地流布""历叙日本阴谋殊令人不寒而栗"等小标题，与其说是"以正视听"倒不如说是对《田中奏折》进行宣传。

三

1932 年 10 月时值国联对"李顿报告书"进行审议的关键时刻，因此英国也在试图确定其在这一问题上的立场。10 月 7 日，英国外交部出台了一份题

---

① Communication from the Japanese Delegation，12 Nov. 1931，WO 106/5604.
② Communication from the Japanese Delegation，12 Nov. 1931，WO 106/5604.
③ 「7（六）田中上奏文問題ニ関スル王正廷ノ談話」、JACAR（アジア歴史資料センター）Ref. B02030426900、満洲事変（支那兵ノ満鉄柳条溝爆破ニ因ル日、支軍衝突関係）/善後措置関係/国際連盟ニ於ケル折衝関係/日支事件ニ関スル交渉経過（連盟及対米関係）第十一巻上（1）（A-1-1-0-21_12_1_5_020）（外務省外交史料館）。
④ 《田中密奏的真伪问题》，《中央日报》，1930 年 4 月 12 日，第 1 张第 4 版。

为《关于中日冲突问题：重要性和挑战》的备忘录，强烈建议英国对日本采取更加严厉的措施，制止其在远东的侵略。在谈到中国东北问题时，备忘录还特别指出日本对加拿大也采取了类似的渗透政策，只是在程度上有所不同，甚至印度也是日本觊觎的对象，并警告日本可能对处于不设防状态的荷属东印度发动攻击，最终统治整个太平洋地区。在提到日本对华"二十一条"和《田中奏折》时，备忘录称："正是由于这些正式文件，我们才不得不考虑海军裁军与国际安全的联系问题。"① 尽管并未点明，但备忘录显然已经将《田中奏折》作为阐述其政策主张的重要参考。它主张的政策就是"两个英语民族（指英国和美国——引者注）之间密切、忠实而坚决的合作……粗略地讲，就是外交、金融、经济制裁逐渐增强"而"联合对日本施压的目的是迫使那些以日本之名行动的人最终服从国联，而实现这一目标的唯一途径很可能是使日本公共舆论最终转而对其军队和政府产生敌意"②。

1934年6月8日，远东分局在分析伪满建立后的中国局势时再次提到《田中奏折》，指出："《田中奏折》对日本在中国东北的积极政策做了总结，但作者的野心没有局限在东北甚至没有局限在中国……这份文件不够连贯，其中包含的大部分信息都是当时我们已知的，或者可以从已知事实中推测出来。除了全篇着墨最多的涉及修建铁路的部分以外，并未提出什么明确的建议……鉴于目前的形势，也许这份文件最令人感兴趣的特点是，作者看起来早已意识到了内外蒙古今后与日本和苏联关系的重要性，以及争取蒙古王公好感的必要性。我们现在知道日本的视线正在向东转到蒙古身上，并在不懈地努力试图吸引蒙古王公们。除此以外，此件中没有什么可以表明作者比任何其他熟悉远东事务的观察者掌握更多情报或更有洞见；我们同意驻日本大使馆认为这份奏折是'完全虚构'的观点。"③

在这些分析意见中可以看到，尽管英国人依然认为《田中奏折》是"完全虚构"的，但还是意识到其中的部分内容是真实的。④ 此后他们也认为《田中奏折》的内容越来越多地变为现实，越发警惕日本扩张的野心，直到1941年

---

① Memorandum on the Sino-Japanese Conflict: Its Significance & Challenge, 7 Oct. 1932, FO 371/16179.

② Memorandum on the Sino-Japanese Conflict: Its Significance & Challenge, 7 Oct. 1932, FO 371/16179.

③ Tanaka Memorial, Memorandum by MI2 (c), 6 Aug. 1934, WO 106/5604.

④ Summary of Message Addressed to "the People of Friendly Countries" by Generalissimo Chiang Kai Shek on January 23, FO 371/24659.

12月日本进攻英属马来亚,日英兵戎相见。①

通过以上考察可以发现,英国官方首次对《田中奏折》有所关注是在"九一八"事变前,是通过陆军和外交部进行的,并且在此后的一段时间里对其进行了集中分析,这显然与中国东北的局势有关。虽然英国对"九一八"事变的应对态度比较消极,但仍然会对日本在华动向有很大的关注。因此,一年多以前就被公开的《田中奏折》才引起了英国的重视。以陆军部和外交部为主的英国相关部门虽然基本上认定《田中奏折》是伪造的,但随着日本对华侵略的不断加深,英国人也越来越相信至少其中部分内容具有相当高的真实性,这一点与中国现在不少学者的观点有比较多的相似之处。②

(作者:解永春,四川师范大学历史文化与旅游学院讲师,本文曾发表于《抗日战争研究》2018年第3期)

---

① F2653/27/10,Sir A. Clark Kerr to Viscount Halifax,16 Apr. 1940,FO 676/429.
② 步平、北冈伸一主编:《中日共同历史研究报告》(近代史卷),社会科学文献出版社,2014年,第69页。

从女权运动看西方女性内衣的变革

作为女性"第二肌肤"和"贴身伴侣"的内衣,从19世纪下半叶开始改变了其束缚、伤害女性的"紧身"特征,从而使内衣朝着健康方向发展,"更完成了从功能性到时尚性的飞跃,从少数派先锋运动,变成一件大众接受的时尚单品"①。紧身内衣在维多利亚时代风靡一时,而在此前的若干世纪里,它就在贵族宫廷文化中诞生了,并逐渐渗透到社会的各个角落。上至贵族妇女、下至贫女,她们的衣橱里都有紧身内衣的踪迹。内衣作为女性最贴身的服饰,19世纪至20世纪60年代的两次女性主义②运动的高潮对其变化产生了影响。正如斯蒂尔所言:随着妇女解放运动呼声的不断迭起,紧身内衣在20世纪的曙光里销声匿迹,踪影全无了。这段历史不失为一幅自由与压制、健康与时尚抗争的画面。③

---

① 杨淑帆:《美浸润历史——百年内衣文化物语》,《现代装饰(理论)》,2013年第10期,第150页。

② 女权主义有两种含义:实践的和理论的。前一种是指妇女争取在政治、经济、社会生活各个方面与男性平等的权利,把自身从父权制文化和制度的压迫及从属地位中解放出来而进行的运动和斗争,这种形式又被称为妇女运动或女权运动,它既包括政治运动本身,又包括运动所依据的意识形态主张,"女权主义"一词通常是指这一含义。后一种形式致力于从理论上解说性别差异和不平等的根源、结果及解决途径,她们也投身于那些可能给性别关系带来深刻变化的社会与文化制度的重建工程。她们既帮助建构了妇女运动的理论基础,同时又提供了基于女性价值的对人类社会生活理解的一种新的方式。这种以妇女运动和女权主义者的生活实践为基础的女性主义学术思潮,体现了女性主义运动向文化界、学术界的扩张。(吴小英:《科学、文化与性别——女性主义的诠释》,北京:中国社会科学出版社,2000年,第5页。)本文的"女权主义和女权运动"更多的是属于第一种含义的范畴。另,关于世界女权主义运动高潮有两种说法,一是三次高潮说,二是两次高潮说。前者将15、16世纪开始的,到18世纪达到高潮的女性解放主张及其行动包含其中,而称其为第一次女权主义的高潮;后者仅仅指19世纪末以来的两次高潮。[(英)约瑟芬·多诺万著:《女权主义的知识分子传统》,赵育春译,南京:江苏人民出版社,2003年,第1页。]

③ (美)瓦莱丽·斯蒂尔著:《内衣:一部文化史》,师英译,天津:百花文艺出版社,2004年,第1页。

（一）"紧身内衣"的历史渊源

内衣（Lingerie）一词源自法文 linge，原意为亚麻布①，后又被译为 Under cover 或 Under wear，这是 1983 年以来服装界对内衣的称谓。内衣的样式较多，它包括紧身胸衣（Corset）、乳罩（Bra Cup）、掐腰（Waist Nipper）、连胸紧身衣（All-in-one）、背心式衬裙（Camisole）、短腰（Short）等许多种类。1907 年，"女士内衣"一词作为术语被编入字典。②

最早的内衣可以追溯到古埃及和古希腊文明时代。古墓图画上的法老们穿着短袜，有学者认为，这可能是为了不让沙子粘脚。源于早期克里特文明的壁画和雕像上，确实有过一些身着暴露的紧身胸衣的女性；水瓮上有图描绘一名女运动员用布带绑紧乳房以便参加比赛；著名的"持蛇女神像"，那坦露的胸部和收紧的腰身正体现了欧洲人对于女性身体性特征的夸耀心理。紧身胸衣没有掩饰身体和欲望，而是强调了某些身体部位，并与外衣有密切的关系，调节了体形和外衣，从而呼唤出一种性感。③

罗马时代已经出现乳罩的雏形，一些马赛克画和壁画上也展示了古罗马和庞贝（古城）的女子胸裹布条的画面。紧身内衣制造商欧内斯特·利奥迪在其著作《紧身内衣：不同时代的奇装异服》（1893）中指出，无论是为了使胸部高耸挺立，还是为了显示蜂腰以及姣好身姿，古希腊还是古罗马的紧身内衣都功不可没。④ 然而，虽然有些女子用布带裹身，但是质地坚硬的衬里和裹身束体的布带都不是古代服装的典型代表。在 16 世纪以前，几乎不存在紧身或者束体的内衣，那时的内衣都是宽松合体的。

自 3 世纪始，教会的主教们就命令女子严守贞洁并提倡禁欲，规定她们的外表必须保持朴素。迦太基主教圣西普里安在其教义《论处女的着装》里认

---

① （美）凯伦·W. 布莱斯勒、凯罗林·纽曼、吉莉安·普捞科特等著：《百年内衣》，秦寄岗、屈连胜等译，北京：中国纺织工业出版社，2000 年，第 6 页。
② （法）安娜·扎泽著：《离心最近：百年内衣物语》，周瑛、邓毓珂译，北京：中国华侨出版社，2012 年，第 8 页。
③ （美）珍妮弗·克雷克著：《时装的面貌》，舒允中译，北京：中央编译出版社，2000 年，第 169 页。
④ （美）凯伦·W. 布莱斯勒、凯罗林·纽曼、吉莉安·普捞科特等著：《百年内衣》，秦寄岗、屈连胜等译，北京：中国纺织工业出版社，2000 年，第 7 页；（美）瓦莱丽·斯蒂尔著：《内衣：一部文化史》，师英译，天津：百花文艺出版社，2004 年，第 5~7 页。

定：一切有价首饰、考究的发型以及梳妆物品都会让人堕落。7世纪，英格兰小镇伯恩的主教圣艾登姆更加明确地禁止修女穿着过于奢华的府绸打底衬衫。①

10至11世纪开始，城市逐渐发展起来，社会流动性大大加强，服饰成为社会成员身份的标志。女性的衣着开始有了重要的意义，服饰成为女性要求社会地位的一种手段。但是，女性社会地位是由婚姻决定的，她的着装代表着丈夫家族的形象，女性的衣着受到严格的控制。1343年，佛罗伦萨一个叫作阿尔比滋的家族给族中的女子制定了严格的穿衣打扮规则。② 而内衣、打底衬衫、修女用的头巾以及衣领的开口都成为诱惑的代名词。③

第一件真正的紧身内衣形成于16世纪上半叶的某个时候，那时的贵族妇女们开始穿鲸须紧身内衣，用于诠释洁净、尊贵、奢华。④ 紧身内衣整体呈倒三角形，从肩至腰非常紧身，材料主要采用木头和铁条，后来逐渐使用鲸骨、钢丝、藤条等来制作。这种女性内衣以人体为依据，通过对服装结构的重新组合，运用各种变化来体现女性胸腰的曲线，夸张胸部的丰满，以立体的圆雕式的造型实现了服装对人体的修正，形成了具有束身美体作用的胸衣形态，借助由下向上的外力作用，塑造被贵族所推崇的身体曲线，即S型的体态。极度地突出乳房的设计成了紧身内衣的重要功能，通过内衣作为基本支撑物来确定服装外部造型，由此使服装给人们立体的，带有突显的、张扬意味的轮廓，使西方女性服装中的性别观念得以加强。

西班牙公主埃莱阿诺拉·德梅迪西（1519—1589）的墓地被挖掘出来时，发现她身着一件前身正中有十八对钩扣的丝绒紧身内衣，腰围是24英寸，在胸衣的外面罩了一件背部系带的绸缎内衣，这很可能就是鲸须内衣的源头，由德梅迪西从意大利引入了法国，并流行开来。例如，拉伯雷的作品就描绘了女人们穿着中世纪紧身背心式，由纯丝绸或丝绸与羊毛混纺物制作的内衣、外罩

---

① （法）安娜·扎泽著：《离心最近：百年内衣物语》，周瑛、邓毓珂译，北京：中国华侨出版社，2012年，第16页。
② （法）安娜·扎泽著：《离心最近：百年内衣物语》，周瑛、邓毓珂译，北京：中国华侨出版社，2012年，第19~21页。
③ （法）安娜·扎泽著：《离心最近：百年内衣物语》，周瑛、邓毓珂译，北京：中国华侨出版社，2012年，第22页。
④ （法）安娜·扎泽著：《离心最近：百年内衣物语》，周瑛、邓毓珂译，北京：中国华侨出版社，2012年，第15页。

鲸骨圆环小短裙……最外层还穿着一件银色绸裙。① 1579 年，有人这样描绘这种新款式内衣：女士们称鲸须紧身内衣（或类似于此的内衣）是她们的支柱，穿于胸腹之间，可使腰身更显修长挺拔。这种前身中心带"支柱"的紧身内衣的两侧还要额外加上骨条和支柱。这种鲸须内衣将身体与贴身束体的衣服结合得几乎天衣无缝，由此，女性的身段在历史上的重要性被不知不觉地抬高了。②

为什么女性要穿紧身内衣呢？就是为了拥有纤细的腰身，尽可能长时间地保持魅力和青春。无论从视觉上还是文字表述中，紧身内衣的魅力既来自性感暴露的内衣，又来自帮助穿衣时两性情感的交流，还有被内衣托起的丰满的乳房。③ 紧身式地束腰已经不仅仅是一种服饰，而是一种意识形态了。例如，1778 年出版的一部小说《苗条女人》中写道：

> 我亲爱的路易莎，当我告诉你那个可怜的温尼弗雷德，为了勒紧我那件新款法国紧身内衣，竟然拉断了两根带子时，不知你会笑成什么样儿，这真是有失淑女风范。你是知道的，我是天生的窄臀，但是现在你也许会发现，我已经不再是从前的我，我敢和你打赌，你从未见过如此迷人的洋娃娃。只是，这样的内衣把我的胸紧紧地裹住，真是让人无法忍受。所以我的胳膊总是感觉疼痛；身子两侧也像被夹子夹住一样！但是，这就是"美"，因美而荣，没有疼痛。④

可见，虽然也有女性抱怨紧身内衣带来的身体不适，但和带给人们美的感受和效果相比，这种不适就显得微不足道了。

紧身内衣制作行业也证明男性世界助推着这种文化。17 世纪制作和销售内衣都是由各个行会组织的，他们专属于男人。例如，男性占主导地位的裁缝师行会。1660 年，法国一些裁缝开始专门为女性缝制这种带撑条的紧身胸衣。1675 年，巴黎成立了女裁缝师行会，但女性仍然没有制作带有撑条的紧身内衣的权力。17 世纪的女裁缝只能希望与男裁缝平等地工作。18 世纪末，法国

---

① （美）瓦莱丽·斯蒂尔著：《内衣：一部文化史》，师英译，天津：百花文艺出版社，2004 年，第 9 页。
② （美）瓦莱丽·斯蒂尔著：《内衣：一部文化史》，师英译，天津：百花文艺出版社，2004 年，第 9 页。
③ （美）瓦莱丽·斯蒂尔著：《内衣：一部文化史》，师英译，天津：百花文艺出版社，2004 年，第 28 页。
④ 转引自（美）瓦莱丽·斯蒂尔著：《内衣：一部文化史》，师英译，天津：百花文艺出版社，2004 年，第 29~30 页。

服装业掀起了女性解放的浪潮，行会形式受到越来越多的指责，这才让年满十八岁的女性进入男性行会。男人们之所以这样做是因为他们认为，只有男人才能把女人的形体塑造完美。随着支撑内衣骨条的减少、重量的减轻，制作紧身内衣的支配权才被逐渐被移交到女性手中。①

紧身内衣的内涵也在发生变化，16—17世纪，法国沿用CORPS（某些衣服的上身部分），到了17世纪，英国更偏向于使用STAYS（紧身胸衣）一词，而这个词的原意是"支撑"，暗示着女性小鸟依人的特性。②

这样的紧身内衣在16世纪就受到人们质疑，"蒙田将女人们的行为与残忍的古罗马角斗士，和木人石心的基督徒进行了比较"③。19世纪末以来的女权运动推动了紧身内衣的变革。

（二）第一次女权主义运动推动紧身内衣的变革

19世纪下半叶，在医学界对紧身内衣对人体造成不利影响作出深刻批判的同时，女权主义运动的第一次高潮对紧身内衣的变革起到了揭开序幕的作用。

随着工业化进程的推进，女人们进入公共领域从事工作，从而有了更多的机会挑战传统的"男主外女主内"这一观念。市场的流动性也加大了，人们自由活动的空间和方式也开始多样化。"紧身胸衣"作为当时束缚身体的典型代表，首当其冲地成为被批判的对象。

1874年，服装改革者、女权主义者、医生们组成的临时同盟出版了《服装改革》，这本论文集以在波士顿举办的名为"服装会影响女人的健康"的研讨会为主题背景。④ 人们从健康、时尚、便利等多角度出发，激烈地讨论紧身胸衣的利弊。

纽约科技流行学会（Fashion Institute of Technology）美术馆馆长瓦莱

---

① （美）瓦莱丽·斯蒂尔著：《内衣：一部文化史》，师英译，天津：百花文艺出版社，2004年，第22~24页。

② （美）瓦莱丽·斯蒂尔著：《内衣：一部文化史》，师英译，天津：百花文艺出版社，2004年，第20页。

③ （美）瓦莱丽·斯蒂尔著：《内衣：一部文化史》，师英译，天津：百花文艺出版社，2004年，第19页。

④ （美）瓦莱丽·斯蒂尔著：《内衣：一部文化史》，师英译，天津：百花文艺出版社，2004年，第104页。

丽·斯蒂尔（Valerie Steele）在她的著作《内衣：一部文化史》（*The Corset, A Cultural History*）中介绍了美国注册护士科琳·鲁比·戈的实验及其结果。1998年，为了完成博士论文，科琳和一些志愿者穿着19世纪紧身内衣复制品做了一项生理实验。穿了紧身内衣的志愿者们，束紧后腰围比原本小了三英寸，但她们的肺功能却衰退了，比用呼吸量测定器测量出的最大肺活量平均减少了9%，减少的范围在2%至29%之间。① 穿着紧身内衣的人的确容易感觉呼吸不畅——这是被当时的束腰妇女以及现代研究验证的事实。②

图1　束腰殉葬者（1888）

（美）瓦莱丽·斯蒂尔著：《内衣：一部文化史》，师英译，天津：百花文艺出版社，2004年，第123页。

内衣的尺寸是人们关注的焦点。1867到1874年间，《英伦主妇》杂志上刊登了一百五十多篇束腰者的来信，很多人都写到她们的腰是多么的细——16英寸或者更小。1848年，《家庭先驱报》上的文章说，女人的腰围应该在27～29英寸之间，但许多人把它控制在24英寸以内，成百上千人束到21英寸，还有一些人束到了不足21英寸。③

当然也有医生认为，紧身内衣不但不会引起脊柱侧凸（脊椎侧面弯曲），反而可能会减轻人们的驼背困扰，但长期身着紧身内衣会使背肌和腹肌变得衰

---

① （美）瓦莱丽·斯蒂尔著：《内衣：一部文化史》，师英译，天津：百花文艺出版社，2004年，第95页。
② （美）瓦莱丽·斯蒂尔著：《内衣：一部文化史》，师英译，天津：百花文艺出版社，2004年，第96页。
③ （美）瓦莱丽·斯蒂尔著：《内衣：一部文化史》，师英译，天津：百花文艺出版社，2004年，第115页。

弱，导致肌肉萎缩和背下部疼痛，从而加剧人们对它的依赖。①

紧身内衣对生殖系统造成的伤害是不可否认的。19世纪，许多女性深受子宫下垂的病痛之苦，部分是因为多次怀孕的结果，但紧身内衣确实加重了病情，因为它给腹部施加压力。紧身内衣还会使女人的乳房，尤其是乳头变形，导致哺乳困难或无法哺乳。②

过紧的紧身内衣还有一条罪状，就是使母亲腹中的婴儿畸形、体弱、不健康。虽然这些记载很难被解释清楚，但是，母亲平白无故地成了导致孩子身体缺陷的罪魁祸首。一位撰稿人在1889年出版的《理性时装协会报》中写道：在许多病例中，很多不健康的人都把他们的痛苦归咎于她们母亲愚蠢的行为。束腰的女子将一个不健康的身体给予了他们的子女，这样的直接后果导致了种种邪恶行为的发生。③

19世纪末兴起了第一次女权运动。这一时期的女权主义有三个重要体现：第一，女性对选举权的争取。第二，女性要求拥有受教育的权利。第三，女性就业问题，尤其是已婚妇女的就业问题。而其核心就是"男女平等"问题，其中女性就业问题，更是成为那一时期的探讨热点。与此相呼应的紧身内衣改革举措的典型事件是，理性着装协会（Rational Dress Association）为倡导穿着自然而发起了一场运动。④尽管在19世纪末，大多数女权主义者并未把服饰改革视为重点，但女权运动的确与服装理性运动有所关联。⑤布莱斯勒等学者也认为，20世纪初，一场女性自我意识觉醒的革命正在悄然兴起，随后百年中，女性内衣的变化反映了对这方面更为广泛的关注。女性内衣、政治上要求性别平等和妇女解放运动之间的联系日趋密切。⑥正如斯蒂尔所说，多亏有了女权运动，我们才会更用心地去探究女性受苦受难的根源。⑦

---

① （美）瓦莱丽·斯蒂尔著：《内衣：一部文化史》，师英译，天津：百花文艺出版社，2004年，第98页。

② （美）瓦莱丽·斯蒂尔著：《内衣：一部文化史》，师英译，天津：百花文艺出版社，2004年，第101页。

③ （美）瓦莱丽·斯蒂尔著：《内衣：一部文化史》，师英译，天津：百花文艺出版社，2004年，第102页。

④ （美）凯伦·W.布莱斯勒、凯罗林·纽曼、吉莉安·普捞科特等著：《百年内衣》，秦寄岗、屈连胜等译，北京：中国纺织工业出版社，2000年，第8页。

⑤ （美）瓦莱丽·斯蒂尔著：《内衣：一部文化史》，师英译，天津：百花文艺出版社，2004年，第178页。

⑥ （美）凯伦·W·布莱斯勒、凯罗林·纽曼、吉莉安·普捞科特等著：《百年内衣》，秦寄岗、屈连胜等译，北京：中国纺织工业出版社，2000年，第8页。

⑦ （美）瓦莱丽·斯蒂尔著：《内衣：一部文化史》，师英译，天津：百花文艺出版社，2004年，第100页。

到了近现代，随着女性社会地位的不断提高，女性对乳房的重视更多的在于对自身健康的关注，因此，这时的乳房就具备了健康美的含义。① 20 世纪初，随着第一只胸罩的诞生，束缚女性三百多年的紧身内衣被抛弃，鲸须紧身内衣逐步向塑造强身健体的内衣过渡，内衣在形式与构造上与时俱进。

图 2 霍步裙

左图由作者自绘；右图转引自（美）斯黛芬妮·彼得逊：《文胸：时尚、支撑与诱惑的千年史》，北京：新星出版社，2009 年，第 36 页。

1912 年，法国幻想主义设计师保罗·波烈（Paul Poiret）宣称紧身内衣的时代结束了。他在自传中说道：最后一个令人憎恶的紧身内衣代表叫作 "The Gache Sarraute"……使女人看起来就像是拖着个拖车。这几乎是对胸部的回归。就像所有伟大的革命，都是以自由为名，给腹部以自由。同样，我以自由为名，宣布紧身内衣的死亡。② 他设计出一种极端的裙子，这种裙子下摆收窄，裙长及踝，可以提高腰节线，且较少装饰，在整体造型上形成一泻而下的流畅之势，这就是有名的"霍步裙"（Hobble Skirt，又名"蹒跚裙"）（图 2）。虽然这样的裙子使着装者无法迈出三英寸的步履，但它确实标志着女性身体的解放，使她们摆脱了紧身内衣所赋予的曲线造型。③

1912 年，"乳罩"（brassiere）一词收入《牛津英文辞典》。早期的乳罩缺乏真正的支撑，但是"乳房就像逃出了牢笼的鸟儿，享受了一段无支撑，自由无羁的日子，最后才在较具功能性的胸罩里找到了真正的家"④。

---

① 赵丽妍，《论女性内衣的功能》，苏州大学硕士论文，2002 年。
② （英）海伦·默里著：《情调 女人最富魅惑的秘密》，黄丽莉译，西安：陕西师范大学出版社，2007 年，第 8 页。
③ （美）斯黛芬妮·彼得逊：《文胸：时尚、支撑与诱惑的千年史》，北京：新星出版社，2009 年，第 34~36 页。
④ （美）玛莉莲·亚隆著：《乳房的历史》，何颖怡译，海口：海南出版社，2001 年，第 234 页。

1935年，华纳公司首次采用罩杯附件，这才有了胸围和罩杯的使用和选择。1937年，杜邦公司发明了尼龙，1959年更进一步发明了一种被称为莱克拉的人造纤维，使制作乳罩的材料更适应人体的需要。

第二次世界大战将西方社会卷入了混乱之中，时尚的魅力变得苍白，女性在此时担负起了在后方保证国家力量的重任。虽然从客观上讲这有利于女权运动的开展，但食物配给不足、商品短缺的大环境使所有的物资都被限制，并标上了"实用"的标签，女性内衣也同样无法避免。

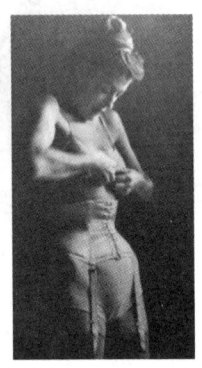

图3　克里斯汀·迪奥设计的"新风貌"

战后，为了摆脱灰暗、简陋的束缚，由克里斯汀·迪奥（Christian Dior）设计的"新风貌"（New Look）（图3）形象开始，再次掀起了奢侈繁复的潮流，时尚强调的重点又重新回归到"收缩腰部"，而身体的枷锁也一同回归。在要求实现男女平等的社会大背景下，"新风貌"和它的内衣潮流注定不可能长久。

（三）第二次女权运动促进内衣朝着更为多样化、健康化的方向发展

图4　无钢圈胸罩　　　　图5　麦当娜的"尖胸装"

20世纪60年代，兴起了女权运动的第二次浪潮。1949年法国女作家西蒙·德·波娃的名著《第二性》发表，为这一时期的女权运动奠定了思想基础。书中详细考察了女性身心的成长历程和女性成为次于男人的"第二性"的原因，阐明了妇女树立独立人格、改变"他者"的地位、实现自身解放的途径，被尊为西方妇女的《圣经》。1963年，美国女权主义者贝蒂·弗里丹发表了《女性的奥秘》一书，通过对弗洛伊德"生理就是命运"观点的批判，引发了人们对传统女性角色的重新思考，继而断然否定"女性气质的奥秘"，成为当代女权主义运动的纲领性文件和宣言。女权运动的第二次浪潮一直持续到今天。

20世纪60年代的女性解放运动中，"焚烧胸罩"是其中的著名事件，它是美国妇女解放团体早期的行动之一。1968年，诗人摩根到"美国小姐"的选美会场抗议，设置一个"自由垃圾桶"，里面放满了压迫女人的象征性物品，包括胸罩、抹布、束腹、发卷、假睫毛等贬抑女性象征的物品。示威行动发起的组织发表了一份声明，谴责美国社会的压制力量，包括性别主义、守旧主义、种族歧视、老年歧视，声明指出美国的选美正是这些负面思想之集大成者。参加抗议的女性只是将胸罩丢入垃圾桶，后来却被神话成"焚烧胸罩"。

虽然，多数女人不希望被贴上"焚烧胸罩者"或者"女性解放运动者"的标签，但她们还是受到号召而纷纷抛弃了胸罩。具有讽刺意味的是，女性脱下胸罩反而被指控为低俗、不雅，冲击了男性想象的女体美标准。亚隆认为，这种挣脱束缚的行为，象征着混乱无序与打破成规，预示着更大的女性自由即将到来。尽管妇女运动的圈外人对此举表示不赞同，但是，焚烧胸罩的确为女性抗争树立了典范，它虽是个象征性动作，却打破了对于女人的外来束缚。

为了迎合男女不分的时代潮流，厂商推出轻软、不显眼的胸罩，华纳公司于1969年推出的"隐形胸罩"便吻合了不穿胸罩这一诉求。

进入20世纪70年代，女权主义的发展着重于批判传统的性角色观点，她们认为男性无权干涉女人爱美的权利，女人的爱美是为了自己。于是，"回归自然"成了社会的时尚潮流。这种趋势讲究自然美，不受厚重内衣的束缚，强调简单、自由的样式。内衣生产商的目标是要使女人穿着内衣却又不被看出来。针织类以及具有提升效果的内衣被轻型面料以及简单的设计所取代，以至于有时乳头都能看出来。在当时带钢圈的胸罩已经过时，女性的胸部单由织物来托起，市面上的大部分内衣几乎没有任何支撑（图4）。意大利Playtex内衣制造公司最出名的设计就是一款叫作"越跨心胸"（Cross Your Heart）的无钢圈胸罩，宽肩带和杯罩设计可以为胸部提供足够的支撑。

泳衣也成为女性炫耀魅力的工具，尤其是比基尼，在沙滩文化中尽显女性妩媚。20世纪80年代的比基尼还是有骨架支撑的，下身的短裤也裁剪得很高，在女性希望展现更多美丽的要求下，许多内衣品牌如美国的Victoria's Secret、意大利La Perla都争相设计具有比基尼外形的女性内衣。另外，时尚界还掀起了"内衣外穿"的着装潮流。秉持女权主义的流行天后麦当娜（Madonna）引领了这种时尚潮流：她首次出现在流行舞台上就大胆地袒露出上腹部，从背心中露出胸罩的肩带来；在影片《神秘约会》（*Desparetely Seeking Suan*）中，她公然穿着装饰有白色蕾丝的男式拳击短裤游行；1989年的全球巡演中，麦当娜身着让·保罗·高提耶（Jean Paul Gaultier）设计的"尖胸装"（图5），更是成为"内衣外穿"的经典代表。

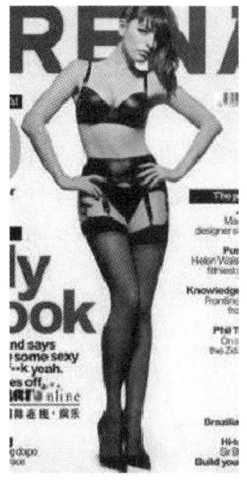  

图 6　从左到右：情趣内衣、无痕内衣、运动内衣

图 7　从左至右：晚上会发光的内衣、带 GPS 的内衣

现代女性已经不再需要用限制性的内衣完全改变自己的曲线。与之前的女性不同的是，现代女性拥有了更大的自由选择适合自己的衣服，打造自己喜欢的形象。2000 年，英国《卫报》发表了一位女士的文章《扎口短衬裤——谁还要啊？》，重申乳罩扭曲胸部，会使女性的体形变得不自然。在文章中，她反复说，为了舒服，自己从不戴乳罩，不穿扎口衬裤，而且这么做也是为了拒绝社会对女性体形的要求和对身体的控制。该女士曾在 20 世纪 70 年代鼓励女性抛弃内衣，认为内衣是父权社会的象征，现在的原因则更实际，是因为穿着不

舒服。这表明她的观点并没有发生急剧变化,其方式的改变表明社会在改变。①

女性肩负妻子、母亲、劳动者的身份,这些身份决定了内衣必然要多样化。一个职业女性,白天需要塑身内裤、无痕内衣,晚上可能要黑色蕾丝内衣,运动时也许就要换上透气吸汗的运动内衣(图6)。1988年,英国的《每日电讯》(The Daily Telegraph)报道,玛莎百货集团(Marks and Spencer)②以广告促销活动吸引人们对此问题的关注,在《嘉人》(marie claire)③有专栏刊登了题为《今天你的内衣心情是什么》的选择题问卷。问卷前面的文章提醒女性朋友:"有再多的女性内衣都不为过——为何不为自己性格的每一面准备一套不同的内衣呢?"④

在时尚的追求下,最新科技的发展趋势是开发"生物"内衣,这种内衣在商店的售价要比普通的高20%,但它的倡导者则认为前景可观。某些品牌采用了名叫"lenpur"的一种采自加拿大白皮松的纤维。⑤为了环保,只是用削剪而不是用砍伐的方式取得纤维。还有竹纤维、黄麻纤维和大豆纤维的研发,并将其用作胸罩的制作材料。

为了回应不同顾客的个性化需求,内衣市场推出了适合各种女性角色的内衣系列产品:日常休闲系列、运动系列、魅惑系列、时尚系列、妈咪系列,还有大罩杯系列。

进入21世纪,乳罩呈现出与往昔不同的形状、功能和乐趣。有为豪乳准备的外形各异的缩乳乳罩,有为娇小平胸准备的插垫上托式乳罩,有为运动而设计的稳固运动型乳罩,有不同面料增强乳沟效果的诱惑迷人的乳罩,还有纯粹为愉悦心情而制作的不同颜色、不同裁剪的可爱乳罩。更有甚者,英国莱斯

---

① (英)海伦·默里著:《情调 女人最富魅惑的秘密》,黄丽莉译,西安:陕西师范大学出版社,2007年,第124页。

② 2020年5月13日,玛莎名列2020福布斯全球企业2000强榜第1944位。1874年创办。见马莎_360百科 https://baike.so.com/doc/7631446-7905541.html。

③ marie claire是公认的理解和诠释时尚领域的先驱。将时尚和美容、家居装饰以及高质量的报道结合在一起的marie claire杂志由Jean Prouvost在1937年于法国创刊,全球坐拥24个版本,是世界著名高档女性期刊之一。marie claire一向以细腻的女性视角、独特的社会报道来展现多元化的潮流生活。一直以来,marie claire就致力于她的理想:以一种浪漫的方式告诉读者这个真实的世界是怎样的;帮助读者达到她梦想中的生活。她将刷新女性杂志一贯形象,不仅展示女人美丽的外表,更搜索女人的灵魂,深入女人的内心。https://baike.so.com/doc/3496372-3678221.html。

④ (英)海伦·默里著:《情调 女人最富魅惑的秘密》,黄丽莉译,西安:陕西师范大学出版社,2007年,第122页。

⑤ (法)安娜·扎泽著:《离心最近:百年内衣物语》,周瑛、邓毓珂译,北京:中国华侨出版社,2012年,第177页。

特市德蒙特福德大学研究人员开发设计出可以检测乳癌的文胸，即在乳罩内安装一块微芯片，以记录健康乳房组织和恶性生长的差异。微小的电流通过乳房，如果电流读取的信息与正常有异，芯片就可以检测出问题所在。[1] 文胸比以往任何时候都更能提升、支撑、增进女性的生活情趣。尽管紧身内衣在世纪之交又回来了，但是它不再是限制性的工具。[2] 这一切说明，女性内衣功能和款式朝着多元化、健康化的方向发展（图6、7）。

女性内衣作为女性着装的重要组成部分，在时尚潮流中是不可或缺的，它对保护女性生理健康，展示女性优美曲线并树立女性在社会竞争中的自信心，起到了意想不到的效果。从对人体的审美角度看，西方内衣先后完成了从表现人体自然美到人工美，再到健康美的发展历程，这与社会发展和审美文化传统分不开。尽管紧身内衣的传统象征意义无处不在，但它已经不再是"你祖母使用的束腰衣"。2000年11月期的《流行时尚》中写道："新式的美体衣更舒适、无缝、轻巧，而且一些内衣立刻就能把腰束小几英寸……就像是收腹带。它们能同旧式紧身内衣一样圆你一个斯佳丽·奥哈拉般的细腰梦。"[3]

在时尚、身材、政治、政策变化过程中，内衣是女性与社会互动的反映。内衣在女性的衣橱中依旧发挥着重要的作用，但它不再仅仅为女性塑造理想的完美体形，因为这一最终目标并非大多数女性能达到的。塑身以前靠内衣，现在靠自己。

（作者：宋海帆，四川师范大学影视与传媒学院讲师）

---

[1] （美）斯黛芬妮·彼得逊：《文胸：时尚、支撑与诱惑的千年史》，北京：新星出版社，2009年，第122页。
[2] （英）海伦·默里著：《情调 女人最富魅惑的秘密》，黄丽莉译，西安：陕西师范大学出版社，2007年，第121页。
[3] （美）瓦莱丽·斯蒂尔著：《内衣：一部文化史》，师英译，天津：百花文艺出版社，2004年，第223页。

从高中历史课程改革
谈世界史课程教学改革

21世纪以来,高中历史课程进行了两次大的改革。从基础教育课程改革内容看,两次历史课程的改革幅度和影响都非常大。2003年教育部颁布《普通高中历史课程标准(实验)》,不仅提出了"三维目标"这一新的教学目标,而且其模块加专题的课程结构体系和内容与过去明显不同。2017年教育部颁布《普通高中历史课程标准》,在课程理念和内容上又有重大变化,新版高中历史课程标准"最突出、最重要的新理念是提出了历史学科核心素养"[1]。纵观这两次高中历史课程改革,其所涉及世界史内容有较大拓展,这就给以培养中学历史教师为主的地方性高等师范院校(以下简称"高师院校")世界历史教学提出了新挑战,促使地方高师院校进行世界史教学方面的改革。

(一)新课改后高中世界历史教学的新变化

1. 世界史内容增加,领域拓展

随着我国对外开放的不断推进和全球化进程的深入发展,我国同世界各国的交往与联系日益密切,增加世界史内容的学习,更多地了解世界、认识世界成为时代的需要。新的高中历史课程体系在这方面体现得尤为突出,世界史内容得到大幅增加。如根据2003版课标,高中历史课程体系增加了"古代希腊罗马的政治制度""古代希腊智者学派和苏格拉底等人对人的价值的阐述""梭伦改革""中世纪天主教的地位""托马斯·阿奎那的君权神圣思想的主要内

---

[1] 徐蓝:《基于历史学科核心素养的课程结构和内容设计——2017年版〈普通高中历史课程标准〉解读》,《人民教育》,2018年第8期,第44页。

容""玛雅文明的消失""米诺斯宫殿遗址与克里特文明""大津巴布韦遗址与非洲文明探秘""古代埃及文明的历史遗产""古代希腊、罗马的历史遗迹"等世界古代中世纪史的内容,弥补了原来高中历史课程没有世界古代中世纪史的缺陷。此外,在世界近现代史方面,必修和选修模块增加了"布雷顿森林体系""穆罕默德·阿里改革"和"欧洲文艺复兴时期的文化遗产"等内容。这些内容都是过去高中历史课程中所没有的。根据《普通高中历史课程标准(实验)》设置的模块和专题统计,在必修模块总共25个专题中,世界史有11个专题,占44%;在选修模块总共41个专题中,世界史有28个专题,占68.3%;在必修和选修总共66个专题中,世界史有39个专题,占总专题数的59%。

  高中世界史内容比例的加大,使课程内容更为系统具体,也更加完整全面。朱汉国强调,新课标"世界史学习内容的增加,将有助于学生更好地了解世界,并从世界文明发展的角度更好地理解中国传统文化,从而有利于学生形成正确的世界观,以及对历史的宏观、整体认识"①。何成刚、赵申升指出世界史内容的增加有利于"对历史的宏观、整体认识。……加强社会生活史、科学技术史、教育史和文化思想史,更有利于促进学生人文素养的提高"②。而选修课的诸多内容,则涉及研究领域及其突出的成果。王雪峰认为增加世界古代史的内容,这样的安排使学生的知识结构比较完整,而学习专题的设立,则使知识更具系统性。③ 总之,在高中增加世界史内容的学习,将有助于学生"认识人类社会发展的统一性和多样性,理解和尊重世界各地区、各国、各民族的文化传统,汲取人类创造的优秀文明成果,进一步形成开放的世界意识"④。

  2017年的课程标准紧跟"强化世界史的学习,关注多元世界"⑤的历史课程改革发展趋势,使世界史内容又有了新的变化。2017年版的普通高中历史课程标准采用"通史"与"专题"相结合的形式,设置了必修、选择性必修和

---

① 朱汉国:《浅议普通高中历史课程体系的新变化》,《历史教学》,2003年第10期,第15页。
② 何成刚、赵申升:《继承、发展、创新、思考:〈普通高中历史课程标准(实验)〉解读》,《中学历史教学参考》,2004第1—2期,第27页。
③ 王雪峰:《〈普通高中历史课程标准(试验)〉内容标准的创新与不足》,《中学历史教学参考》,2003年第9期,第15页。
④ 中华人民共和国教育部制定:《普通高中历史课程标准(实验)》,北京:人民教育出版社,2003年,第5页。
⑤ 徐蓝、朱汉国主编:《普通高中历史课程标准(2017年)解读》,北京:高等教育出版社,2018年,第25页。

选修三类课程,其中必修课程"中外历史纲要"精选中外历史上的重要历史人物、历史事件、历史现象,共 24 个专题,从第 15 专题到第 24 专题共 10 个专题均为世界史内容,按世界历史发展的时间顺序,涵盖了从古代文明的产生与发展到当代世界的整个世界历史发展进程。选择性必修课程由三个模块构成,是必修课程的递进与拓展,每个模块设有若干专题,半数专题为世界史内容,包括西方国家政治、法律、宗教、社会生活、文化等方方面面。特别是选择性必修课程涉及世界史内容的领域较过去有较大拓展,如选择性必修课程"国家制度与社会治理"这一模块中的"基层治理与社会保障"专题,以及"经济与社会生活"这一模块,相对于以往高中历史课程内容几乎是全新的知识。① 本次历史课标修订在世界史内容方面的变化尤其突出,如高中历史新课标增加了法律与教化、基层治理与社会保障、货币与税收、居住环境、医疗与卫生、人口迁徙与文化认同、文化传承与保护等全新专题内容。这些内容在目前国内高师院校世界史教学普遍采用的世界史教材中还较为薄弱,有些内容甚至根本没有得到体现。加之高校世界史专业课教师重学术研究,对中学教学内容不太了解,在教学中也未能就相关内容做必要补充,这就容易造成师范生世界史专业知识的欠缺,无法适应师范生学科知识专业化的需要。

2. 世界史教学的理念在丰富和发展

近年来,新的史学观念的研究取得了丰硕的成果,这些新史观主要有整体(全球)史观、现代化史观、文明史观、社会史观、生态史观等。这些新史观已逐步运用于大学和中学的历史教学中,对人们史学观念的更新起着十分重要的作用。

与此相应,2003 年版高中历史课标及相关教材已淡化传统的五种社会形态史观,更多地体现出新史观的特色。首先,高中历史教材"古今贯通,中外关联"的模块专题式的编排已基本打破了旧史观的影响,课标和教材不再按社会形态划分编排历史,很少使用原始社会、奴隶社会、封建社会等概念。这在中国史部分尤为突出。同时,高中历史中外合编是整体史观的明显体现。其次,高中新课标及有关新教材积极而审慎地吸取已为中学界普遍认同的现代化理论研究新成果,将历史叙述的下限延伸到 20 世纪末 21 世纪初,较多地体现了现代化史观。从现代化理念看,旧的历史大纲缺少的部分主要是政治民主化、

---

① 徐蓝、朱汉国主编:《普通高中历史课程标准(2017 年)解读》,北京:高等教育出版社,2018 年,第 142 页。

2003年版的课程标准以全新的视野,体现了政治民主化和经济工业化。必修部分提出的教学要求是:"理解从专制到民主、从人治到法治是人类社会一个漫长而艰难的历史过程,树立为社会主义政治文明建设而奋斗的人生理想。"①选修部分"近代社会的民主思想与实践"更是政治民主化的专门史。整体上看,三个必修模块即主要讲述政治现代化、经济现代化和文化现代化。特别是在介绍近现代世界历史在政治、经济、思想文化和科学技术方面发展的情况、特点和趋势等问题上,体现出现代化的发展线索。再次,历史新课标中突出体现了文明史观。文明史观反映了我国历史学科发展的新趋势,2003年版课标及有关历史教材都突出体现了文明史观。高中新课标的三个必修模块,就是从不同的角度讲述人类政治文明、经济文明和精神文明的成果,突出体现了文明史观。历史上重大改革回眸、近代社会的民主思想与实践、20世纪的战争与和平、中外历史人物评说、探索历史的奥秘、世界文化遗产荟萃等六个选修模块也主要是针对文明史相关问题的。高中历史课程标准虽没有像初中课程标准那样明确提出"文明"的概念,但实际内容也明显地体现了文明史观,在课程标准规定的课程性质、课程理念和课程目标中,都渗透了文明史观,提到要"热爱和继承中华民族的优秀文化传统","理解和尊重世界各地区、各国、各民族的文化传统,汲取人类创造的优秀文明成果"等。在学科体系方面,淡化了五种社会形态理论,按照文明史观构建了新的学科体系。在内容选择上,以文明史观来安排教科书的编写,正如岳麓版教科书在必修一的前言中所说:"我们要在已有的历史脉络和整体的历史框架的背景下,分别深入思考人类政治文明、物质文明和精神文明的发展历程。"② 各教科书都突出了中华文明和人类文明的成果和影响。新课标将近代中国政治、经济、思想文化的变化,都置于西方工业文明对中国社会的全方位冲击下来认识;关于英、法、美、德等国的资产阶级革命或统一,也多是从近代国家政体、民主制度等角度来阐述的,日本明治维新、俄国1861年改革也都置于工业文明的范畴中加以论述。2017年版课标的世界史内容部分则在继承上一轮课改优点的基础上,增加了大量社会史、环境史等方面的内容。

---

① 中华人民共和国教育部制定:《普通高中历史课程标准(实验)》,北京:人民教育出版社,2003年,第9页。

② 曹大为等主编:《历史·必修Ⅰ》,长沙:岳麓书社,2008年,前言。

（二）地方高师院校世界史教学的现状与问题

高中历史新课程改革，不仅使中学历史课程体系和中学历史教学发生深刻变化，也给主要培养中学历史教师的地方高师院校历史教育专业提出严峻挑战，暴露出现行地方高师院校历史教育中存在的诸多问题。就地方高师院校世界历史教学而言，主要存在以下一些问题。

1. 课程体系改革滞后

（1）整体课程体系与中学历史课程体系不相适应。如何调整历史教育专业课程设置，培养适合中学历史课程改革需要的新一代"复合型"历史教师，是基础教育课程改革对地方高师院校历史教育专业提出的新要求。但目前地方高师院校历史课程体系主要是按照教育部1998年颁布的《普通高等学校本科专业目录和专业介绍》构建的，该文件规定历史学（师范类）的主要课程为中国古代史、中国近现代史、世界通史、中国文化史、中国经济史、中国思想史、中国史学史、史学概论、中国社会生活史、版本目录学、训诂学、史源学、史学论文写作、历史教学论、自然科学基础等。[1] 这种课程设置强调历史学科本位，一些如史源学、训诂学等极具专业性的课程即使在综合院校的历史专业也未必是必修且能普遍开设的，在地方高师院校更只是培养方案里的摆设而已。近年来，随着时代和社会发展的需要，不少地方高师院校历史教育专业对培养方案进行了一定调整，但仍然存在与基础教育需求不相适应的问题，特别是高师历史课程体系，与新的中学历史课程体系严重脱节，不能适应中学历史课程发展，更不要说引领和推动中学历史课程改革。在先行实施高中历史新课改的江苏省，有专家在对南京、镇江、扬州地区部分高校历史教育专业师生以及新近参加工作的在职中学历史教师进行调查后发现，"相当数量的高校教师和师范生对中学历史新课程改革基本上不太了解、不甚关心；中学历史新课程知识在高校的教学中仅仅涉及少数内容；大多数中学历史教师都认为高校的课程内容严重滞后，不能适应目前中学历史教学的需求"[2]。江苏这种教育发达的地

---

[1] 中华人民共和国教育部：《普通高等学校本科专业目录和专业介绍》，北京：高等教育出版社，1998年，第103页。

[2] 朱煜：《新课程背景下历史教师教育现状的调查与分析》，《课程·教材·教法》，2005年第11期，第86页。

区尚且如此,我国中西部地区的情况就可想而知。由于观念、体制、师资等方面的因素,不少地方高师院校历史教育专业并未随着中学历史课程体系的变化而及时调整培养目标和课程体系,像高中历史课程改革中迫切需要关注的医疗卫生史、中外改革史、历史人物评价、国家制度与社会治理、经济与社会生活、文化交流与传播、世界文化遗产、历史探究性学习等课程在许多地方高师院校历史教育专业尚未开设,甚至面临无人能开设的窘境,其所培养的学生自然无法迅速适应中学历史新课程改革。

(2)世界史所占比重明显偏低。在全球化日益加深的今天,大学历史学专业本国史和外国史所占比例应均衡设置,且外国史的比例应适当增加。据北京大学高岱教授的调研统计,美国的哈佛大学、耶鲁大学、加州伯克利大学、伊利诺伊厄巴那分校、南加州大学和纽约大学等校历史学系,其从事外国史的教学人员占 2/3 左右,有的甚至超过 2/3。而且在这些大学中,外国史还是所有非史学专业大学生必修的通选课。日本东京大学、庆应大学等大学从事外国史教学和研究的人员也占到 2/3;俄罗斯彼得堡大学历史系约有 50% 的教师从事世界史教学研究。① 而我国世界史学科人员在整个历史学科中所占的份额约为 1/3。

1997 年之前我国的世界历史是一级学科,但自 1997 年重新调整学科目录后,世界历史被调整为与中国古代史等 7 个分支学科并列的二级学科,教师编制缩减,尤其在地方高师院校,通常只设有一个世界史教研室。在一个 40 人左右的历史系,从事世界史教学的人员少,基本上只能完成几门世界通史课的教学任务,无法开设必要的选修课程。且由于科研和职称评定相对较难,一些教师甚至脱离世界史队伍。这严重影响地方高师院校历史课程体系的设置。可以说,多数地方高师院校的世界史课程体系是不完整的。从前述教育部 1998年颁布的师范类历史学主要课程设置也可以看出世界史在地方高师院校历史课程体系中的比重和地位。这一现状已完全不能适应全球化日益加深的世界潮流,不能适应我国对外开放的基本国策,也不能适应高中历史新课程改革的需要,因此必须及时做出调整。

2. 教学内容不适应高中世界史教学需求

(1)教学内容针对性不强。世界史教学在高中历史教育中占有很大比重,

---

① 徐轶杰、朱洧:《世界历史专业建设研讨会综述》,《世界历史》,2008 年第 4 期,第 155~156页。

通过世界史的教学，有助于培养青少年的世界意识和全球化观念，有助于学生理解和尊重不同国家和民族的文明成果，养成现代公民应具备的人文素养，有利于国民整体素质的提高，其重要作用在全球化的今天愈加突显。但当前中学世界史教育相较于中国史教育还存在诸多问题，如学生在学习过程中普遍存在对世界史感兴趣但始终无法真正掌握世界史知识的情况，从直观的考试结果来看，世界史知识的得分率较于中国史普遍偏低。造成这一局面的原因固然有学生方面和教科书编排本身存在的问题，但一个不可忽视的原因是教师教学理念的滞后。当前，历史教育问题的症结在很大程度上正是教师本身的历史功底制约了其教学的深度和力度，是教师的知识限制了学生的视野，是教师的历史素养抑制了学生学习历史的兴趣。由于高中新课程在内容上增加了许多反映社会经济文化和科技新进展、时代性较强的新内容，使教师知识结构老化的现象十分突出，而新教师在专业知识方面还不够熟练。地方高师院校的历史教师，除历史课程教学论方面的老师外，其余很少有老师将自己的教学和研究与中学历史具体教学内容相联系，对当前正在进行的高中历史课程改革更是知之甚少，其教学内容缺乏针对性，这样培养出来的历史教师自然难以在短时期内适应中学的世界史教学。

（2）史学观念更新滞后。唯物史观是我国的基本史观，也是新版高中历史课程标准规定的五大核心素养之一。但由于我国史学长期受苏联史学的影响，苏联在20世纪30年代形成的社会形态史观是我国传统的历史观，一直以来是在我国影响最大的历史解释范式。该史观认为，随着社会生产力的发展，社会形态由低到高依次更替，先后经历原始社会、奴隶社会、封建社会、资本主义社会和共产主义社会五种社会形态，并据此将人类历史划分为不同的发展阶段。它确信，全世界各个地方都无一例外地遵循共同的历史发展阶段逐一更替，由低级向高级发展，而发展的动力是阶级斗争。五种社会形态史观对我国史学的影响是在我国史学界形成了占统治地位的革命史观或阶级斗争史观。

五种社会形态史观对我国历史学科的构建曾经产生了积极而重大的影响。但该史观也存在明显的局限性：第一，该史观是在特殊历史时代产生的，现在它已经不能适应学术发展的需要和时代的要求了；第二，该史观包容性小，已无法容纳当代历史学所提出的新的研究课题，如现代化问题、文明多样性问题；第三，该史观解释能力有限。社会形态史观难以解释某些历史问题，如中西封建社会向资本主义过渡问题，对当今社会主义与资本主义并存的现实也缺乏解释能力。总之，五种社会形态史观的涵盖面不广，伸缩性不大，难以自我调节。

改革开放以来，我国史学界广泛学习借鉴国外史学理论研究新成果，全球史观、现代化史观、文明史观、社会史观、生态史观等新史观不断涌现，丰富和发展了唯物史观。其中，全球史观、现代化史观、文明史观不仅在学术界产生了重大影响，在中学历史教学中也已得到广泛运用。

在唯物史观统领下，新史观进入高中历史教学，也是课程改革的内在要求。新课程标准明确阐述了历史课程的新理念，即"历史课程的设置要体现多样性、多视角、多层次、多类型、多形式"① 的特点。更新高中历史教师的史学观，使其学会用新史观研究历史并组织教学是高中历史课程改革成功的关键因素之一。黄牧航教授有言："如果不转变史学观念，所谓转变课程观充其量是使教师成为一个更优秀的资料收集者，而所谓转变教学观也很有可能就是运用更有效的方式把原来的一些陈旧错误的观念加以强化。"②

（三）对地方高师院校世界史教学的改革建议

教育部《基础教育课程改革纲要（试行）》提出，师范院校"应根据基础教育课程改革的目标与内容，调整培养目标、专业设置、课程结构，改革教学方法"③。课程体系和教学内容改革是教育改革的核心，主要为基础教育培养师资的地方高师院校，特别是西部地区的地方高师院校，一方面要尽快适应基础教育课程改革的要求，改变高师院校教育改革滞后于基础教育改革的现状，提出适应新课程实施要求的高师院校教师教育改革方案；另一方面要积极探讨高师院校如何通过深度的自我改革，培养符合新课程实施要求的新型教师，引导和促进基础教育课程改革。依据上述指导思想，结合目前地方高师院校世界史教学存在的问题，笔者以为，地方高师院校历史教育专业世界史教学改革可从以下几方面入手。

1. 明确地方高师院校历史教育专业培养目标

人才培养目标是课程体系建设和教学内容改革的指挥棒。1998年教育部

---

① 中华人民共和国教育部制定：《普通高中历史课程标准（实验）》，北京：人民教育出版社，2003年，第2页。

② 黄牧航：《史学观念的转变与历史高考试题的命制（上）》，《中学历史教学参考》，2008年第3期，第4页。

③ 钟启泉等主编：《基础教育课程改革纲要（试行）解读》，上海：华东师范大学出版社，2001年，第12页。

确定历史学（师范类）的培养目标为"培养具有历史学基本理论和基础知识，能够在高等和中等学校进行历史学教学和教学研究的教师、教学研究人员和其他教育工作者"①。近年来，虽然绝大多数地方高师院校的历史教育专业都对人才培养目标进行了较大调整，但实际上却一味地向综合性大学靠拢，过分强调培养复合型、研究型人才，忽视了师范性的特点，脱离了地方高师院校实际。而作为部属重点师范大学的华中师范大学，其历史文化学院早在21世纪初就对人才培养的规格等问题进行了专题研究，确定了"有一定科学研究能力和创新能力，有深厚的历史科学知识和较为完善的知识结构的中学历史工作者"的培养目标。一所部属重点师范大学的历史学专业都把其人才培养目标定位于培养合格的"中学历史工作者"，地方性高师院校的历史教育专业更应把自己的目标定位于服务基础教育，为中学培养具有深厚基础的综合素质高的合格的历史教师，其课程体系建设应紧紧围绕这一目标，秉承"厚基础、重技能，师范性和地域性突出"的办学特色，在设置课程时，要结合中学历史教学实际，在相关课程教学目标的设置上应结合高中历史教学的需要，并要求相关专业课程教师在教学和研究中关注高中历史内容及其改革，从而确立本专业在所在省市基础教育领域历史学科教师培养的核心地位，服务并引领地方历史新课程改革。

2. 构建与中学历史课程改革相适应的开放多元的课程体系

（1）地方高师院校历史课程体系的整体构建。作为历史教育专业，其课程体系当然要有鲜明的历史学科特色。所以在构建地方高师院校历史课程体系时，首先必须保证能使学生对人类历史发展大序、框架和规律有基础性认识。因此，可在保证基本教学课时的前提下，将作为专业主干课程的两门通史的教学时间从三年压缩到两年。同时增加系列的专门史课程，即开设中国政治史、中国经济史、中国文化史、中国社会生活史、外国政治史、外国经济史、外国文化史、外国社会生活史及宗教史、文明史、环境史、科技史、教育史、军事史、法制史、中外关系史、国际关系史、文学史、哲学史、艺术史等主要专门史课程，凸显历史学科的专业特色，系统丰富学生的历史知识，使学生对人类历史的发展有较为全面系统的感受和认识。同时，历史学科是综合性非常强的学科，历史是包罗万象的。因此，师范历史专业课程体系有必要纳入其他人文社会科学内容，比如人文地理学、考古和文博、民俗学、社会学、政治学、文

---

① 中华人民共和国教育部：《普通高等学校本科专业目录和专业介绍》，北京：高等教育出版社，1998年，第103页。

化人类学、管理学、经济学、数学等学科，这些学科都是现代人文社会科学的基础性学科，有助于拓宽学生的视野，构建全面的社会科学知识体系。

地方高师院校历史课程体系的构建必须适应基础教育课程改革的需要，结合中学历史课程改革实际。一是要增加部分与中学历史新课程模块教学内容相关的必修与选修课，如国家制度与社会治理、经济与社会生活、文化交流与传播、医疗卫生史、中外改革史、中外历史人物评价、世界文化遗产等。二是要增加部分具有地方特色的课程，如地方史、地方历史课程资源开发利用研究等。

时代的发展需要各类通识型人才和复合型人才，基础教育课程改革注重学科的交叉，注重综合性。地方高师院校在构建历史专业课程体系时，应遵循"厚基础、宽口径、一专多能"的原则，既注重专业学习的科学化，又考虑学生的个性与全面发展。对专业课要开精、开好，如讲通史课，主要讲纲，讲线，讲基本规律，讲研究动态，少而精，以质量求效果。而对选修课则应开活和开全，讲选修课应突出前沿性、学术性，注意介绍研究方法和研究心得。一些历史学专业教师无法开设但对学生知识体系的构建非常重要的课程，如文学史、哲学史、艺术史、人文地理学等，可通过学校平台，与其他院系协调，充分利用校内资源，鼓励学生跨专业选课。当然，历史专业也可开设一些可供学校其他专业学生选修的课程。

（2）加强世界史课程设置。2011年，世界史升为一级学科，这是学术发展和社会发展的需要。中国在历史上曾经因闭关自守而落后挨打，随着中国对外开放的不断加深和中国的日益强大，中国的国家利益在全世界各地都有体现，因此必须要研究外国的情况，否则，我们在进行世界交往时就会到处碰壁。作为一个日益崛起的大国，不仅要研究外国的现实问题，还要研究外国的历史，因为现实问题归根到底是历史问题，只有从历史问题着手，才能对世界进行深刻的研究。

世界史升为一级学科，给历史学的发展带来了新的机遇，如何完善世界史学科体系就是一个迫切需要解决的问题，作为地方性的高师院校，在这方面更是任务艰巨。新的世界史一级学科下设外国史学理论与史学史、外国古代中世纪史、外国近现代史、外国区域与国别史、外国历史地理学、世界文化遗产学、外国专门史等七个二级学科，涉及面非常广泛。而如上文所述，目前地方高师院校世界史教师人员少，在相当长的一段时间内恐怕难以像综合性大学一样尽数设置这七个二级学科，但可以逐步朝这一方向努力。应该说，目前高中历史课程改革已走在了地方高师院校的前面，高中世界史的比例已接近50%，

为中学培养师资的地方高师院校历史教育专业至少应努力适应这一变革,在课程体系上做出调整。具体而言,首先必须保证世界古代史、世界中世纪史、世界近代史、世界现代史和世界当代史这一通史系列课程结构,逐步确立和完善外国政治史、外国经济史、外国思想文化史、外国社会生活史等几门主要的专门史课程,以及与高中新课改直接相关的专题史。其次是建立一些拓宽学生视野、适应时代发展的世界史专题,如世界科技史、世界现代化研究、经济全球化研究、国际关系史、恐怖主义研究等课程。此外,可开设"一带一路"国家历史专题研究、周边国家史、亚洲史等课程,侧重研究与中国有关的经济、文化、边疆政策等内容。总之,无论是从世界史一级学科发展需要,还是从高中历史课程改革需要出发,地方高师院校历史教育专业都应加强世界史课程设置和教学改革。

3. 拓展世界史教学视野

(1)加强与高中新课改相关的世界史内容教学。高师院校的世界史教学一定程度上受老师研究方向所限,研究多一点、研究深入一点的地方往往讲得多一些,讲得详细一些,教师研究不足或关注较少的问题往往略讲或简单讲述。而且,高师院校的部分老师并不了解中学新课程改革在课程体系和课程内容方面的变化,其教学内容并不一定能考虑到中学历史教学的需要,从而造成教学内容与中学历史教学内容相脱节。《普通高中历史课程标准》确定了必修课程中外历史纲要所要讲述的10个世界史专题,选择性必修课程的每一个专题都涉及世界史相关内容,在高师院校世界史教学中有针对性地讲清楚这些问题是非常必要的。

如关于"世界多极化趋势与和平发展的关系",冷战结束后,两极格局消失,各种力量重新分化组合,世界正朝着多极化方向发展。多极化趋势的发展给世界的和平与发展带来了机遇和有利条件,有助于建立一个平衡、稳定、繁荣、民主、不对抗的新秩序,这一趋势客观上符合所有国家的根本利益。六卷本世界史相关的叙述并不全面,教师在讲述时可从以下几方面理解:

①世界多极化有利于推动国际关系的民主化进程。"多极化就其实质来说,是国际关系的民主化。"[①] 就是在处理国际关系问题时,各国的事情要由各国人民作主,国际上的事情要由各国平等协商,全球性的挑战要由各国合作应对,这已成为国际政治发展的总趋势。特别是面对发展失衡、环境恶化、武器

---

① 金一南:《多极化——不可抗拒的历史潮流》,《解放军报》,2002年7月2日,第5版。

扩散、国际犯罪、恐怖主义等一系列跨国问题，没有世界各国的通力合作，问题就难以得到解决。在这种情况下，推动建立公正合理的国际政治经济新秩序，真正实现国际关系的民主化，不但成为世界各国认真思考的重大问题，也成为推进多极化发展的强劲动力。多极化也意味着世界文明的多样化。各国文明的多样性，是人类社会的基本特征，也是人类文明进步的动力。世界文明的多样性，就是社会制度和发展模式的多样性。任何以单一政治制度和发展模式去规范世界的企图，最终破坏的不仅是国际关系的民主化，而且破坏了世界文明的多样化，这从根本上违背了人类进步的规律和世界发展的潮流。②世界多极化与经济全球化趋势的发展，使美国对世界的控制能力下降，牵制了美国单极称霸的企图，有利于世界的和平、稳定与繁荣。③多极化结束了国际政治、军事大分裂，世界范围内的冲突与对抗也趋于分散化、局部化，全球层次的政治稳定与和平局面得到了保证，这是经济全球化的基本政治保障。④多极化在更大程度上反映了广大发展中国家的利益诉求，必然导致世界多极化的主要载体——联合国作用的增强。应该承认大国在国际事务中具有特殊作用的事实，但这并不等于大国应包揽一切。《联合国宪章》充分体现了大国与广大中小国家一律平等的关系。多极化有利于世界和平与稳定，当然也有利于中国的发展，中国作为世界上最大的发展中国家和联合国安理会常任理事国之一，在国际事务中发挥着不可替代的作用，既是维护世界和平和地区稳定的重要力量，也是多极化进程的积极倡导者和推动者。⑤世界多极化与全球化趋势的发展，使世界各大力量和地区性强国或国家集团，在相互交往中进一步彼此借重，相互牵制，竞争共处。多极化结束了国际经济大分裂，世界各国发展和竞争的重点已从冷战时期的军事竞争转变为当今的经济与科技竞争，越来越多的国家走上市场经济的道路，投身于经济全球化的大潮之中，体现了当代世界生产力对于全球范围内和平与发展的内在要求。各国寻求合作、谋取发展的意识日趋加强，爱好和平的力量明显增长，使和平的因素超过战争的因素，这必将有力地阻止世界性战争的爆发，为世界的和平与发展带来有利条件。当然，也有学者认为世界多极化未必能给世界带来和平和稳定，相反，只会加剧大国冲突。理由是：冷战时期两极对峙，虽紧张，但稳定；一极主宰，一个声音说话，事情也好办；世界成了多头，反而易乱。

此外，我们要认识到，与经济全球化利弊参半不同，世界多极化更多的是给世界带来积极因素。因此，致力于建立一个多极世界，符合世界发展的客观规律，有利于推动建立公正合理的国际政治经济新秩序，有利于促进世界政治经济文化的协调平衡发展，有利于促进以持久和平与共同繁荣为内涵的和谐世

界的建立。世界多极化的进程具有复杂性、长期性和曲折性，需要整个国际社会共同努力。

(2) 注重新史观在世界史教学中的运用。历史观是人们对于社会历史的根本见解。我们在世界历史教学中必须以唯物史观为指导，这是不用怀疑的，高中历史课程标准也对此提出了明确的要求。唯物史观的基本观点包括以下几点：一是物质生活资料的生产活动是人类社会赖以生存的前提。二是生产力和生产关系、经济基础和上层建筑构成统一的社会有机系统。三是社会基本矛盾是社会发展的内在动力。四是人民群众是历史的创造者。五是社会发展是一个自然历史过程，等等。这些都是我们在历史教学中必须坚持的。

同时，我们也必须适时将目前流行的几种新史观融入高师院校世界史教学之中。如全球史观在注意历史纵横发展的前提下，尤其关注横向发展。所以，我们在历史教学中运用全球史观，主要是拓展教师和学生的横向视野，并注意横向发展与纵向发展的关系，要注意按从分散发展到整体发展的基本线索划分人类历史发展的时期，从整体角度把握重要历史阶段的主要特征，重视国际交往。

又如现代化史观主要适合近现代史教学，所以我们在世界近现代史的教学中，一是要从现代生产力发展的角度，从经济、政治、文化等方面，以现代化史观这一新的视角全方位地综合审视近现代历史；二是要以现代化史观重新审视世界近现代史的历史进程，可以现代化为主线，将其分为准备、起动、现代化在西方国家的成熟与发展、现代化的全球扩张、现代社会出现新的转型五个阶段，这五个阶段首尾相接，组成了完整的世界现代化过程；三是可从政治、经济、文化、社会、个人现代化等方面构建近现代史知识体系；四是以现代化史观评价近现代历史，既以生产力发展为标准进行根本性评价，又从历史发展以及政治、经济、文化和社会进步等方面综合评价。

再如文明史观，作为一种全新的史学范式，反映了我国史学研究的新趋势和新进展，它在很大程度上涵盖了现代化史观和全球史观，因此它是一种更宏观、更科学的历史观。我们在世界史教学中运用文明史观，一是要以文明演进为基本线索来审视人类历史进程。二是要纵横结合，构建文明史知识体系。三是要理清文明史重点、难点，如工业文明时代的西方文明、政治文明史的核心、物质文明史的主线、精神文明史的重点，等等。四是要处理好文明史中的几个关系：物质文明史、政治文明史和精神文明史之间制约与促进的关系；不同类型文明之间交流与融合的关系；文明发展及其代价，即文明与野蛮的关系等。五是要以文明进步为标准进行历史评价。凡是促进人类文明进步、促进人类文明交流融合的历史现象、历史事件和历史人物就给予肯定；凡是阻碍人类文明进步、破坏人类文明成果、破坏人类文明交流交往的历史现象、历史事件和历史人物，则进行批判和否定。

  同时要注意各种新史观的综合运用，从多元史观解读历史，从而形成对相关历史问题的全面认识。如在世界史教学中运用多种史观多元评价地理大发现。一直以来，我们习惯运用社会形态史观及革命史观来评价地理大发现，认为地理大发现开始了早期的殖民掠夺和殖民侵略，开始了近代世界的殖民体系的建立。葡萄牙、西班牙、荷兰、英国、法国等西欧国家，互相争夺世界霸权，建立起世界性的殖民帝国。西欧殖民者通过赤裸裸的抢劫、垄断殖民地贸易和奴隶贸易等方式对亚非美洲进行血腥掠夺，把巨额财富变为资本，成为西欧资本主义原始积累的重要来源，促进了西欧资本主义的发展。亚非美各族人民则逐渐沦为西欧国家的殖民地和半殖民地，遭受了巨大灾难。同时，欧洲殖民者侵入亚非美的过程，也是亚非美洲人民反侵略、反掠夺的过程。六卷本世界史在继承传统史观的基础上，运用整体史观给予地理大发现很高的评价。整体史观在注重历史纵向发展的同时，特别强调世界历史的横向发展，即世界历史是由各地区间的相互闭塞到逐步开放，由彼此分散到逐步联系密切，终于发展成为整体的世界历史。马克思、恩格斯在《德意志意识形态》中指出："各个相互影响的活动范围在这个发展进程中越是扩大，各民族的原始封闭状态由于日益完善的生产方式、交往以及因交往而自然形成的不同民族之间的分工消灭得越是彻底，历史也就越是成为世界历史。"① 根据这一史观，六卷本世界史指出："没有地理大发现，就没有资本主义的发展，更没有随之而来的世界历史向整体发展的根本转折。"② 1500 年前后被作为世界史的起点和世界近代史的开端。此外，全球史观、现代化史观、文明史观等也从不同视角来解读地理大发现。全球史观视世界为一个整体，并从宏观的、联系的角度考察和分析人类社会历史的演变走向，强调以"全球眼光"审视人类历史，以人类社会整体发展进程为叙述对象。相比整体史观而言，全球史观注重横向比较，对地理大发现及近代早期（15—18 世纪）的评价要低，因为在地理大发现后很长一段时间，从综合实力来看，西欧并不比同时期的中国、印度和奥斯曼土耳其帝国强大。现代化史观认为，世界近现代史就是一部现代化史，其核心是经济上

---

 ① 《马克思恩格斯选集》（第 1 卷），北京：人民出版社，1995 年，第 88 页。
 ② 吴于廑、齐世荣主编：《世界史·近代史编》（上卷），北京：高等教育出版社，2011 年，前言，第 1 页。

的工业化、政治上的民主化、思想文化的理性化及社会生活的世俗化。根据这一史观,地理大发现客观上极大地促进了欧洲资本原始积累,促进了欧洲资本主义手工工场的发展,为工业化准备了条件。文明史观以生产力作为划分文明发展阶段的标准,将人类文明历程划分为农业文明和工业文明两个阶段。该史观强调文明交流是促进人类文明进步的一个重要原因;人类历史发展的过程,就是各种文明不断交流、融合、创新的过程;文明多样性是人类社会的客观现实,是当今世界的基本特征,也是人类进步的重要动力。根据这一史观,地理大发现既是传统的亚非欧文明交流和发展的结果,也是新旧两个世界,亚欧美三大文明的汇合和交往,极大地促进了人类文明的交流和发展,加速了工业文明的到来。运用多种史观评价地理大发现,有助于教师和学生开拓史学视野,转变史学观念,从而提高教学效果。

(3) 加强与高中世界史相关的史学研究成果的讲述。注重史学研究新成果的引入是高师院校教学的主要特色,但如何加强与高中历史教学相关问题的史学研究成果的讲述则是另一个问题。实际上,在新一轮高中历史课程改革中,新课标及相应的几个版本的历史教科书不同程度地吸收了新的史学研究成果,如在明清阶段特征的阐述中,抛弃了明清是"封建社会由盛转衰"的说法,岳麓版教科书认为明清是农耕文明发展的高峰,也是近代工业文明的前夜,认为当时"中国在农耕文明轨道上发展到了一个新的高峰,并分离出一些迥异于传统模式的变异,这些变异带有向工业文明演进的趋向"[①]。又如,关于地理大发现经济原因的性质,岳麓版教科书和其他版本教科书的表述存在明显不同,前者一改过去的传统观点,不认为地理大发现的经济原因是资本主义性质的。为此,《历史教学》(中学版)于2008年7、8、9、10、11期刊发多篇文章就此展开讨论,提出了不少有益的见解,浙江师范大学的王加丰教授还专门著文对此做了分析。[②]

再如,各大高师院校的历史教科书和几个版本的高中历史教科书直到目前都将"奥斯曼土耳其阻断商路"作为地理大发现主要动因之一。[③] 实际上,这一问题在学术界早已有新的研究成果,且形成了广泛共识,但历史教育界却似

---

① 曹大为等主编:《历史·必修Ⅱ》,长沙:岳麓书社,2008年,第26页。
② 王加丰:《关于地理大发现的动因问题》,《历史教学》,2008年第11期,第5~9页。
③ 代表著作如:(法)德加兹·加亚尔等著:《欧洲史》,蔡鸿宾等译,海口:海南出版社,2000年;吴于廑、齐世荣主编:《世界史·近代史编》(上卷),北京:高等教育出版社,2001年;王斯德主编:《世界通史》(第一编),上海:华东师范大学出版社,2001年;王觉非:《欧洲五百年史》,北京:高等教育出版社,2000年;张箭:《地理大发现研究》,北京:商务印书馆,2002年;等等。

乎不为所动。早在1915年,国外学者利布耶尔就对此观点提出了质疑,其观点在美国学者伊曼纽尔·沃勒斯坦所著的《现代世界体系》中被加以阐述。在《现代世界体系》一书中,沃勒斯坦否定了"奥斯曼帝国阻断商路"说,他认为葡萄牙的海外探险先于奥斯曼帝国的崛起,反倒是新航路的开辟阻碍了奥斯曼帝国的发展。① 而在国内,早在1954年,雷海宗先生就对商路阻断说提出质疑。雷先生认为:①香料贸易长期把持在伊斯兰教商人和意大利商人手中,而葡萄牙人由于无法染指这项一本万利的生意,才促使其进行海外探险,开辟一条属于他们新的贸易通道。②当葡萄牙为首的西欧人探险时,土耳其人还不曾登上历史舞台;1498年葡萄牙人到达印度时,土耳其势力还没有发展到东地中海的埃及。③葡萄牙人到达印度后,就回过头来破坏阿拉伯商人的活动,切断了旧日东西方贸易的交通线。④西欧人开辟了新航路后有计划地堵塞了旧商路,阿拉伯人和土耳其人重开旧商路的努力因西欧人的阻挠而未成功。西欧人说土耳其人阻断商路,纯属捏造。②

1998年,冯定雄撰文从时间和通商贸易情况两个方面论证否定了"奥斯曼帝国的崛起阻断商路"说。③ 1999年,王加丰在《扩张体制与世界市场的开辟——地理大发现研究新论》一书中论及"奥斯曼阻断商路"说,其观点与雷海宗先生的基本一致。④ 2007年,王三义在《"土耳其人阻断商路"说与西方的近东殖民》一文中认为:第一,从土耳其的扩张与新航路开辟的时间和内容上看,奥斯曼帝国的崛起与葡萄牙人的海外探险基本同步;葡萄牙人在到达印度时,土耳其人尚未控制东地中海的埃及和叙利亚。第二,以葡萄牙的立场来看,葡萄牙人出于自身的贪欲不愿通过正常的商业手段,而是通过掠夺来获取财富,因此有意避开意大利人和阿拉伯人长期保持的地中海贸易秩序。第三,对于"土耳其商路阻断"说的由来,文中的观点是西欧人出于对土耳其威胁的夸大以及对穆斯林的敌意,制造了"土耳其人阻断商路"说,这是欧洲殖民者为了保护自身利益、满足自身意识形态的需要所捏造出来的虚假借口。⑤ 2013

---

① (美)伊曼纽尔·沃勒斯坦:《现代世界体系》(第一卷),北京:高等教育出版社,1998年,第417~418页。

② 雷海宗:《世界史上一些论断和概念的商榷》,《历史教学》,1954年第5期,第33~34页。

③ 冯定雄:《奥斯曼帝国兴起不是新航路开辟的原因》,《中学历史教学参考》,1998年第11期,第6页。

④ 王加丰:《扩张体制与世界市场的开辟——地理大发现研究新论》,北京:北京大学出版社,1999年,第62页。

⑤ 王三义:《"土耳其人阻断商路"说与西方的近东殖民》,《历史研究》,2007年第4期,第162~170页。

年，冯定雄在《学术吸纳与教材更新——以"土耳其人阻断商路"说为例》一文中，从目前我国史学界对"土耳其人阻断商路"说的研究现状以及我国历史教材和通史著作对"土耳其人阻断商路"说的研究成果的吸纳等两方面进行了批判，指出国内学术界对新观点的吸纳较迟钝甚至是漠视，国内教材的观点更新具有明显的滞后性。①

综上，地方高师院校世界史教学与中学历史课程改革无法完全对接是一个需要尽快加以解决的问题。同时需要特别指出的是，地方性高师院校世界史教学改革是一个系统工程，只有教育理念、课程体系、教学内容等同步改革，才能真正适应基础教育历史课程改革的需要。

（作者：潘树林，四川师范大学历史文化与旅游学院副教授）

---

① 冯定雄：《学术吸纳与教材更新——以"土耳其人阻断商路"说为例》，《浙江海洋学院学报》，2013年第4期，第53~55页。

中学历史课程标准与教材研究

2015年1月，作为教师教育国家级精品资源共享课建设立项项目，由四川师范大学陈辉教授主持的"中学历史课程标准与教材研究"以"中国大学资源共享课"的形式，在全国高等教育课程资源共享平台"爱课程"网（http://www.icourses.cn）正式上线。该门课程是四川师范大学获准立项建设的第一门在"爱课程"网上线的教师教育国家级精品资源共享课立项建设课程，也是全国历史教师教育类率先获准在"爱课程"网上线的课程，其在线注册人数及点击率居全国历史学科类课程首位。2017年，该门课程被教育部批准为第二批国家级在线开放课程。

（一）课程立项建设中的实施效果

教师教育国家级精品资源共享课立项建设课程，是"十二五"国家开放课程建设的重要组成部分，是教育部为大力深化教师教育改革，贯彻落实《教师教育课程标准》，服务教师队伍建设而启动实施的重大项目，是由教育部、财政部联合实施的"高等学校本科教学改革与教学质量工程"的重要内容，立项评审工作面向全国高校开放。自2012年12月教育部启动该项目立项评审工作以来，四川师范大学高度重视，认真组织、积极动员、充分论证，经陈辉教授领衔的课程专家团队的努力，该门课程于2013年4月成功入选，获准立项建设。经过一年半的建设，该门课程于2014年12月底经教育部组织的专家终审获得通过，并于2015年1月23日在"爱课程"网正式上线。

本课程在"爱课程"网正式上线后，按照历史学专业培养计划，从2015年3月起，四川师范大学2012级、2013级历史学专业师范生在"爱课程"网注册后，对该门课程进行了网上学习、使用资源、网上互动、学习交流等学习活动。在该门课程教学中，主讲教师利用"慕课"（MOOC）理念，尝试"翻

转课堂",要求历史学专业师范生结合该门课程的学习要求,课下网上观看授课视频,课上参与互动研讨,并由主讲教师答疑解惑。两个年级的历史学专业师范生不但在"爱课程"网上发表对该门课程的学习评论,参与课程互动,分享学习笔记,参与教学活动,而且向主讲教师在线提出了许多疑问,并在"爱课程"网建立了学友圈,寻找学友,与其他在线学友进行互动交流。

自本门课程立项建设以来,取得了一定的实施成效。截至 2018 年 10 月 22 日,该门课程学习人数达 5 万余人,跟帖和发表课程评论达 46712 条,名列同类课程首位。

(二)课程建设的基本思路

自本门课程立项建设以来,课程团队长期坚持以提高教学质量为核心,以课程资源建设为重点,以共建共享为抓手,不断加强课程内容、教学资源和教学方法改革,坚持根据教师教育国家精品资源共享课程建设要求,尤其是技术标准,着力加强本门课程建设。

1. 重新认识课程地位

本课程作为四川师范大学历史学专业师范生的一门基础课程,开设于 2009 年。但长期以来,该门课程一直徘徊在历史学和教育学的边缘,没有发挥出对于历史学专业师范生从事历史教育教学应有的地位和作用。针对该门课程地位低、学生"课标意识"缺失等问题,以陈辉教授领衔的课程专家团队在立项建设该门课程时,确立了本课程在历史学专业教育和推动基础教育历史课程改革中的应有地位。

本课程基于这样的定位,是在该课程长期的教学改革与实践中确立起来的,也是与四川师范大学作为省属重点师范大学的教师教育专业特色紧密相连的。

(1)历史学专业师范生必须具有课标意识、课程意识,树立新型教材观、学生观和教学观。因此,必须掌握中学历史课标与教材的编写原理与使用方法,这是提升其历史教学素养的重要途径。

(2)本课程契合了新课程改革中对新史观和新的课改理念的需求。传统的历史教师专业发展中缺乏模块式的历史课标与教材研究课程的开设,因此,课程团队把本课程的立项建设与目前中学对历史师资的新需求紧密结合起来,与多所国家级示范中学合作展开本课程的教学改革研究，以推动在基础教育历史课程改革中的课程标准与教材的修订与使用。

2. 确立课程建设目标

在本课程的立项建设中，以学校国家级历史学特色专业建设为依托，以四川省级精品课程"历史课程与教学论"和西南地区教师教育共建共享课程"中学历史教育"为基础，坚持以《教师教育课程标准（试行）》为指导，确立课程建设目标，加强课程内容建设，改进课程教学方法。

基于这样的建设思路，本课程将建设的总体目标定位如下：围绕培养造就高素质专业化历史教师的目标，坚持"育人为本、实践取向、终身学习"的理念，创新课程教学实施模式，改革课程教学内容，改进教学方法和手段，强化教学实践环节，加强师德修养和教育教学能力训练，着力提高历史学专业师范生的学习能力、实践能力和创新能力，以适应基础教育历史新课程改革的需要。本课程建设所要达到的具体目标有以下几点：

（1）课程建设将社会主义核心价值观融入课程内容体系中，着力体现社会进步对中学生发展的新要求，促使历史学专业师范生树立正确的学生观、教师观、教育观，以及课标观、教材观，掌握中学历史教育教学必备的课标与教材知识以及实施能力，参与历史教育教学实践，丰富历史学专业实践体验，在研究和帮助中学生健康成长的过程中实现专业发展。同时，引领历史学专业师范生因材施教，关心和帮助每个学生逐步树立正确的世界观、人生观、价值观。

（2）课程建设将促使历史学专业师范生成为反思性实践者，在研究自身经验和改进历史教育教学行为的过程中实现专业发展。本课程建设中着力强化实践意识，关注当下基础教育存在的问题，体现历史课程改革与发展对教师的新要求。本课程建设重在引导历史学专业师范生参与和研究基础教育历史课程改革，主动建构历史课标与教材知识，发展历史教学实践能力；引导历史学专业师范生发现和解决课标与教材运用中的实际问题，创新历史教育教学模式，逐步形成个人独特的教学风格和实践智慧。

（3）课程建设将促使历史学专业师范生成为终身学习者，在持续学习和不断完善自身素质的过程中实现专业发展。

（4）本课程建设将着力实现职前教育与在职教育的一体化，增强课程的适应性和开放性，体现学习型社会对个体的新要求。课程建设着力引导历史学专业师范生树立正确的专业理想，掌握必备的专业知识与技能，养成独立思考和自主学习的习惯；引导历史学专业师范生加深对所学历史学专业的理解，更新

专业知识结构,形成终身学习和应对挑战的能力。

(5)课程建设将大力开发优质课程资源。本课程建设通过多种途径,构建丰富多彩、高质量的中学历史学科课程标准与教材研究精品课程资源库,并在全国范围内示范、共享和使用本课程的优质课程资源。

3. 组建团队协同建设课程

本课程建设团队力求使高校教师与中学一线教师、专业教师与技术人员进行有机整合与融合,他们在本课程建设中协同承担了不同的教学任务。在课程团队建设方面,结合国家级历史学特色专业建设和四川师范大学"学科教学论人才培养计划",形成省内外一流、结构合理的中学历史课标与教材研究队伍。这支队伍中,既有从事史学研究和历史教师教育研究的专家,又有来自中学一线优秀的历史特级教师、高级教师和教学名师,还有从事网络技术维护与管理的教育技术人员。具体说来,本课程团队建设实现了三个协同建设本课程的目标。

(1)高校不同学术背景的专家协同建设本课程。从全国范围来看,本课程的教学师资主要集中在学科教学论的学术领域,隶属于教育学的范畴。随着基础教育课程改革向纵深推进,部分历史学专家开始涉足学科教学论的学术领域,参与中学历史课程标准与教材的编写和研究之中。目前的状况是,一方面,学科教学论专家致力于中学历史课程标准与教材的研究;另一方面,从事中学历史课程标准与教材研究的人员又常感到自身史学功底和素养亟待加强。因此,要推动这一研究领域的发展,无疑需要以史学研究成果为基础,同时也需要从事史学研究与史学教育的人员多方协同参与。对此,本课程建设时所组建的课程团队的优势在于参与人员的学科背景兼顾了史学专业背景、史学教育背景和计算机专业背景。

本课程团队成员邓前程教授、田利军教授、潘树林副教授有着从事中国史、世界史研究的史学专业背景,在本课程建设中承担了中学历史课标课程内容解读与教材中的史学前沿信息研究、史观与中学历史教材编撰、历史课标与教材微格教学、历史课标与教材网站建设等任务。他们的参与,加强了本课程的学术力量和特色,而这一点正好弥补了当前该类课程建设中的一个缺陷,即历史教育专家往往史学专业基础不够扎实。

本课程主持人陈辉教授、团队成员曹华清副教授、袁丛秀副教授、张利娟副教授都具有从事学科教学论、专门史(历史教育史)研究的专业背景。在本课程的建设中,他们承担了中学历史课标与教材案例分析、基本资源与拓展资源开发、网络课程录像与全程上网、历史课标与教材微格教学等任务。近年来，他们承担了多项省部级科研教改项目，在全国权威核心期刊、核心期刊上发表多篇论文，这些研究成果为本课程的建设奠定了深厚的学术基础。他们从事历史教师教育的教学经验丰富，在全国中学历史课标与教材研究方面具有一定的影响力。尤其是本课程主持人陈辉教授，长期致力于服务地方基础教育课程改革的各种学术交流活动，在国内历史教育界有较高知名度，是目前国内历史教育界屈指可数的中青年历史教育专家。

本课程团队成员谭德林老师，具有从事计算机软件与理论研究的专业背景，专门负责四川师范大学3D实验室的管理，在本课程建设中专门负责中学历史课标与教材网站建设，以及网络课程资源的管理与维护工作。

（2）高校与中学联盟协同建设本课程。在本课程的建设中，我们从全国多所重点中学聘请了教学与科研双肩挑的"双师型"特级教师郭子其、肖庆达、王本书和高级教师高增平为教育硕士生导师。这些来自中学一线的优秀历史教师在本课程的建设中承担了初高中历史教材分析、初高中历史教材案例资源开发、历史课标与教材微格实训等任务。

（3）其他高校加盟协同建设本课程。本课程建设由四川师范大学主持，西南大学从事学科教学论的教师曹华清副教授、袁从秀副教授协同参加了本课程的建设工作。她们在课程建设中，承担了高中课标的历史选修内容标准与教材重点问题解析和课例研讨等工作。

4. 加强课程内容建设

（1）采用"慕课"理念录制教学视频。本课程已上线的视频公开课分为模块、讲、知识点和资源四个层次。前三个层次是本课程的基本内容、结构、知识点。资源是拓展资源，全部为课程团队的原创作品、视频公开课和课件。

本课程已上线公开课视频按56学时设计，共分为8个模块、25讲，其中，中学历史课标与教材分析（含案例）为13讲、42学时，约占总课时的78%，微格实训为6讲、12学时，约占总课时的22%。

本课程已上线公开课视频采用"慕课"理念，微课录制公开课视频，共计39个微课视频，每个微课视频10~15分钟，涉及1~2个知识点，便于学生网上自主研修。

（2）完善基本课程资源建设。在完善基本课程资源方面，包括完善反映本课程教学思想、教学内容、教学方法、教学过程的核心资源。主要涉及文本资源和电子资源。文本资源建设方面，将由高等教育出版社正式出版本课程教材

《中学历史课标与教材分析》。本课程纸质文本的编写，着力建立在历史学专业师范生已学习心理学、教育学和历史学、学科教学论的基础上，注重纸质教材内容的基础性、实践指导的实用性和内容呈现形式的多样化，力求在编写中体现出以下几点：理论支撑与教材分析、实践案例相结合；基本学习内容与阅读资料相结合；基本史实与问题讨论相结合；课后探究与参考文献相结合。在编写结构上，本课程纸质教材采用模块结构，涉及如下内容：①学习目标（按了解、理解、应用、评价等进行描述）；②思考与讨论；③核心内容（正文）（提纲挈领，作简要叙述，并插入部分资料卡片及学习问题）；④示范与引导；⑤模块概要；⑥实践与反思；⑦参考阅读文献；⑧网络学习资源。电子资源建设方面，完善和更新了反映本课程的教学思想、教学内容、教学方法、教学过程的核心资源，包括课程介绍、教学大纲、教学日历、教案、演示文稿、重点难点指导、作业、参考资料目录和课程全程教学录像等，确保本课程教学活动必需的资源得到不断更新。

（3）强化拓展课程资源建设。在强化拓展资源建设方面，在"爱课程"网上设立了本课程的案例库、专题讲座库、素材资源库、微格实训系统、作业系统、试题库系统、在线自测/考试系统等，为历史学专业师范生自主学习、研究性学习创造了条件和提供了支持。通过进一步丰富本课程的拓展资源建设成果，并在本课程的教学和学习环节得到广泛应用，着力体现本门课程的教学特点、建设优势和特色，确保拓展资源中涉及的媒体素材、教学课件和演示文稿等遵循基本资源建设的技术要求。

（4）强调课程资源的生成性与原创性。本课程资源的建设，重点在于原创性、生成性课程资源的建设。建设中注重课程资源的系统性、完整性，着力反映本课程的教学理念、教学思想、教学设计、课程资源配置和应用，充分反映本课程教学和研究的前沿成果，以展现本课程团队的教学风采。

5. 改进课程教学方法

在本课程的立项建设中，以增强实践教学实效为目标，以公开视频课教学内容为突破口，全面改进本课程的课堂教学方法和学习方式。

（1）强化课程教学的操作实践。本课程教学在实践操作中，着力构建"理论学习+课例研讨+模拟说课"的教学方法。本课程的"理论学习"，采取"课标与教材的案例探讨—课标与教材的理论学习—课标与教材的误区辨析—课标与教材的疑难解答—课标与教材的迁移延伸"的方式，从案例始，至案例终，其着眼点在于将解读课标与教材运用于中学历史教学的实践。本课程的

"课例研讨",采取"课标与教材的理论温故—课标与教材的课例观摩—课标与教材的自主评析—课标与教材的讨论对话—课标与教材的理论提升"的方式,从理论始,至理论终,其着眼点在于加深对所学中学历史课标与教材的理论的认识。本课程的"模拟说课",采取"简要叙说课标与教材—课标与教材的模拟教学—课标与教材的自我辩评—课标与教材的对话讨论—课标与教材的使用建议",从实践始,至实践终,其着眼点在于聚焦课标与教材的教学实践,针对课标与教材的教学实践,提升使用中学历史课标与教材的实践能力。

(2)注重实践环节的拓展性阅读。在课程实践环节,主讲教师以视频公开课程教学内容作为突破口,引导历史学专业师范生进行拓展性阅读。要求他们将阅读的范围拓展到中学历史学科教学论的各个方面。鼓励历史学专业师范生在课前、课后进行大量阅读,带着问题参与本课程的学习与交流。历史学专业师范生在课堂上除了使用课程团队编写的纸质文本教材外,还可以自由选择阅读其他的相关教材,梳理问题参与班级交流。这种注重实践环节的学习方式,可以突破公开视频课的时间、内容的限制,可以促使历史学专业师范生大量阅读纸质文本教材的非录像内容,开阔了历史学专业师范生的视野,提高了他们从事中学历史教育教学的能力。

(三) 课程建设的创新和特色

在本课程的立项建设中,我们以发展的眼光,着力体现出"人无我有"的创新特点。在建设中,本课程科学把握教师教育发展方向,充分考虑了教师教育课程改革与发展需求。课程资源适合在网上公开使用,为历史学专业师范生和中学一线教师提供持续、有效的历史教育教学支持。具体说来,本课程建设凸显了以下创新和特色。

1. 前沿性

在课程建设方面,本课程以问题为中心,着力使历史学专业师范生了解中学历史课程标准和最新的研究成果,有意识地引导历史学专业师范生对中学历史课标和教材中所涉及的史学前沿信息进行思考和讨论,而不是灌输结论。

2. 全面性

在资源建设方面,本课程不仅重视课程内容,即视频公开课和纸质教材的

建设，更重视课程资源的建设，着力设置融合多种学习形式为一体的综合学习实践活动和辅助学习资源系统，形成体现出本专业特色的，与本课程教学配套的课件、案例、习题、素材等相关资源。这些资源不仅能为历史学专业师范生的研究性学习和自主学习提供丰富的学习资源，而且可充分满足本课程教学的需要，起到为历史学专业师范生的学习提供持续、有效的服务和交流的作用。

3. 实践性

在本课程的立项建设中，我们充分考虑了历史学专业师范生在教师教育方面的特定需求，突出教师是反思性实践者的特点，关注教师教育实践中的问题解决，着力实践导向，强化实践操作。本课程建设直击历史学专业师范生在课标和教材使用中存在的问题，通过大量呈现中学历史课标和教材的案例来解决历史学专业师范生的一些困惑，为其提供了解、参与本课程教学实践的广泛途径，帮助他们提升研究意识和实践能力。

4. 有效性

在本课程的建设过程中，我们取得了一系列的研究成果，使本课程的教学与研究居于省内外领先地位。本课程的建设实现了史学研究与历史教育的有机结合，其相关研究成果获国家级基础教育教学成果二等奖。

（作者：陈辉，四川师范大学历史文化与旅游学院教授）

世界近代史课程教材的参考文献刍议
——以"新贵族"概念为个案

参考文献往往是反映一部著作研究基础的重要方面。对于教材来说，其参考文献从某种角度反映了编撰者对学术界新成果的吸收与利用程度。纵观新中国成立后中国学者编写的世界近代史教材，尤其是20世纪90年代以前的教材，我们发现它们的参考文献范围极其狭小，参考马列主义著作较多，而西方其他学者的英文著作甚少或者根本没有参考或引用，显然教材的编撰者未能在更广阔的范围内参考学术界已取得的最新学术成果。本文以世界近代史教材中出现的"新贵族"这一概念为例，从参考文献的角度来解析国内世界史教材编撰中存在的问题。

（一）国内世界近代史教材的参考文献状况

中华人民共和国成立以后，中国的世界史学科才开始组建起来，当时学习的对象是苏联的史学体系，即仿效"苏联体系"来编写教材，开展教学与科研。"苏联体系"以马克思主义唯物史观来指导世界史的研究，其内容包含否定"西欧中心论"、将世界历史划分为五个阶段、强调阶级斗争等，该体系的代表作是苏联史学界于20世纪50年代开始编撰的多卷本《世界通史》。这种体系对中国的世界史教学与研究产生了持久而重大的影响，20世纪之前，中国大学的世界史教材基本上以"苏联体系"为主。新中国成立以来，由中国学者主编的世界近代史教科书主要有如下七种：周一良、吴于廑主编的《世界通史·近代部分》，王荣堂主编的《世界近代史》，吴于廑、齐世荣主编的《世界史·近代史》，王斯德主编的《世界通史》第二编《工业文明的兴盛：16—19世纪的世界史》，马克垚主编的《世界文明史》，刘宗绪主编的《世界近代史》，齐世荣、刘新成、刘北成主编的《世界史·近代卷》。这些教材均具有一定的

时代特征,凝聚着中国学者对世界近代史的认识与突破,体现了中国学者的研究水准。然而综观这些教材,它们的参考文献却一直存在着可再检讨的地方(如表1)。

表1 世界近代史教材的参考文献一览表

教材	出版机构与出版时间	研读(参考)书目	参考文献
周一良、吴于廑:《世界通史·近代部分》	人民出版社,1962年	无	《马克思恩格斯文选》《列宁全集》《毛泽东选集》等
王荣堂:《世界近代史》	辽宁人民出版社,1984年	无	《马克思恩格斯选集》《列宁全集》《列宁选集》《剩余价值学说史》《资本论》等
吴于廑、齐世荣:《世界史·近代史》	高等教育出版社,1992年	无	《马克思恩格斯全集》《马克思恩格斯选集》《列宁选集》《列宁全集》等
王斯德:《世界通史》第二编《工业文明的兴盛:16—19世纪的世界史》	华东师范大学出版社,2001年	无	包括《马克思恩格斯全集》在内的多种中文注释
马克垚:《世界文明史》	北京大学出版社,2004年	有	附有中英文注释,马克思列宁主义著作所占比例较少
刘宗绪:《世界近代史》	北京师范大学出版社,2005年	无	《马克思恩格斯全集》《马克思恩格斯选集》《列宁选集》等
齐世荣、刘新成、刘北成:《世界史·近代卷》	高等教育出版社,2007年	无	《马克思恩格斯选集》《列宁选集》等多种中文注释

20世纪90年代以前出版的世界近代史教材,均没有在书末的附录中列出参考文献,仅采用页下注的方式,标明了一些直接引用文献的出处。而这些引用文献几乎全是马列主义著作,最为常见的有《马克思恩格斯全集》《马克思恩格斯选集》《列宁选集》《列宁全集》等,国外其他学者的论著,尤其是英文原著,则几乎没有涉及。这种状况一直到2000年以后编写的教科书中才开始有所转变。在21世纪初期成书的世界史教科书,开始在书后附有参考书目。同时,对马克思、恩格斯著作的引用率在下降,开始引用一些西方学者和中国学者的学术专著。比如在表1所列教材的参考书目中,王斯德、刘宗绪、齐世荣等著名学者主编的教材一直偏重于利用中文文献,对外文文献也多参考其中

文译本，其注释中未能看到外文文献。这种状况一直延续到北京大学马克垚先生主编的教材时才有所改变，马先生开始直接引用英文文献。不过，马列主义著作始终是中国世界近代史教材中引用频率最高的参考文献。

马列主义著作长期占据了中国世界近代史教材参考文献的主要地位，这充分说明了中国的世界近代史教材始终坚持马克思主义的指导思想，毫无疑问，这彰显了教材的思想性和科学性，也是中国的世界史学者应该长期坚持的原则，但是它也不可避免地带来学术上的缺陷。一些中国的世界史研究者长期固守一些片面或过时的观点，忽视乃至轻视西方其他学者的成果。教材参考文献的狭隘性，将会直接影响读者对学术界最新成果的利用与吸收，甚至会因为一些文献出处的缺失，而使得读者无法了解一些重要学术概念的文本依据，从而在相当程度上降低教材的严谨性。下面，我们拟以这些教材中的"新贵族"这一概念为个案，对上述问题进行一番探讨。

（二）各种教材中的"新贵族"概念

"新贵族"一词的来源，较早可见于20世纪50年代出版的苏联史学论著中，如《中世纪史》①《十七世纪英国资产阶级革命》②《世界通史》③《史学译丛》④ 等，苏联学者在上述论著中认为"新贵族"形成的时间是中世纪末，主要由乡绅构成，乡绅是贵族等级的一部分。比如，苏联学者巴尔格与拉甫洛夫斯基甚至明确指出是马克思最先使用了"新贵族"这一提法："今天被称为新贵族这个阶层的最初定义，是由马克思在其对基佐的'英国革命为什么成功?'这一小册子的评论文里提出来的。"⑤ 从20世纪50年代至70年代，中国高校的世界近代史教科书基本上以苏联的高校教材为主，苏联史学界对英国"新贵

---

① （苏）谢缅诺夫著：《中世纪史》，叶文雄译，北京：生活·读书·新知三联书店，1957年，第382页。

② （苏）谢敏诺夫著：《十七世纪英国资产阶级革命》，刘祚昌译，北京：人民出版社，1954年，第1页。

③ 苏联社科院主编：《世界通史》第4卷上册，北京编译社译，北京：生活·读书·新知三联书店，1962年，第439页；第5卷上册，1962年，第16页。

④ （苏）M. A. 巴尔格、B. M. 拉甫罗夫斯基：《论17世纪上半期英国新贵族和自耕农的社会本质》，《史学译丛》，1956年第4期，第93页。

⑤ （苏）M. A. 巴尔格、B. M. 拉甫罗夫斯基：《论17世纪上半期英国新贵族和自耕农的社会本质》，《史学译丛》，1956年第4期，第88页。

族"的界定深深地影响了中国世界史教材的编撰。

从20世纪50年代至80年代，中国世界史教材主要采用苏联史学家的观点。在20世纪50年代，中国学者直接照搬苏联教科书的提法，如刘祚昌在《英国资产阶级革命史》一书中说："当时对于圈地最热心的是中小贵族，亦即乡绅（gentry）。"① 到了20世纪60年代，中国的世界史教科书照旧延续苏联学者的看法。1962年，周一良、吴于廑主编的《世界通史》是新中国成立以来中国人自己编写的第一部世界史教材，共四卷。其书的近代部分认为世界近代史始于1640年的英国资产阶级革命，因而对于革命前的阶级关系做了分析，书中对于"新贵族"是这样描述的："新贵族主要是属于中、小贵族阶层的乡绅。"② 编者把乡绅归入贵族行列，没有区分贵族和乡绅这两个概念，可见，中国的世界史学者仍旧在照搬苏联的史学观点。接下来的"文化大革命"期间，中国的世界史教材几乎在原地踏步，无甚建树。20世纪80年代以来，中国世界史学界的同仁开始反思"苏联体系"的得失，他们并不拘泥于固有成见，对"新贵族"这一名词进行了一番探究。例如，李德志认为马克思、恩格斯从未把乡绅归入贵族行列，"新贵族"首先必须是贵族，把乡绅当作"新贵族"的主要成分是错误的。③ 张伟伟把"新贵族"严格限定为"新受封的贵族"。④ 侯建新认为乡绅不是贵族，乡绅地产小，被称为小贵族根本不符合英国的史实。⑤ 以上三位学者所指的"新贵族"均是指具有公侯伯子男爵位的贵族，乡绅与贵族虽然存在千丝万缕的联系，但学术界早已判定二者是两个完全不同的概念，不能将其混为一谈。遗憾的是，这些成果并未被教材编撰者吸收。20世纪80年代、90年代的中国世界近代史教材，有的学者仍然在坚守苏联学者的观点，有的虽然未完全照搬苏联学者的看法，但总体上还是没有脱离"苏联体系"的影响。例如，王荣堂主编的教材虽然没有把乡绅当作贵族，但也没有明确界定"新贵族"的定义，他只是笼统地说：在英国，那些进行圈地并向农业资本家出租的贵族便是资产阶级化的新贵族，作为旧贵族时，他们收取的地租是直接生产者的全部剩余劳动，作为新贵族，如同前文所说，其地租

---

① 刘祚昌：《英国资产阶级革命史》，上海：新知识出版社，1956年，第13页。
② 周一良、吴于廑主编：《世界通史·近代部分》，北京：人民出版社，1962年，第181页。
③ 李德志：《试论英国新贵族的构成、特点及历史作用》，《史学集刊》，1985年第3期，第57页。
④ 张伟伟：《十七世纪英国农业资产阶级的构成及其特征》，《世界历史》，1987年第2期，第90页。
⑤ 侯建新：《英国的骑士、乡绅和绅士都不是贵族》，《历史教学》，1998年第3期，第32~34页。

则是租地农场主平均利润的余额。……新贵族有许多是从旧贵族转变而来的，也有许多是商人购买土地和贵族头衔转化来的。可见，王荣堂先生把旧贵族和商人看成"新贵族"的主要来源。

相比之下，刘宗绪主编的《世界近代史》曾经再版过多次，是同类教材中对"新贵族"描述较多的一种。刘宗绪先生在书中解释了"新贵族"的主要来源以及形成时间，他说："进行圈地的贵族领主们，由于从收取传统的封建地租改为收取资本主义地租（即农场主利润中的一部分），从而成为资产阶级化了的地主，历史上称他们为新贵族。"① 他进一步指出"新贵族"是在16世纪初期亨利八世进行宗教改革时形成的，亨利八世在没收天主教会的地产后将其全部抛售，购买地产的"主要是商人、官吏、富有的自由农民以及部分大地主"。同时，他还指出："新贵族除来源于进行圈地的旧贵族外，相当多的人原来本是商人，因购买土地及贵族头衔而变成新贵族。"② 刘宗绪先生虽然注意到了"新贵族"构成的复杂性，但又将"商人、官吏、富有的自由农民以及部分大地主"视为"新贵族"的主要来源，这无疑又是不正确的。

1992年出版的吴于廑、齐世荣主编《世界史》六卷本，可以称得上是新中国成立以来中国世界史学界在教材建设中的最高成就，该教材至今普遍应用于国内各高校。其近代史卷主编刘祚昌曾是前文提及的《十七世纪英国资产阶级革命》一书的译者，他依然承袭了苏联学者的观点："新贵族主要是从乡绅转变而成的，但也有一部分大商人由于购买土地而加入了新贵族的行列。"③ 不难看出，这套教材还是沿袭了此前一系列教材的说法，并未出现新的创见。

进入21世纪，中国的世界史教材在英国新贵族的定义上仍没有较大改观。2001年华东师范大学出版社出版了王斯德主编的世界近代史教材，该书写道："封建统治阶级——贵族，分裂为旧贵族和新贵族两大阶层。在英国北部地区，大部分贵族仍沿袭旧的剥削方式，靠榨取农民的地租生活，获得了'旧贵族'的称号。他们坚信英国国教，其中许多人担任着国家的官职，成为封建专制统治的支柱。而在东部及西南部地区，许多中、小贵族雇佣农业工人，用资本主义方式经营农、牧场，或把土地出租给农业资本家，坐收地租，有些人还把从农业中赚得的利润投资到工商业中。这些头脑经营灵活的贵族被称为'新贵

---

① 刘宗绪主编：《世界近代史》，北京：高等教育出版社，1986年，第19页。
② 刘宗绪主编：《世界近代史》，北京：高等教育出版社，1986年，第20页。
③ 吴于廑、齐世荣主编：《世界史·近代史编》，北京：高等教育出版社，1992年，第111页。

族'"①。2004 年，北京大学出版社出版了马克垚主编的《世界文明史》一书，该书以文明为视角探讨了农业文明与工业文明，马先生在描写工业文明的诞生地——英国时，并没有提及新贵族。2007 年，高等教育出版社出版了由齐世荣教授担任总主编，刘新成、刘北成教授担任分册主编的新版《世界史·近代卷》一书，该书附有将英文参考文献翻译为中文的注释以及《马克思恩格斯选集》《列宁选集》等马列主义著作。书中虽然提到了新贵族，但同样没有对此做出任何的解释。

（三）关于"新贵族"概念的评论

是谁最先使用了"新贵族"这一概念呢？上文提到，苏联学者巴尔格与拉甫洛夫斯基认为马克思最先使用了"新贵族"这个概念，他们的根据在于，马克思在文中曾经说过这样的话："这个和资产阶级发生联系的大地主阶级——不过这已在亨利八世时期出现了——与 1789 年法国封建土地所有主不同，不但不和资产阶级生存条件相矛盾，反而与它充分地协调着。"② 苏联学者在此武断地把马克思所说的"大地主阶级"当作了"新贵族"。那么，马克思是否真的使用了"新贵族"这一概念呢？

中译本《马克思恩格斯选集》是这样翻译马克思在 1848 年发表的《资产阶级和反革命》一文中关于贵族的提法："在 1648 年，资产阶级和新贵族结成了同盟反对君主制度，反对封建贵族和反对统治的教会。"③ 对照其英文版，中译本把"modern aristocracy"翻译为"新贵族"，显然这个翻译是不正确的。"modern aristocracy"可译为"近代贵族"或者"现代贵族"，马克思在文中并没有对"modern aristocracy"的来源与构成进行解释，所以我们不能随意将之译为"新贵族"。

马克思发表的《英国革命为什么成功？》一文中也未使用过"新贵族"一词，依笔者之见，该文中的"大地主阶级"既可能指贵族，也可能指乡绅，或

---

① 王斯德主编：《世界通史》第二编《工业文明的兴盛：16—19 世纪的世界史》，上海：华东师范大学出版社，2001 年，第 50 页。

② 转引自（苏）M. A. 巴尔格、B. M. 拉甫罗夫斯基：《论 17 世纪上半期英国新贵族和自耕农的社会本质》，《史学丛刊》，1956 年第 4 期，第 88 页；又见马克思著，刘祚昌、潘硌基译：《评基佐著'英国革命为什么成功？'》，《文史哲》，1953 年第 3 期，第 37 页。

③ 《马克思恩格斯选集》第 1 卷，北京：人民出版社，1972 年，第 320 页。

者也可以这么说,"大地主阶级"可能包括贵族中的"新贵族",也可能包括"旧贵族",但绝不仅仅只是苏联学者所说的"新贵族"。英国是一个土地私有制的国家,贵族占有大量地产,是名副其实的大地主,但大地主未必就是贵族,因为有些乡绅和商人也占有大片土地,也是大地主,这两个阶级显然与贵族有别。而且,马克思并没有把乡绅也划入贵族的范畴,他对贵族的界定是十分谨慎的。比如1853年,马克思曾说:"就拿大不列颠的贵族和从男爵为例来说吧。目前,诺曼贵族已经是绝无仅有;最初的詹姆斯一世时代的从男爵留下的也不多了。上院的绝大部分议员是在1760年被册封为贵族的。从男爵的称号始于1611年詹姆斯一世在位时期。当时获得从男爵这个称号的贵族,现今只剩下13家了;在1625年被封为这个爵位的贵族,现在只剩下了39家。"①可见,马克思认为英国贵族的数量非常少,取得贵族的称号是有严格限制的,马克思绝不会把数量众多的乡绅阶层也归入贵族之列。

马克思虽然没有直接使用"新贵族"一词,但他的文章中的确引用过类似于"新贵族"之说。1850年4月,马克思和恩格斯在《新莱茵报》第四期上发表书评评论托马斯·卡莱尔的《当代评论》,马克思和恩格斯在文章中引用了卡莱尔的原话:"In all European countries, especially in England, one class of Captains and commanders of men, recognisable as the beginning of a new, real and not imaginary Aristocracy, has already in some measure developed itself: the Captains of Industry; —happily the class who above all are wanted in this time."这段话收录于《马克思恩格斯全集》第7卷,人民出版社1959年版的中译本将其译为:"在欧洲各国,特别是在英国,在一定程度上已经形成了一个长官和指挥员阶级,这个阶级可以说是真实的而不是假想的新的贵族阶级的萌芽——这就是工业长官,即幸而是我们这个时代最需要的阶级。"②人民出版社1998年版则将其译为:"在欧洲各国,特别是在英国,在一定程度上已经形成了一个人类的长官和指挥员阶级,这个阶级可以说是真实的而不是假想的新贵族阶级的萌芽——这就是工业长官,即幸而是我们这个时代最需要的阶级。"③卡莱尔把"新的贵族阶级"与"新贵族阶级"当作了"工业长官",马克思在此并没有评论"a new, real and not imaginary Aristocracy",而是谈论"工业长官"(即工业资产阶级)与工人阶级的关系。

---

① 《马克思恩格斯全集》第8卷,北京:人民出版社,1961年,第586页。
② 《马克思恩格斯全集》第7卷,北京:人民出版社,1959年,第309页。
③ 《马克思恩格斯全集》第7卷,北京:人民出版社,1998年,第320页。

与马克思不同的是,1850年夏,恩格斯在《德国农民战争》一文中多次使用"nobility",并且提到了"新贵族":"In Germany, the old nobility survived, while in England it was exterminated by the Wars of the Roses, only twenty-eight families remaining, and was superseded by a new nobility of middle-class derivation and middle-class tendencies. ... while in England serfdom had been virtually eliminated, and the nobility had become plain middle-class land owners, with a *middle-class* source of income—the ground rent."人民出版社1959年版的中译本是这样翻译的:"英国旧贵族却被蔷薇战争消灭得只剩下28家,并为资产阶级出身和有资产阶级倾向的新贵族所代替了。……在英国,农奴制几乎完全废除了,贵族就是单纯的资产阶级地主,其财源是资产阶级性的收入:地租。"[①] 从这句话可知,恩格斯认为英国新贵族产生于蔷薇战争(1455—1485)之后。

马克思、恩格斯的论著中都出现了"新贵族"这个称号,20世纪从事贵族专题研究的众多学者却没有使用过。比如,J. V. 贝克特的《1660—1914年的英国贵族》、劳伦斯·斯通的《贵族的危机:1558—1641》与《开放的精英?1540—1880年的英国》、约翰·坎农的《贵族世纪:18世纪的英国贵族》、M. L. 布什的《英国贵族:比较研究》等欧洲学者及其著作。这些作品在国内外学术界产生了广泛的影响,他们的著作中没有专门提及和论述何谓"新贵族"。也许,他们对马克思、恩格斯和苏联学者的提法并不认同,可是,中国的世界近代史教材却一直没有反映和总结这方面的学术研究动态和成果,这不能不说是教材编写的一个缺憾。

那么,如何认识"新贵族"这一称呼呢?笔者以为,"新贵族"就是新封授的贵族,"新贵族"首先是贵族,不能将它的含义扩大。具体而言,我们可以从如下方面来认识"新贵族":第一,苏联学者将乡绅视为"新贵族"的主要成分与英国的史实不符,中小贵族也不是乡绅,这种观点早已受到批评。第二,苏联学术界曲解了马克思的相关论断,马克思从来没有说过乡绅就是"新贵族",马克思对英国贵族的界定是严格的,认为具有公侯伯子男爵位的才是贵族,"新贵族"仍然属于公侯伯子男这五个爵位范围。笔者以为,马克思、恩格斯所谓的"新贵族"主要是指贵族阵营中采用了资本主义的经营方式,具有资产阶级倾向的贵族大地主,而不是苏联学者所谓的"大地主阶级"。第三,国内史学界没有正确理解"新贵族"的含义,肆意扩大了它的范围,将商人、

---

① 《马克思恩格斯全集》第7卷,北京:人民出版社,1959年,第438页。

金融家、官吏、富农以及部分大地主均视为其主体。众所周知，近代英国贵族爵位的受封是十分严格的，虽然近代英国社会各阶层的流动十分活跃，但贵族集团对上述这些人的"开放"十分有限，只有少数人最终能变成贵族。"新贵族"的主体部分仍然是贵族。

英国新贵族在英国近代史上并非一个人数庞大的群体，但是十分重要。多年以来，马克思的观点——资产阶级和"新贵族"结盟成为17世纪资产阶级革命的领导者这一观念可谓根深蒂固，"新贵族"在政治方面的突出作用往往遮蔽了他们在经济领域的重要贡献。我们知道，贵族经商在近代英国、法国、意大利、西班牙、葡萄牙、德国、瑞典、匈牙利等欧洲国家普遍存在，然而，贵族阶层，尤其是英国"新贵族"的经济贡献却常常得不到应有的重视，以至于学生鲜有思考英国贵族与工业革命、城市化等重大事件的关系。如何加深学生对于工业革命与城市化的认识，教师可以采取不同的研究视角进行启发，从"新贵族"的视角进行切入是一个新的尝试。同时，针对现有教材中英文参考文献的不足，笔者以为，应在教材中列举有关英国贵族的英文参考文献，这样更能适应世界史升级为一级学科后对教材的新要求。

（作者：何洪涛，西南交通大学马克思主义学院副教授，本文曾发表于《历史教学》2014年第5期下半月刊，收入时有修订）

中国历史文选课程图像资料库的创建及其使用

早在数年前，就有传播学学者敏锐地指出："我们的时代已进入了读图时代。现代文化正在脱离以语言为中心的理性主义形态，日益转向以视觉为中心，特别是影像为中心的感性主义形态。"① "报纸变得色彩缤纷，图文并茂，杂志更加绚烂多彩，把图片的魅力展现得淋漓尽致。电视就不用说了，网络上互动的图像、影视更是俯拾即是。我们的媒体顺应了人们的娱乐本能，迎合了我们的信息传播心理，也从很大程度上指引了人们的阅读方向。我们对图像影视变得贪婪，我们关注与我们息息相关的事件，我们把自己的选择建立在自我欲望的满足上和时代潮流的追随中，一切都是那么自然而然，无可厚非。这个时代就是这个样子。"② 一直到现在，以上现象依旧存在。最明显的例子莫过于功能手机的势弱、智能手机的普及。凭借智能手机"读图"，即对图像（主要包括图片、动画、视频）进行文化消费，已成为不少人的生活方式。毫无疑问，在读图时代中成长起来的"90后"们，自然对图像有着浓厚的兴趣，乃至于痴迷。同时，教育学研究者还指出：较之"文字时代"，读图时代的教育更"借重图画形象性的特点，用图画直观地传递信息、表达思想，并成为人们认识世界的一个快捷方式。而这正与现代快节奏生活相适应。图画长于形象化思维，它能够直接而真实地再现人类社会和自然，从而突破抽象逻辑的局限，以补理性思维之不足。通过图画'静默的语言'（艾尔雅维茨语），可能唤起一种分享的情感，获得一种思想上的交流和审美上的愉悦，让人得到一种共同的体验，从而使主体间性的存在成为可能"③。既然图像的扩张和渗透无法避免，

---

① 刘波：《读图时代的受众心理和阅读取向》，《编辑学刊》，2005年第1期，第34页。
② 刘波：《读图时代的受众心理和阅读取向》，《编辑学刊》，2005年第1期，第34页。
③ 肖绍聪、刘铁芳：《从文学书到图画书：读图时代的教育思考》，《河北师范大学学报（教育科学版）》，2005年第2期，第10～11页。该文中的"图画""包括日常图画，更主要指涉由技术力量产生、传播的图像，如电视、影视图像及卡通画等"。与本文"图像"的范畴相同。

图像又具有适应现代教育的优点，并已为一些教育者所用，随着"90后"几年前开始陆续进入大学就读，将图像合理地运用到课堂教学中，恐怕是高等教育的应有之义。

一般而言，中国历史文选课程的教学内容，主要包括典籍及其作者的介绍，以及课文的讲析。因大多数历史学专业本科大一新生的古汉语基础不牢，故对课程兴趣不大、热情不高。因此很有必要创建课程图像资料库，为把图片、动画、视频等图像要素合理地运用于课堂教学提供丰富的资源。同时，还要进行合理使用，以增强课堂教学的吸引力，但又绝对不能顾此失彼，冲淡教学主题。

中国历史文选课程图像资料库的创建及使用，应该与教学内容紧密结合，并服务于教学内容。循着该思路，本文就如何创建及使用中国历史文选课程图像资料库，提出了一些初步的设想。①

（一）根据教学内容，确定资料库素材的类别

中国历史文选（以下简称历史文选）教材的选文，涉及不同类型的典籍和不同的作者，选文内容本身也侧重于不同的社会、文化层面。因此，有必要分门别类地厘清素材的类别，使得资料库规范、有序。资料库素材包括如下类别。

1. 人物的画像

教材选文大都是各类典籍中的经典，其作者往往是古代的著名史学家或文学家；而教材选文中出现的历史人物，同样为古代的名人，可将这些名人的画像作为资料库素材。例如管仲、孔子、屈原、秦始皇、李斯、张骞、司马迁、诸葛亮、曹操、唐太宗、司马光、王安石、龚自珍等，有不少画像流传后世，甚至现当代画家还以其中某些人物为对象进行了创作。灵活使用这些人物画像，可以活跃课堂气氛。

2. 典籍书影的图片

在文献学或文物学领域中，一般来说，书影所起的作用是向读者展示和介

---

① 本文所利用的课程教材多来自张大可、邓瑞全主编的《中国历史文选》（第3版），由商务印书馆于2011年出版。

绍一本书的样式，尤其多用于古籍的珍本展示。而在历史文选教学中，也有必要向学生展示基本古籍的书影，特别是一些常见基本古籍点校本的书影，以让学生对典籍的形式有一个直观的印象，激发学生对典籍的兴趣。

3. 地图

教材中不少选文涉及战争、出使、仕宦或游历、行政区划、寺院宫观及官署的空间方位等内容，地图可以清晰、形象、直观地展示以上内容，能够克服单一文字描述的不足。例如孔子的游历过程、秦统一中国的基本军事征服过程、张骞出使西域的路线图、前秦军队淝水之战前的行军路线、唐代的行政区划、北魏洛阳永宁寺的方位、清代军机处的位置等内容，都有必要建立相应的地图素材。

4. 现存文物古迹图片

历史文选的教学内容，常常涉及古代的战场、宫殿、寺庙、园林、城市、江河湖海、名胜之地、器物、金石文献、简牍文献、文书档案等。如果有相应的文物古迹图片，或能让学生对金石文献、简牍文献、文书档案有直观的认识；或能让学生发思古之幽情，获得瞬间的"历史感"。这些都有助于提高课堂教学的效果。

5. 纪录片片段

就历史事实而言，纪录片的可信度肯定要大大高于影视剧；就对历史的认知深度而言，纪录片一般也高于影视剧。此外，纪录片能生动而形象地呈现历史，其种类、数量都很多，其图像资料还能被合法而方便地获得。考虑到以上种种因素，纪录片可以作为历史文选图像资料库的重要素材。因纪录片的图像资料需要占用大量存储空间，难以全部存储，事实上，也没有必要这样做，只需选择保留最有教学价值的片段即可。还需要指出的是，纪录片最大的优势在于能呈现历史事件或历史现象的基本面貌，这是图片完全无法媲美的。

（二）通过不同渠道搜集或制作素材，循序渐进开展资料库的创建

在确立了资料库素材的类别之后，就可以着手开展资料库的初步建立，以

及后续的建设工作，这一完整过程，就是资料库的创建。资料库的创建，是一个动态过程，绝非能一劳永逸。具体而言，资料库的创建，可分为两部分工作：一是基本素材的搜集或制作，这是资料库的初步建立；二是旧素材的删减、新素材的补入，这是资料库的后续建设。根据教学内容，可确定基本素材有哪些，再进行素材的搜集或制作。而教学实践，则是检验素材是否合理的唯一标准。我们有必要在教学实践中验证哪些内容应删除，哪些内容应补充；判断哪些内容原来没有配置素材，而现在有必要新配置素材。

搜集或制作素材的渠道有多种，最为便利的就是在手段合法的前提下，通过互联网下载图片和纪录片。下载的图片中有些可以直接使用，有的则须用相关软件进行处理。对图片的处理，一般可运用 Photoshop、Adobe Illustrator CS 以及 CorelDraw 等软件；而对纪录片图像素材的剪辑，可使用 Adobe Premiere Pro CS3、超级转换秀、会声会影等软件。如果没有现成的素材，则可利用数码相机对图片拍照，生成的新图片一般可直接粘贴到 PPT 中使用。①还可利用 flash 软件、Adobe Premiere Pro CS3、会声会影等软件制作视频，其优势在于形象而生动，但比较耗费时间。

（三）资料库素材在课堂教学的使用频次和时间应有严格的掌控

将资料库的素材运用到历史文选课堂教学中，往往能增强课堂教学的吸引力，取得不错的效果。但历史文选课程教学的主题，绝对不能被资料库的素材所冲淡。大量的图片、动画、视频纵然能让学生投入其中、乐在其中，但一旦为了图像而图像，偏离教学主题，就会喧宾夺主，算不上是成功的课堂教学。所以，素材的使用，应当有频次和时间上的讲究。笔者认为，使用素材的频次和时间可根据教学内容灵活把握，但平均每节课不应超过 2 分钟，否则，就会因时间紧张而无法完成既定的教学任务。

---

① 早有教师在历史文选的教学中使用这一方法。见武刚、白兴华：《试论中国历史文选课件的制作和使用》，汝企和主编：《解字说文：中国历史文选研究》，北京：北京师范大学出版社，2010 年，第 186 页。

（四）资料库素材在课堂教学使用时，应该进行适当的解释和说明

因历史文选课程的受众为本科大一新生，其历史学专业基础知识还不扎实，人文社科知识也还不丰富，所以，在课堂教学中使用资料库的素材时，对于容易让学生误解的地方，任课教师应当场做出解释和说明，以消除学生误解，并进一步启发学生。例如，在使用人物的画像时，要向学生提示：图像中的人物形象，极可能与真人有较大差异。因为图像在传播过程中，很有可能被进行过有意无意地加工，就像史料一样。进而还可以讲：同一历史人物的不同图像，到底哪位画家（画师）笔下的图像才是最真实的？产生时间越早的画像，就一定越真实吗？这类问题恐怕难以回答。而历代流传的孔子像究竟发生了哪些变化，关键是，为什么会产生这样的变化？这个问题的学术价值，只怕高于弄清楚孔子本人的真实长相。又例如，要提醒学生：现在图像中的古迹，往往已经过或多或少的重建抑或修复，故并非原始古迹。还可以给学生简单介绍古人重建或修复古迹的动机。

（五）资料库的创建及使用，应与相邻学科加强沟通与合作

多媒体课件的广泛使用，是当今历史学专业本科教学的普遍现象。在此背景下，历史文选、（中国）古典文献学、中国古代史、中国历史地理、中国史学史等邻近学科之间，或多或少，都有可能出现使用同一图像的情况，如此一来，后使用同一图像的教师，其课堂教学效果可能会因此受到影响。为避免上述情况的出现，在历史文选图像资料库的创建及使用过程中，任课教师有必要加强与相邻学科任课教师的沟通与合作，以便及时做出调整。

（作者：成荫，四川师范大学历史文化与旅游学院副研究员；谭德林，四川师范大学历史文化与旅游学院高级实验师）

特色专业建设
TESE ZHUANYE JIANSHE

高校历史学专业卓越教师培养的探索与思考

2010年，教育部根据《国家中长期教育改革和发展规划纲要》的有关要求，在部分高校实施了卓越教师与卓越工程师、卓越医师、卓越律师四大高校人才培养计划。四川师范大学历史文化与旅游学院在结合本院教师培养经验和国内外教师培养模式的基础上，在师范生卓越教师培养方面进行了有益的探索。本文将简要介绍四川师范大学历史文化与旅游学院历史学专业卓越教师培养的做法与经验，以求教于方家。

（一）历史学专业卓越教师培养的目标

四川师范大学历史学专业创建于1952年，具有悠久的办学历史和优良的办学传统，是四川省历史学本科人才培养基地和四川省特色专业，2009年被批准为国家级特色专业建设点。本专业依托教育部高校人文社会科学重点研究基地"巴蜀文化研究中心"，中国史、世界史一级学科硕士学位授权点，四川省重点学科及重点建设项目——中国近现代史，具有雄厚的学科基础。经过半个多世纪的积累，本专业不断深化改革、加强建设、提升质量，形成了地域性和师范性突出的鲜明办学特色，具备了"厚基础、重技能"的专业优势。

如何将学科的专业优势转化为人才培养的优势，以便更好地适应21世纪经济和社会发展需要，适应国家推进基础教育改革发展的战略目标和战略需要，是学校近年来持续探索的问题。根据教育部《国家中长期教育改革和发展规划纲要》文件精神以及四川师范大学的学校定位，四川师范大学历史文化与旅游学院利用本专业在四川省乃至西部地区基础教育领域历史学科教师培养的核心地位，本着服务于地方教育，推进地方经济社会发展的原则，确立了重点培养能够适应广大西部地区和少数民族地区教育发展需要的、具有坚实专业基础和良好专业素养的历史师资，为西部地区基础教育培养优秀的历史师资提供

具有示范作用的人才培养模式。

历史教育是人文科学的教育，既具有传统的教养性、主观性、表现性特征，又有现代的理解性、批判性和创造性特征。历史学卓越教师的培养要以学生为中心，建立与中小学联合培养历史学卓越教师的机制，完善培养高素质历史教师的机制。为历史学专业巩固优势、强化特色、提升实力奠定基础，并为同类院校改革探索和积累历史学卓越教师培养积累经验提供示范。

（二）历史学专业卓越教师培养的思路

四川师范大学历史文化与旅游学院历史学专业将以教师教育为中心，以学科建设为重点，以面向西部、面向基础教育为方向，以中学历史新课程改革为契机，达成卓越教师培养的整体目标。具体思路如下：

（1）以教师教育为中心，紧紧围绕培养卓越中学历史教师的目标，调整人才培养方案，改革课程体系和教学内容，改革学生学习评价方法与体系，强化教育实习实践环节和社会调查能力培养，凸显历史学教师教育特色。

（2）以学科建设为重点，建立坚实的学科基础，积极促成科研成果向教学成果的转化，将新的教学成果运用于培养卓越教师。

（3）以师资队伍建设和教学条件建设为保障，打造精品教学团队，探索一条本专业青年教师培养的途径，形成可持续发展的师资队伍；积极优化教学条件，加强教学的软硬件基础建设，提升专业整体办学实力。

（4）以中学历史新课程改革为契机，积极申报新课程改革研究课题，开发适合四川及西部地区历史新课程教育资源，积极做好四川及西部地区中学历史骨干教师的新课程培训，推进并引领四川省中学历史新课程改革。

（5）以强化实践教学为手段，大力提高学生实践能力，实现四年不间断的实践教学模式，培养历史学专业教师较强的实际操作能力。

（三）历史学专业卓越教师的培养措施

基于历史学专业卓越教师的培养目标与思路，四川师范大学历史文化与旅游学院制定并采取了以下卓越教师培养措施。

1. 完善特色人才培养方案，改革课程教学内容，加强教材建设

为顺应四川省普通高中的新课程改革，培养出熟悉新课程改革的卓越教师，历史学专业对本科教学内容进行了系列改革。一方面通过吸引历史学科发展的前沿知识，实现教学内容的科学性与创新性；另一方面，通过建设不同学科知识交叉渗透的系列课程，实现历史学科知识的综合化。近年来，学院结合基础教育初高中历史新课程改革，按照新课程标准的要求，对历史学专业本科人才培养方案进行了修订，改革课程体系，更新教学内容，增加与基础教育历史新课程改革相关的专业课、专业基础课、专业选修课，如世界文明史专题研究、历史奥秘与文化遗产专题研究、中西文化比较专题研究、中外改革史专题研究、中外历史人物评价专题研究、新史观与历史教学、中学历史课标与教材分析、历史研究性学习案例分析、中学历史教学法专题研究、历史微格试讲训练指导等，涵盖了中学历史新课程必修与选修模块知识，为培养中学历史新课改所需要的卓越师资提供了科学的课程体系。

学院历史学专业在制定新的历史学特色人才培养方案的基础上，重点改革课程教学内容，加强教材建设，如积极选用"面向21世纪课程教材""九五"国家重点教材、"十一五"规划教材和教育部教学指导委员会推荐的教材，部分有条件的课程（如世界近现代史），直接引进先进的能反映学科前沿的原版教材，进行双语教学；积极开发和推广面向西部尤其是西部农村、民族地区有地方特色的优秀教材。结合四川历史新课程改革，积极创造条件，鼓励支持本专业教师编写、出版适合中学新课程改革和素质教育要求的教材和具有四川及西部特色的地方史教材、新课改教材和乡土史教材。如学院老师已编写出版《历史课程教材教法新探》《高中历史新课程的理论与实践》《走进高中新课程——历史教师必读》《中学历史教学法》《历史研究性学习论》等学术专著，主编的国家教师教育创新平台教材《中学历史教学论新探》由高等教育出版社出版。另有《中学历史课程标准与教材分析》《中学历史教育》等教材正在编写中。

2. 加强学科建设，推进重点课程与特色课程建设，以科研促教学

学院的历史学专业现为国家级特色专业，是以历史教师教育为主要特色的本科专业，有着六十余年的师范教育办学经验，形成了一定的办学特色。近年来，学院抓住四川省教育厅批准学校成立"四川省基础教育课程研究中心"和

"历史课程研究分中心"的契机,积极发挥本专业在四川及西部历史研究方面的优势,通过加大与基础教育,尤其是高中历史课程改革的对接,重点培养能够适应四川基础教育,尤其是高中历史新课程改革发展需要的、具有坚实专业基础和良好专业素养的历史教师。

在学科建设方面,学院历史学专业将继续倡导"联系教学实践搞科研,通过科研提高教学质量",坚持把"以科研推动学科和师资队伍建设,以科研促进教学"作为中长期科研工作的指导思想,通过科研促进教师队伍的凝聚和成长,使新一代高层次的学术带头人脱颖而出。进一步重视教学改革研究,特别是围绕中学历史新课程改革的教学改革研究,以科研成果充实教学内容,以科研促进教学质量提升,为培养卓越教师打下坚实的基础。

学院积极鼓励申报各级教学改革研究课题。学院承担了多项教育部、省教育厅的历史教育类科研课题,如"师范院校文科历史专业(师范类)人才培养模式综合改革研究与实践""高中历史新课程师资培训研究""历史学教育专业培养目标、规格和课程方案的研究与实践"等。学院以"历史课程与教学论""中学历史课程标准与教材分析"为重点,建设一批四川省级精品课程并冲击国家精品课程,推进具有四川及西部地区特色的课程建设。

3. 优化师资队伍结构,打造教学团队

一流的师资培养一流的人才。学院现有教授18人,副教授17人,博士生导师2人,硕士生导师27人。此外,还有兼职硕士生导师8人。"全国优秀教师"、四川师范大学首届"教学名师"等称号的获得者,都一直坚持为本科生上课,引导本科生到学院文物陈列室观摩、教学,率领本科生到西安、三星堆、武侯祠、金沙博物馆等地现场教学,以丰富的学识和独到的见解引导学生不断成长。

学院进一步拓宽与基础教育联系的渠道,完善人才流动机制和师资队伍结构。一方面鼓励高校教师到中学一线进行教学实践,了解基础教育改革趋势,明确自身教学改革的方向。如学院历史课程与教学论教研室老师陈辉、张利娟分赴中学进行了为期半年的中学历史顶岗教学。另一方面,吸收中学历史教师参与在校大学生基本技能的训练,改变当前在校师范生职前教育与入职教育脱节的现状,加强高师院校与中学历史教育的对接。如学院长期聘用四川师范大学实验学校高增平老师担任微格实习指导老师,也聘请了四川省教育科学研究所、成都七中、四川师范大学附属中学等名校的特优教师黄勇、王开元、郭子其、刘松柏等为学院学生开设如何上好一堂历史课、如何评课上课、历史高考

研究等专题讲座。

4. 强化师范生技能训练，改革实践教学

师范生技能的提高，实践教学是必不可少的环节，对于将来走上讲台的师范生来说尤为重要。然而，传统教师培养机制的问题逐渐凸显：师范生对于基础教育教学改革现状缺乏了解，教学实践不足，就业竞争力弱。面对这样的形势，学院历史学专业进一步完善了历史学专业师范生的教育见习、教育实习等制度。加强历史学专业学生普通话、微格教学、粉笔字、多媒体课件制作等师范技能的培养；进一步拓宽教学实践基地，切实实施教育部有关顶岗实习、支教半年的政策；辅之以学院教师到对口学校等实践教学基地进行中学历史教学等措施，为四川地区培养历史学专业卓越师资提供了具有示范作用的培养模式。

根据专业特点，学院充分利用学生实践周进行教师职业技能训练。除上好学校统一安排的微格课以外，学院还通过外聘教师、导师的培训及同学互训等方式，对作为一名历史教师应具备的语言技能、提问技能、讲解技能、强化技能、演示技能、板书技能、导入技能、变化技能、结尾技能、组织技能等基本教学技巧进行分项训练，反复打磨，并严格按照制定的考核标准，一项一项过关。

学院定期组织历史学专业学生去中学观摩学习，接受一线优秀历史教师的指导。组织学生现场观摩历史教学或组织学生观看教学实录，把教学案例引进课堂，作为发现理论与运用理论的中介，逐步培养学生用所学理论评价教学的能力，使之了解中小学教学的现状，树立对教师职业的热爱之情。学院学习部经常主办"大学生职业技能大赛"、开展教师职业技能训练等活动，并组织全院学生积极参加学校举办的教师职业技能大赛。学院何沁冰同学荣获我校第七届"师说"教师职业技能大赛优秀奖。

另外，学院历史学专业在学校建立的120多个集中实习基地的基础上，在成都及附近地区建有近15个稳定的实习基地，包括成都七中、成都石室中学等名校，同时在贫困地区、少数民族地区、革命老区等地建有顶岗实习基地10余所，为本专业学生开展定期的实习、见习以及科研提供了便利的条件。学院除了向四川及西部地区培养输送优秀的中学历史教师外，进一步在四川及西部少数民族地区、贫困地区、革命老区建立顶岗实习基地。使顶岗置换出的教师到本专业进修培训，促进这些地区教育的发展。全面落实教育部顶岗实习、支教半年的政策，推进四川及周边贫困地区基础教育的发展。

近几年来，学院历史学专业毕业生一次性就业签约率一直稳定在95%以上，历史学专业毕业生在基础教育战线上均有出色表现，可谓人才众多、硕果累累，在四川地区备受肯定。

5. 积极做好中学历史骨干教师的新课程培训

历史学科师资培训工作，是基础教育历史课程改革顺利实施的前提和保障；而培训课程设置是否合理，又直接影响着历史师资培训的质量。因而，基础历史教育师资培训课程的研究，以及培训实践，成为开展基础教育历史师资培训工作的重要内容。基于这一认识，学院十分重视做好师资培训工作，注意打造一支权威的中学历史教学师资培训队伍，形成了以陈辉教授为首的中学历史教学师资培训团队。

在积极引领及服务于四川及西部基础教育历史新课改的过程中，历史学专业近年来申报并成功中标近20项国家级、省级中学历史骨干教师培训项目。仅2011年，学院历史学专业共成功申报并承担了7项国培、省培项目。其中，国培项目4项，即1个全国示范项目、1个为期3个月的四川省置换脱产研修项目、2个短期集中培训项目（四川班、西藏班）；省培项目3项，即1个三年制省级初中历史骨干教师培训项目、1个三年制省级中学历史教学名师培养项目、1个四川省民族教育中央补助经费双语高中骨干历史教师短期集中培训项目。培训内容聚焦历史教学技能的习得和实践智慧的建构，通过融于情境的行为训练、课堂观察、过程反思和专家点拨，着眼参培教师教学行为的真实改变，促进参培教师"知行合一"，提高培训目标的达成度和培训的有效性。

卓越教师培养是高等教育面向社会需求培养人才、调整人才培养结构、提高人才培养质量、推动教育教学改革的重大战略举措。四川师范大学历史文化与旅游学院历史学专业将积极探索卓越教师培养模式，改革课程体系和教学模式，完善人才培养质量保障体系，建立与中小学联合培养历史学卓越教师的机制，积极为四川省培养高素质的历史教师。通过对卓越教师的培养，为学院历史学专业巩固专业优势、强化专业特色、提升整体实力奠定基础，并为省内同类院校探索和积累历史学卓越教师培养经验提供示范，将学院历史学专业打造成培养卓越历史教师的摇篮。

（作者：陈辉，四川师范大学历史文化与旅游学院教授；潘树林，四川师范大学历史文化与旅游学院副教授）

后 记

本书的编写得到了各位老师、各级机构的鼎力支持，在此深表谢意！

首先感谢四川省教育厅的教改立项支持。当四川师范大学历史文化与旅游学院世界史教学团队申报"人类命运共同体视域下高师院校世界史教学改革研究"项目时，获得了四川省教育厅"2018—2020年度高等教育人才培养质量和教学改革"的立项（编号：JG2018-665），这使得本书的编写有了直接的动力。

感谢四川师范大学历史学国家级"双一流"建设项目的支持；同时，本书获得历史学国家级师范专业认证的建设性支持，在此一并感谢。

感谢四川师范大学教务处、教师培训学院及历史文化与旅游学院历史学专业建设经费的赞助，以及学校人文社科处政策上的鼓励。

感谢北京大学郭华榕教授、四川大学何平教授等老师的赐稿。感谢王川教授、陈辉教授、毛丽娅教授、潘树林教授为本书积极出谋划策。感谢学院世界史教研室的老师以及校内外同仁，他们将自己的教改研究成果奉献给本书。

感谢四川大学出版社高庆梅女士的帮助和支持，使得本书顺利出版。

本书文稿的收集、整理、编辑的过程是家人默默陪伴和支持的结果，在此向你们鞠躬致敬！

王晓焰

2020年岁末于明珠园